Graded Spanish Reader

Segunda etapa

Graded Spanish Reader

Segunda etapa

Fourth Edition

Justo Ulloa
Virginia Polytechnic Institute and State University

Leonor Álvarez de Ulloa
Radford University

D. C. HEATH AND COMPANY
Lexington, Massachusetts Toronto

Acquisitions Editor: Denise St. Jean
Developmental Editor: Gina Russo
Production Editor: Janice Molloy
Designer: Judith Miller
Production Coordinator: Chuck Dutton
Photo Researcher: Mary Stuart Lang
Text Permissions Editor: Margaret Roll

Cover: Diego Rivera, Mexican 1886–1957. "Confluencia de Arroyos" 1906, Pastel, 31 × 32 cm. Cortesía de Colección Banco Nacional de México.

For permission to use copyrighted material, grateful acknowledgment is made to the copyright holders listed on pages 363–364, which are hereby considered an extension of this copyright page.

Published simultaneously in Canada.

Printed in the United States of America.

International Standard Book Number: 0-669-20460-9

Library of Congress Catalog Number: 90-83095

10 9 8 7 6 5 4 3

A Alberto Assa, dedicado educador de la juventud colombiana

PREFACE

Graded Spanish Reader, Segunda etapa, Fourth Edition, is a literary reader designed to introduce intermediate-level college students to the rich and exciting literature of the Hispanic world. Adopted by major universities and colleges throughout the United States, this text has also proven to be an effective teaching tool at the high school level. The readings selected for this edition, presented in order of difficulty, include poems, short stories, and a one-act play, authored by key Hispanic literary figures such as Bécquer, García Márquez, Cortázar, Matute, García Lorca, and Palma. Each selection was chosen for its intrinsic merit and its relevance in the overall context of each writer's work, as well as for its linguistic accessibility.

A carefully crafted sequence of prereading activities for each selection promotes vocabulary development, anticipation of content, and transfer of students' native language reading skills to authentic texts in Spanish. Background information concerning each author and his or her work further facilitates the reading process. Follow-up activities, including comprehension checks, discussion questions, and writing assignments, are designed to lead students in a careful progression from understanding to interpreting, and finally, to personalizing the selections' content. Other important features of this reader are brief reviews of grammatical structures pertinent to comprehension of the readings and related practice activities that reinforce both the structures and the key vocabulary presented in each Basic Vocabulary list.

New to the Fourth Edition

In this major revision, approximately one-fourth of the selections included in **Graded Spanish Reader, Segunda etapa,** have been changed, resulting in an even broader representation of important Spanish-language literary figures. Significant improvements to existing features and features entirely new to the Fourth Edition include:

- Expanded background information on each author and selection in the introduction to each of the reader's five parts
- Basic Vocabulary lists preceding each reading to introduce words and phrases essential to comprehension and discussion of the selections
- Vocabulary development activities designed to familiarize students with these key words prior to reading
- Prereading activities that enable students to anticipate the content and main ideas of each selection
- An expanded Study Guide section designed to promote transfer of native-language reading skills to Spanish-language reading tasks
- An expanded Communicative Activity section designed to enhance discussion of each selection and personalization of the reading experience

Organization of the Text

Graded Spanish Reader, Segunda etapa, Fourth Edition, is divided into five parts arranged sequentially according to the degree of difficulty of the grammatical structures and vocabulary presented in the readings. Key criteria employed in choosing the selections in this edition were: potential interest to students and instructors; balance in the representation of authors from the various areas of the Spanish-speaking world and among male and female Hispanic literary figures; significance of the text in terms of the complete works of each author; and the linguistic accessibility of the text even to introductory-level students.

Each part begins with an overview of its authors and works, followed by a Study Guide section that presents strategies for approaching the readings. The Prereading Activities section presents and practices the Basic Vocabulary found in the reading, and develops awareness of cognates and the general rules of word formation in the Spanish language and their usefulness in the reading process. The final activities in this section anticipate the selection's content and reinforce vocabulary.

Following each reading is a set of Postreading Activities. The Reading Comprehension section opens the activities with a variety of practical exercises in multiple choice, true-false, and short-answer format to verify students' understanding of the essential details of the selection's content. The Structures section again reinforces basic vocabulary from the reading. It also offers brief explanations, largely in the form of charts and tables, of the high-frequency structures of Spanish featured in the text that require systematic review and emphasis because of the difficulties they pose for native speakers of English. Follow-up exercises are provided for those students who want to verify their control of each structure prior to proceeding to the more open-ended activities. Instructors may also wish to refer students to the Structures section for quick review before assigning the reading. In the Writing Practice activity, students are asked to summarize or react to the selection, drawing upon a list of key words and phrases from the text. Finally, the Communicative Activity section provides a variety of discussion topics suitable for pair, small-group, or whole-class work. These open-ended activities allow for analysis of the selection's content, expression of personal opinions or experiences related to the reading, and generalization of some of the selection's key ideas.

At the end of each of the reader's five parts, a Review Exercise reinforces key vocabulary in context and also recalls the main ideas and themes from those particular readings.

Naturally, instructors will not have the time or the need to use all the exercises and activities provided for each selection or part. Our reason for including a wide array of supporting material was, instead, to make each selection accessible to at least some degree even to those students in the earliest stages of their study of Spanish, and to enable instructors to accommodate the disparate needs, ability levels, and learning styles most commonly encountered in the classroom.

ACKNOWLEDGMENTS

For their insightful comments regarding the content and organization of the third edition of **Graded Spanish Reader, Segunda etapa,** and their many useful suggestions for its improvement, we are especially grateful to: Carlo DiMaio, Southeastern Louisiana University; Henry Maxwell, Texas Technical University; Vincent A. Serpa, DePauw University; Currie Thompson, Gettysburg College; and Jacqueline Bixler, Virginia Polytechnic Institute and State University. We are also particularly grateful to José Blanco, Gina Russo, and Janice Molloy of the editorial staff of D. C. Heath and Company for their careful reading of the manuscript.

Justo Ulloa

Leonor Álvarez de Ulloa

Contents

Part One

Part Two

Part Three

PART FOUR

PART FIVE

Graded Spanish Reader

Segunda etapa

Part One

Part One contains three short narratives: *La horma de su zapato, No hay mal que por bien no venga,* and *Los chicos.*

La horma de su zapato, presented in an edited version, is an ironic and humorous story by Vicente Riva Palacio (1832–1896), a Mexican novelist, critic, and statesman considered by many to be the creator of the Mexican historical novel. *La horma de su zapato* tells the amusing story of a devil who is fooled by one of his colleagues in hell.

No hay mal que por bien no venga has been taken from *Tradiciones peruanas,* by Ricardo Palma (1833–1919). This Peruvian novelist and essayist created the genre known as the "tradición," a brief narrative which recreates historical or folkloric events from the colonial period in an anecdotal, satirical style. *No hay mal que por bien no venga* is a tale about a father who finds himself with too many children and no means to support them, and how this dilemma is unexpectedly resolved.

The author of *Los chicos* is the Spanish writer Ana María Matute (1926), best-known for her novels and short stories about the effects of the Spanish Civil War on younger generations. Children are indeed one of her favorite literary themes. In *Los chicos,* the author shows how economic and social differences affect the children's world. The children of the story are divided into two groups: "niños" and "chicos." The "niños" are the children of the bourgeoisie, while the "chicos" are the children of the prisoners working in the swamps. The narrator of the story describes how a child views children from another level of society and the effects of class conflicts on young minds.

To make the process of reading the selections easier, many new vocabulary items and difficult passages have been glossed and translated in footnotes. A prereading section also introduces important vocabulary to allow you to recognize and anticipate the meaning of new words as they appear in the stories.

STUDY GUIDE

The following suggestions will facilitate your reading of the selections and prepare you for class activities.

1. Study the vocabulary and do the Prereading Activities *before* reading each story. Also, scan the entire story to grasp essential information.
2. Before reading *La horma de su zapato,* review these grammar points: stem-changing verbs in the present tense; past participles; **saber** vs. **conocer; ser** vs. **estar; gustar;** and **por** vs. **para.** Before reading *No hay mal que por bien no venga,* you should review the direct and indirect object pronouns; prepositions; uses of the preterit vs. imperfect tenses; and **ir a** + *infinitive.* Prior to reading *Los chicos,* review contractions (**al** and **del**); the use of the infinitive; and the use of object pronouns with infinitives. Exercises reinforcing these grammar points appear at the end of each selection.
3. While reading the selections, try to guess the general meaning of a sentence through context before making use of the footnotes. Read the story a second time with the aid of the footnotes when necessary. Try to recall the main ideas in each story.
4. The Communicative Activity is intended to stimulate oral expression through group work. In preparing for class discussion, either in groups or individually, the following strategies are helpful: a) write down your thoughts on the selected topic; and b) practice aloud what you plan to say in order to feel more comfortable speaking in class. If you own a cassette recorder, it would be an excellent idea to tape your oral presentation. By listening to yourself, you will be able to correct and improve your spoken Spanish, thereby increasing the effectiveness of your message.

La horma de su zapato

VICENTE RIVA PALACIO

Prereading Activities

Basic Vocabulary

Nouns

el **alma** soul
el **amo** boss, master
el **diablo** devil
la **horma** shoemaker's mold
la **horma de su zapato** his/her match (*figurative*)
el **infierno** hell
el **mundo** world
el **olor** smell
la **parrilla** broiler, grill
la **riña** fight, quarrel

Verbs

cuidar to take care of
mandar to send
parecerse (zc) a to resemble
pelear to fight
quedarse to remain

Adjectives

feliz happy
rico(-a) wealthy

Useful Expressions

con cuidado carefully
dar la mano to shake hands
dejar pasar to let (*someone*) pass
delante de in front of
hablarse de Ud. to address each other with the polite **Ud.** form
hace algunos años a few years ago
no tener nada que hacer to have nothing to do
parecer que to seem that
me parece que it seems to me that
ponerse a seguir to start to follow
reírse de to laugh at

Vocabulary Usage

A. Select the word or expression in *Column B* closest in meaning or related logically to each term in *Column A*.

A	B
1. _____ horma	a. diablo
2. _____ contento	b. pelea
3. _____ riña	c. creer
4. _____ infierno	d. zapato
5. _____ pensar	e. universo
6. _____ mundo	f. feliz
7. _____ falta	g. agua
8. _____ hora	h. queda
9. _____ vaso	i. reloj

B. Select the appropriate expression from the Useful Expressions section above to complete each of the following sentences. Make any necessary changes.

1. _____ el Marqués de la Parrilla puede ser un buen esposo para ti.
2. Por lo general, el diablo Barac no tiene mucho trabajo. Como _____ en el infierno, va a visitar la Tierra en busca del alma de una mujer hermosa.
3. Cuando dos personas se saludan se _____.
4. El Marqués discute sus planes de matrimonio _____ la madre de la mujer que ama.
5. Los diablos en el infierno son muy formales y por esa razón siempre _____.

C. Rewrite the following sentences, using the Spanish equivalent of the words in parentheses.

1. El Marqués de la Parrilla le (*sends*) _____ una carta a Irene.
2. Irene vive en una casa que está situada (*in front of*) _____ la escuela.
3. Hay muchas (*fights*) _____ entre los diablos en el infierno.
4. Todos los diablos tienen un (*smell*) _____ muy peculiar.
5. Barac ha estado en el mundo (*a few years ago*) _____ y ahora tiene que ir otra vez para obtener el (*soul*) _____ de una mujer hermosa.
6. Luzbel es el (*master*) _____ de todos los diablos.
7. La (*grill*) _____ está muy caliente.

Cognates and Word Formation

Cognates are words that are the same or nearly the same in Spanish and English. There are exact cognates and approximate cognates.

personal	*personal*
el profesor	*professor*

Some cognates are almost identical, except for a written accent mark, or a change in a vowel or consonant.

el sofá	*sofa*
la medicina	*medicine*
el teléfono	*telephone*

In Spanish, words that end in **-ante** or **-ente** usually have English cognates that end in *-ant, -ent,* or *-ing.*

ignorante	*ignorant*
persistente	*persistent*
durante	*during*

Many Spanish words ending in **-cia** or **-cio** have equivalents that end in *-ce* or *-cy* in English.

la importancia	*importance*
el silencio	*silence*
la democracia	*democracy*

Guess the English cognates of the following Spanish words. You will encounter all of these words in *La horma de su zapato.*

1. infierno
2. mucho
3. contento
4. persona
5. elegante
6. hotel
7. momento
8. Roma
9. Marqués
10. teatro
11. Apolo
12. gracia
13. minuto
14. enemigo

ASSOCIATIONS

Which words do you associate with the following descriptions?

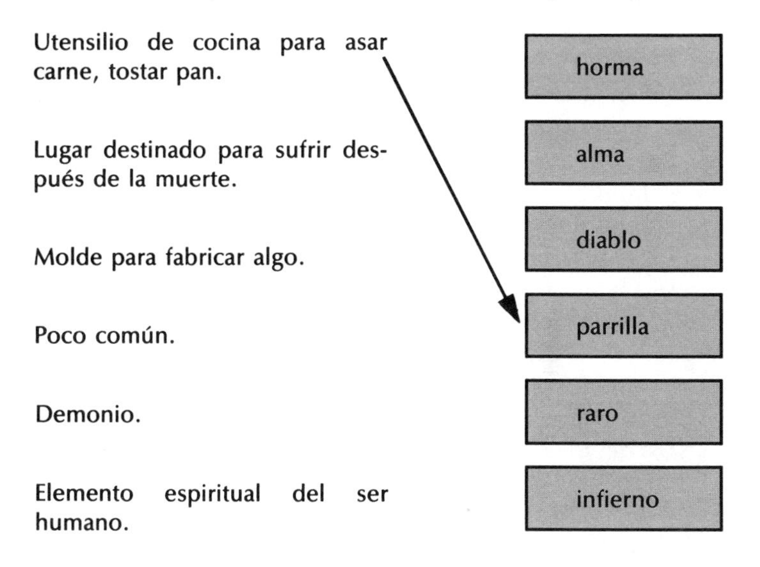

ANTICIPATING THE STORY

Answer the following questions, trying to anticipate aspects of the story you are about to read.

1. ¿Qué le sugiere el título *La horma de su zapato?* Relaciónelo con alguna experiencia personal.
2. ¿Cuál cree Ud. que es el tema del cuento *La horma de su zapato?* Haga una pequeña lista de posibilidades.
3. ¿Qué tipo de personajes espera encontrar en el cuento?
4. ¿Dónde puede tener lugar la acción del cuento?

La horma de su zapato

VICENTE RIVA PALACIO

En el infierno no todos los diablos son iguales. Hay diablos que son los amos de otros diablos. Unos diablos trabajan mucho, y otros diablos no hacen nada. Hay unos diablos que cuidan muchas almas, y otros diablos que no tienen nada que hacer.

5 Barac es uno de estos diablos. Barac no tiene nada que hacer en el infierno porque no tiene almas que cuidar. Como sabe mucho, los otros diablos no lo quieren. No dejan llegar a las manos de Barac ninguna de las muchas almas que van al infierno.

Dicen los otros diablos que Barac tiene en el infierno un gran 10 enemigo, un diablo llamado Jeraní. Jeraní se ríe de Barac porque éste no tiene almas que cuidar. Por tener este gran enemigo, Barac, aunque es diablo, siempre está muy triste. Barac nunca se ríe de Jeraní.

Un día Luzbel, el amo de todos los diablos del infierno, llama 15 a Barac y le dice:

—Si Ud. quiere —porque también en el infierno los diablos se hablan de Ud.— estar aquí en el infierno, tiene que trabajar. Además, no queremos tener en el infierno diablos tristes. Para estar contento, tiene que trabajar. Y para poder trabajar en el 20 infierno, hay que tener almas que cuidar. Como Ud. no tiene ninguna, y aquí en el infierno ya todas las que hay tienen sus diablos que las cuidan, tiene que salir al mundo y traer una. Tiene que estar aquí en el infierno otra vez dentro de doce días, a las doce en punto de la noche. Tiene que traer del mundo el 25 alma de una mujer. Pero esa mujer debe ser joven y hermosa.

—Está bien —dice Barac—. Voy a salir para el mundo en seguida.

—Sí, puede Ud. salir en seguida, pero dentro de doce días, a las doce en punto, quiero verlo aquí otra vez.

30 Aunque Barac por algunos años no ha salido del infierno, ahora está muy contento porque va al mundo. Además, ya tiene algo que hacer. Ahora puede ser igual a su enemigo Jeraní, pues va a traer el alma de una mujer, y va a ser el alma de una mujer joven y hermosa, que son las almas que más les gustan a los 35 diablos en el infierno. Como siempre hay riñas entre los dos diablos, Barac está muy contento porque por doce días no va a ver a su enemigo Jeraní.

Esa misma noche Barac sale del infierno. Como no ha estado en el mundo por algunos años, espera ver a los hombres tales como los ha visto antes. Y al ver que ahora el mundo no se parece en nada al mundo de hace algunos años, Barac cree que está en otro lugar y no en la Tierra.

Barac llega a una gran ciudad y anda por sus calles. En seguida llega a un lugar que él conoce y donde él ha estado hace muchos años. Este lugar se llama la Puerta del Sol. Barac, al ver que está en la Puerta del Sol, sabe que está en Madrid, ciudad que él conoce muy bien, pues ha vivido allí anteriormente. Ahora Barac ya sabe que está en la Tierra y está muy contento.

Barac vive en el Hotel de Roma. Cuando alguna persona le pregunta algo sobre su vida, él dice que no es español, que no habla español muy bien, pero que va a estar en Madrid por algún tiempo para conocer la ciudad. Dice que le gusta Madrid porque allí hay muchas mujeres hermosas.

Después de estar en el Hotel de Roma uno o dos días, sale a las calles de la ciudad para ver a las jóvenes de Madrid. Todas las mujeres hermosas le gustan a Barac, que ahora se llama el Marqués de la Parrilla, y a todas las quiere seguir. Ve que hay muchas mujeres hermosas en la ciudad y no sabe qué hacer para llevarse a la más hermosa.

Así pasan uno o dos días más. Una tarde, por la Calle del Caballero de Gracia, al salir del Hotel de Roma, el Marqués ve pasar a la joven más hermosa que ha visto. La joven va con una señora ya vieja.

Es una joven de unos veinte años. «Ésta me gusta mucho», dice el Marqués de la Parrilla, y se pone a seguir a las dos mujeres. Anda algún tiempo detrás de la joven, a quien no conoce. En la Calle de Alcalá, la ve detenerse y hablar con un señor. Este señor es un amigo del Marqués de la Parrilla. El señor, después de hablar con la joven y la señora por algún tiempo, sigue andando por la calle. Después de algunos minutos, el señor se encuentra con el Marqués.

—¡Hombre! —dice el Marqués— ¿quién es esa mujer tan hermosa?

—Es Menegilda.

—¿Pero así se llama?

—No; pero es una joven que trabaja en el teatro y las personas que siempre van al teatro la llaman así. Yo creo que se 5 llama Irene.

—Y esa señora que va con ella, ¿es su madre?

—Sí, es su madre.

—Pero, ¡qué hermosa es Irene! —dice el Marqués.

—Es muy hermosa; pero también es una mujer que sabe 10 más que un hombre, y puede reírse del mismo diablo.

Al oír esto, el Marqués quiere preguntar al señor si sabe la verdad, si sabe quién es él, pero no dice nada. El señor se va y el Marqués se queda pensando en lo que ha dicho su amigo. Pero en seguida piensa otra vez en Irene y, como ya sabe algo 15 de ella, se pone a andar otra vez detrás de las dos mujeres hasta verlas entrar en el teatro Apolo. El Marqués no entra en el teatro, pero se queda en la puerta por algún tiempo.

Desde ese día el Marqués va todas las noches al teatro Apolo para ver a la hermosa joven. Primero le manda flores. Después 20 le manda una carta preguntándole si la puede ver.

La joven toma las flores y lee la carta. También ella le escribe al Marqués diciéndole que la puede ver, pero delante de su madre.

El Marqués lee la carta de Irene y está muy contento, pues 25 en verdad la ama.

Ya han pasado cinco días. Todas las jóvenes que trabajan en el teatro saben que el Marqués ama a Irene. También los amigos del Marqués saben que éste ama mucho a Irene, pero no saben si Irene ama al Marqués también.

30 Irene le manda otra carta al Marqués diciéndole que le espera esa noche en su casa a las diez en punto. El Marqués lee la carta y está muy contento. Se pone su mejor traje y sus mejores zapatos y llama un coche. El Marqués llega a las diez en punto a casa de Irene. Allí ve a algunas personas sentadas, y esto no le gusta. 35 Allí hay dos señoras muy viejas, una joven y tres niños. Cuando llega el Marqués todos se levantan para dejarlo pasar. Un niño le pregunta que a quién quiere ver, y el Marqués le dice que a Irene. Por todo esto el Marqués puede ver que la casa donde vive Irene no es muy rica, y que Irene no tiene mucho dinero 40 para vivir.

El Marqués entra en la casa y se detiene delante de la puerta donde vive Irene. Llama y sale la madre de la joven a la puerta y el Marqués entra con ella.

En un cuarto no muy grande encuentra a Irene, que está sentada esperándolo. El Marqués le da la mano y se sienta cerca de ella. La madre de Irene también se sienta cerca de los dos. El Marqués, como ama a Irene, no sabe qué decir, y habla del tiempo. Después habla del teatro donde trabaja Irene.

Ella tampoco sabe qué decir porque no lo conoce muy bien. La madre le cuenta al Marqués que Irene tiene que trabajar mucho en el teatro para poder vivir.

El Marqués piensa que ha llegado el momento de hablar con Irene y decirle que la ama, pero en ese momento llaman a la puerta. Irene se levanta y va a ver quién es. Cuando ella sale del cuarto, él se queda solo con la madre.

Cuando Irene entra otra vez en el cuarto, él cree que ha pasado el momento de hablar con Irene para decirle que la ama, y habla de otras cosas. Después de estar allí hasta las doce de la noche, el Marqués le dice a Irene que desea verla otra vez.

Cuando el Marqués sale de la casa de Irene, la madre le dice a la joven:

—El Marqués es un señor muy bueno y muy rico. Me parece que puede ser un buen esposo para ti, pero lo que no me gusta es que tiene un olor muy raro.

Algo le ha quedado a Barac del infierno.

Desde esa noche, el Marqués ve a Irene todos los días. Ahora ama más a la joven, pues ha visto que Irene no es una mujer como él ha creído, sino muy buena. Pero el tiempo vuela para el Marqués; está muy cerca el momento en que tiene que irse al infierno. Y está muy triste porque tiene que irse de la Tierra, aunque sabe que se lleva el alma de aquella joven. Y también está triste porque sabe que el alma de esa mujer tan hermosa y tan buena va a ir al infierno para siempre.

Irene también está un poco triste. Una noche la joven no quiere ir al teatro y se queda en su casa. El Marqués llega a verla, porque es la última noche que puede ver a Irene, pues tiene que irse al infierno a las doce en punto. La madre de Irene no está con ellos, porque a ella no le gusta el raro olor del Marqués.

El Marqués ve un reloj que hay en el cuarto donde está con Irene. Faltan diez minutos para las doce; diez minutos más para estar en la Tierra. Irene, que ya ama al Marqués también, pues ya lo conoce mejor, le dice:

—Nosotros no podemos ser felices sobre la Tierra. ¿Quieres morir ahora conmigo?

El Marqués mira a Irene y no quiere creer lo que oye. Sabe que Irene tiene que morir a las doce, y ahora y sólo faltan cinco 5 minutos. Como queda poco tiempo, el Marqués dice en seguida:

—Irene, si me amas hasta morir conmigo y por mí, yo también quiero morir ahora mismo cerca de ti y al mismo tiempo.

—Así te amo —dice Irene.

Después, ella toma dos vasos, pone algo en ellos, y le dice al 10 Marqués:

—Uno para ti; para mí el otro. Si bebemos esto, podemos morir en unos cuantos minutos.

El Marqués toma la mano de Irene y los dos, al mismo tiempo, beben lo que hay en los vasos. Y así mueren los dos.

15 En ese momento se oyen las doce de la noche en el reloj de la Puerta del Sol. El Marqués de la Parrilla es Barac otra vez y lleva consigo el alma de Irene. Al mismo tiempo, a Barac le parece que lo que lleva en las manos se ríe mucho. Mira otra vez con cuidado y ve que lo que lleva consigo no es el alma de Irene, 20 sino su gran enemigo, Jeraní. Su enemigo se ha reído de él otra vez delante de todos los diablos del infierno: Jeraní es Irene.

Barac piensa que él nunca puede ser feliz en el infierno, pues Jeraní es la horma de su zapato.

Postreading Activities

Reading Comprehension

A. Select the word or phrase that best completes each statement according to *La horma de su zapato*.

1. ¿Por qué los otros diablos no quieren a Barac?
   a) Porque trabaja mucho.
   b) Porque sabe mucho.
   c) Porque se ríe mucho.

2. Jeraní se ríe de Barac porque éste
   a) no tiene que trabajar mucho.
   b) tiene que trabajar demasiado.
   c) no tiene almas que cuidar.
3. Luzbel le dice a Barac que
   a) tiene que traer el alma de una mujer inteligente.
   b) tiene que traer el alma de una artista interesante.
   c) tiene que traer el alma de una mujer joven y hermosa.
4. ¿Por qué le gusta Madrid?
   a) Porque está en la Puerta del Sol.
   b) Porque allí hay muchas mujeres hermosas.
   c) Porque la ciudad es muy antigua.

B. Answer the following questions.

1. ¿Por qué está contento Barac cuando sabe que tiene que ir al mundo?
2. ¿Qué apariencia tiene Barac al llegar a Madrid?
3. Describa a la joven que atrae a Barac.
4. ¿Dónde trabaja Irene?
5. ¿Cómo se conocen Barac e Irene?
6. ¿Qué opina la madre de Irene de Barac?
7. ¿Qué hacen Irene y Barac la última noche que están juntos?
8. ¿Qué sucede al final del cuento?
9. Explique el significado de la expresión «Jeraní es la horma de su zapato».

STRUCTURES

A. *The Present Tense of Stem-changing Verbs*

In certain Spanish verbs the stem is irregular when stressed. This applies to all but the **nosotros** and the **vosotros** forms. In the following examples, when stressed the **e** of the stem changes to **ie** or **i,** and the **o** to **ue.**

sentir	dormir	pedir
s*ie*nto	**d*ue*rmo**	**p*i*do**
s*ie*ntes	**d*ue*rmes**	**p*i*des**
s*ie*nte	**d*ue*rme**	**p*i*de**
sentimos	**dormimos**	**pedimos**
sentís	**dormís**	**pedís**
s*ie*nten	**d*ue*rmen**	**p*i*den**

Rewrite the following sentences, using the present tense of the verbs in parentheses.

1. Los otros diablos no (querer) _____ a Barac.
2. Barac, Ud. no (poder) _____ trabajar más en el infierno.
3. El diablo (seguir) _____ a las dos mujeres.
4. Al final de la calle, nosotros nos (encontrar) _____ con nuestros amigos.
5. Yo (pensar) _____ que él no tiene razón.
6. Después de unos minutos, el señor se (encontrar) _____ con el Marqués en una esquina.
7. Ella se (sentar) _____ muy cerca de él.
8. Nosotros nos (sentar) _____ a esperarlo en frente del hotel.
9. El tiempo (volar) _____ muy rápido para el Marqués.
10. ¿(Pensar) _____ vosotros que Jeraní es feliz?
11. ¿Cree Ud. que los diablos (morir) _____?
12. Barac le (pedir) _____ permiso a la madre de Irene.

B. Past Participles

Regular past participles are formed by adding **-ado** to **-ar** verbs and **-ido** to **-er** and **-ir** verbs.

hablar ⟶ **hablado**
comer ⟶ **comido**
vivir ⟶ **vivido**

The following Spanish verbs have irregular past participles:

abrir	⟶	**abierto**	**morir**	⟶	**muerto**
cubrir	⟶	**cubierto**	**poner**	⟶	**puesto**
decir	⟶	**dicho**	**resolver**	⟶	**resuelto**
describir	⟶	**descrito**	**romper**	⟶	**roto**
escribir	⟶	**escrito**	**ver**	⟶	**visto**
hacer	⟶	**hecho**	**volver**	⟶	**vuelto**

The past participle is used with the auxiliary verb **haber** to form the perfect tenses. The present perfect tense is formed by using the present tense of **haber (he, has, ha, hemos, habéis, han)** and the past participle of the verb to be conjugated. It is used to express a recent past action closely related to the present.

Barac no **ha visto** a Jeraní todavía.

Rewrite the following sentences, giving the Spanish equivalent of the words in parentheses.

1. Un señor me ha (*told*) _____ este cuento.
2. Barac ha (*read*) _____ mucho.
3. También ha (*heard*) _____ muchos cuentos.
4. Nunca ha (*gone out*) _____ del infierno.
5. El Marqués ha (*been*) _____ en Madrid antes.
6. Ha (*seen*) _____ muchas cosas.
7. Ha (*lived*) _____ en el infierno toda su vida.
8. Siempre piensa en lo que ha (*said*) _____ su amigo.
9. La madre de Irene cree que el Marqués no ha (*arrived*) _____ todavía.
10. Desde que está allí, nada ha (*happened*) _____.

C. **Saber / conocer** *and* **ser / estar**

Review the uses of **saber / conocer** and **ser / estar.** Then complete each sentence, using the appropriate form of one of the verbs in parentheses. Explain your choice.

EXAMPLE: Él (saber / conocer) _____ la ciudad de Madrid.
Él **conoce** *la ciudad de Madrid.*

1. Como Barac (saber / conocer) _____ mucho, los otros diablos no lo quieren.
2. El pobre Barac nunca (ser / estar) _____ muy contento.
3. El alma que Barac debe traer al infierno debe (ser / estar) _____ la de una joven hermosa.
4. Cuando llega a Madrid, Barac cree que (ser / estar) _____ en otro lugar que no es la Tierra.
5. Él (saber / conocer) _____ ese lugar.
6. El diablo (saber / conocer) _____ que ahora está en la Tierra.
7. Su traje (ser / estar) _____ muy elegante.
8. El Marqués de la Parrilla no (saber / conocer) _____ a Irene todavía.
9. Barac (ser / estar) _____ muy feliz porque ahora (saber / conocer) _____ algo de Irene.

D. Gustar

The verb **gustar** means *to like, to be pleasing.* In constructions with **gustar,** the English subject becomes an indirect object and the English direct object becomes the subject.

(Subj.) *(D.O.)*

We** like **chocolate.

Nos gusta el **chocolate.**

(I.O.) *(Subj.)*

The literal translation of the Spanish sentence is:

Chocolate** is pleasing **to us.

(Subj.) *(I.O.)*

Gustar is usually used in the third-person singular or plural, depending on whether the subject is singular or plural.

Me **gusta** la joven hermosa.
Me **gustan** las jóvenes hermosas.

An indirect object pronoun is used with gustar as follows.

Me gusta	**Nos** gusta
Te gusta	**Os** gusta
Le gusta	**Les** gusta

(Review indirect object pronouns on p. 26)

Complete the following sentences with the appropriate indirect object pronoun to refer to the person in parentheses.

EXAMPLE: (Irene) ____ gusta el teatro.
Le gusta el teatro.

1. (Luzbel) ¿____ gustan los diablos que no trabajan?
2. (tú) ¿____ gusta el infierno?
3. (nosotros) No, no ____ gustan Irene y su madre.
4. (Barac y Jeraní) Sí, ____ gusta la Tierra.
5. (yo) Sí, ____ gustan las mujeres hermosas.

The prepositional phrase **a** + *noun or pronoun* is used for emphasis or clarification in sentences involving the verb **gustar.** It is placed at the beginning of the sentence.

> **A Irene** le gusta el teatro.
> **A mí** me gusta el cine.
> **A ti** te gustan los hombres ricos.
> **A él** le gustan las mujeres atractivas.
> **A nosotros** nos gusta estudiar.

Write complete sentences, using the cues given as in the examples above. Add any other necessary words.

1. la madre / gustar / olor / Barac
2. Barac / gustar / mujeres / hermoso
3. los / diablos / gustar / almas / bueno
4. Jeraní / gustar / reírse / Barac

E. *Uses of* por *and* para

Para is generally associated with (1) destination; (2) limitation; (3) implied comparison; or (4) purpose. **Por,** on the other hand, is used to indicate: (1) motive; (2) "in exchange for"; (3) length of time; (4) "in favor of, on behalf of, instead of"; (5) "through, along, by, around"; (6) measure; or (7) object of an errand.

Rewrite the following sentences, using **por** or **para.** Explain your choice.

1. _____ tener este gran enemigo, Barac siempre está muy triste.
2. Voy a salir _____ el mundo en seguida.
3. Barac no ha estado en el mundo _____ algunos años.
4. Él anda _____ las calles de una ciudad que conoce.
5. El diablo Barac va a la Tierra _____ el alma de una joven hermosa.
6. Barac va a estar en Madrid _____ algún tiempo _____ conocer la ciudad.

7. El Marqués entra _____ la puerta del teatro.
8. Manda flores _____ Irene.
9. Barac tiene solamente diez minutos más _____ estar en la Tierra.
10. Jeraní hace pasar _____ Irene.

WRITING PRACTICE

Write a short paragraph describing Barac's and Irene's last moments on Earth. Use some or all of the following words. Your paragraph will be evaluated for grammatical accuracy and vocabulary usage. It should be at least forty-five words in length.

Marqués	al mismo tiempo	ir
tomar	veneno	infierno
mano	morir	pero
Irene	doce de la noche	la mujer hermosa
beber	los dos	Jeraní

COMMUNICATIVE ACTIVITY

Prepare one of the questions listed below to discuss in class with two classmates. Once the topic has been thoroughly analyzed, your group should present a summary of the discussion to the class.

1. ¿Ha encontrado Ud. alguna vez la horma de su zapato? Explique.
2. ¿Qué significa el infierno para Ud.? ¿Existe?
3. ¿Ha experimentado Ud. algo parecido al infierno de Barac?

No hay mal que por bien no venga

RICARDO PALMA

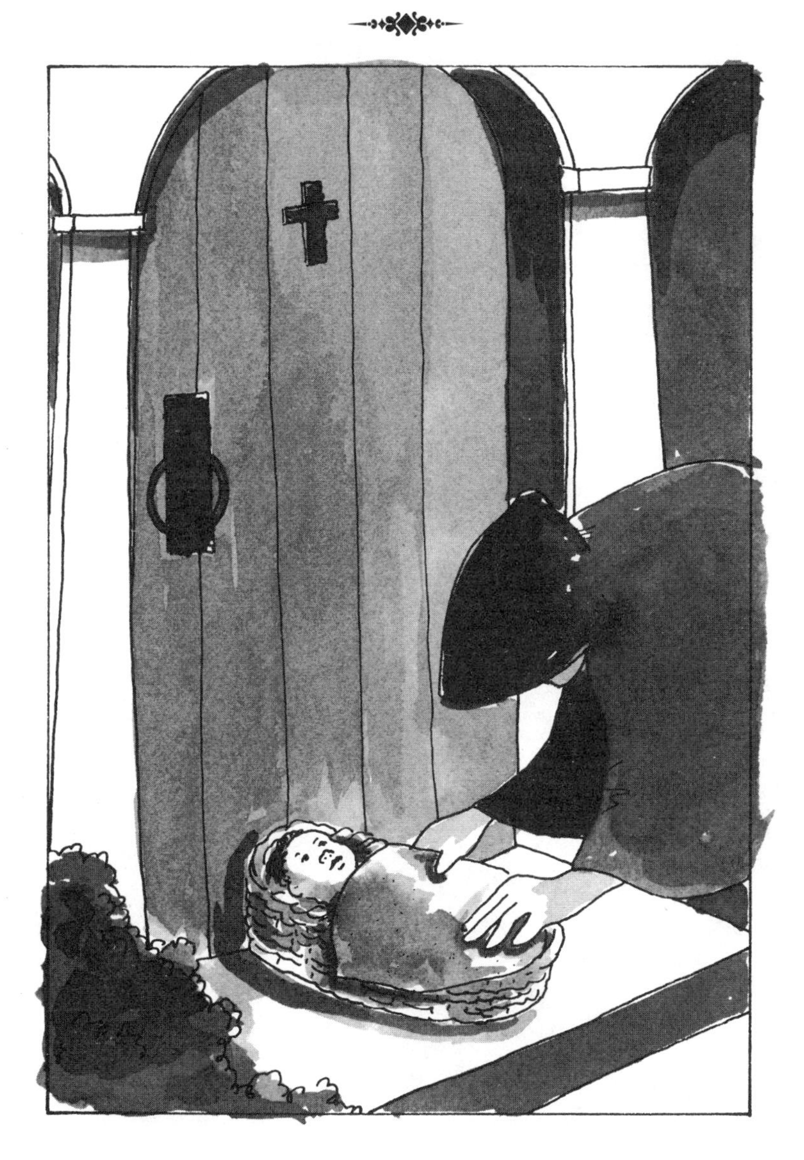

PREREADING ACTIVITIES

BASIC VOCABULARY

Nouns

la **capa** cape
el **cinturón** belt
el **criado** servant
la **crianza** upbringing
el **huérfano** orphan child
el **individuo** person, individual
el **intruso** intruder
los **mellizos** twins
la **moneda** coin
el **motivo** reason, cause
el **negocio** business
los **recursos** means, money

Verbs

acariciar to caress, to fondle
desnudar to undress
pesar to weigh
proponerse to decide; to intend to do something
reclamar to reclaim
temblar to tremble; to be afraid

Adjectives

descarado(-a) shameless, impudent
encapuchado(-a) person wearing a hood fastened to a cloak
enlutado(-a) in mourning, wearing black clothes

(continued)

Useful Expressions

caer encima to fall upon

casa de beneficencia orphanage

cuando menos lo esperaba when he/she least expected it

dar crianza to bring up (*children*)

¡Fuera de aquí! Go away!

no hay mal que por bien no venga every cloud has a silver lining

no tener más remedio to have no other choice

recién nacido(-a) newborn

sacar fuerzas de flaquezas to find strength out of weakness

vigilar de cerca to keep a close watch

VOCABULARY USAGE

A. Write sentences of your own, using the following expressions.

1. vigilar de cerca
2. recién nacido
3. no tener más remedio
4. cuando menos lo esperaba
5. recursos
6. mellizos

B. Select the word or expression in *Column B* closest in meaning or related logically to each term in *Column A*.

A	B
1. _____ zapatero	a. recién nacido
2. _____ mellizos	b. esposa
3. _____ bebé	c. doce
4. _____ marido	d. dos niños iguales
5. _____ docena	e. con una capa
6. _____ encapuchado	f. persona que repara zapatos
7. _____ padre	g. hijo
8. _____ recursos	h. dinero

COGNATES AND WORD FORMATION

It is usually helpful to delete the infinitive ending of a Spanish verb to recognize its English cognate.

present(ar)	*present*
respond(er)	*respond*
permit(ir)	*permit*

Spanish nouns ending in **-tad** or **-dad** usually correspond to nouns that end in *-ty* in English.

la dignidad	*dignity*
la libertad	*liberty*

Spanish nouns ending in **-io, -ia** frequently correspond to nouns that end in *-y* in English.

la historia *history*

Spanish adjectives ending in **-oso, -osa** often correspond to adjectives that end in *-ous* in English.

famoso *famous*

Spanish adjectives ending in **-ente** usually correspond to adjectives that end in *-ent* in English.

inteligente *intelligent*

Spanish verbs ending in **-izar** often correspond to verbs that end in *-ize* in English.

dramatizar *dramatize*

Spanish verbs ending in **-poner** usually correspond to verbs that end in *-pose* in English.

componer *compose*

Find the cognates of the following English words in *No hay mal que por bien no venga.*

1. to alarm
2. to abandon
3. to inform
4. to propose
5. police
6. identity
7. mysterious
8. baptize
9. director
10. misery
11. insolent
12. fecund
13. dozen
14. individual (*n.*)

Associations

Which expressions do you associate with the following passages?

Passages	Expressions
Un zapatero estaba casado con una mujer muy fecunda que cada año le daba si no mellizos por lo menos un hijo.	un encapuchado misterioso
Un lugar de beneficencia donde se da crianza a niños que no tienen padres.	No podía alimentar a su familia.
El hombre no tenía recursos para mantener un hijo más.	una zapatería
Un individuo con una capa negra era el que dejaba a los niños en una casa de beneficencia.	una familia muy numerosa
Un lugar donde se hacen y se reparan zapatos.	una casa para huérfanos

Anticipating The Story

Answer the following questions, trying to anticipate aspects of the story you are about to read.

1. ¿Cuál cree Ud. que es el significado del título *No hay mal que por bien no venga*? Relacione el significado del título con una experiencia personal.
2. ¿Qué tipo de problemas podrían tener los personajes de este cuento? Haga una lista.
3. ¿Cómo cree Ud. que son los personajes?

No hay mal que por bien no venga

RICARDO PALMA

Un zapatero muy pobre, que vivía en la calle de los Gallos, estaba casado con una mujer muy fecunda, que cada año le daba si no mellizos, por lo menos un hijo.

Por ese entonces comenzaron a dejar muchachos a las puertas de la casa de huérfanos de Lima, y todos los días de ocho a nueve de la noche abandonaban por lo menos un bebé. La directora de la casa se alarmó mucho con esta invasión de niños abandonados, y especialmente cuando le informaron que un mismo individuo, cubierto con una capa negra, era el que se los dejaba a las puertas de su casa. La buena señora se propuso descubrir la identidad del individuo, y así ordenó vigilar de cerca la llegada del encapuchado misterioso.

Esa misma noche el zapatero decidió llevar a su recién nacido a la casa de huérfanos, pues no tenía recursos para mantener a un hijo más. Al mismo tiempo que los criados que vigilaban la entrada de la casa le caían encima, una mujer enlutada dejaba otro niño a las puertas de la casa de beneficencia.

Cuando los criados llevaron al zapatero a la oficina de la directora, ésta le dijo:

—Ud. no debe traer todas las noches tantos muchachos. ¿Qué se cree Ud.? Puede llevarse inmediatamente los que ha traído esta noche. Si no lo hace, llamo a la policía. ¡Sí, señor! ¡Se los puede llevar ahora mismo! ¡Ud. es un descarado!

Al oír que iban a llamar a la policía, el zapatero asustado contestó temblando:

—Pero, señora directora, sólo uno es mío. Ud. se puede quedar con el otro. Aquí se lo dejo.

—¡Fuera de aquí, insolente! —le contestó la directora.

El zapatero no tuvo más remedio que regresar a su casa con los niños bajo la capa. Se los dio a su esposa y luego le contó el resultado de su visita a la casa de beneficencia. La mujer, que se había quedado llorando porque la miseria la obligaba a abandonar a su querido hijo, le dijo a su marido:

—En vez de diez hijos vamos a tener una docena que mantener. Dios lo ha querido así. Él nos los ha enviado y con su ayuda vamos a sacar fuerza de flaqueza para buscar dos panes más.

Y después de besar a su hijo con mucho amor, empezó a acariciar y a desnudar al intruso.

—¡Jesús! ¡Este angelito pesa mucho! —dijo la pobre mujer. 5

Y era verdad que el chico pesaba mucho, pues tenía puesto un cinturón que contenía cincuenta monedas de oro. También traía una nota con las palabras siguientes: «Está bautizado y se llama Carlitos. Ese dinero es para ayudar con los gastos de su crianza. Con la ayuda de Dios sus padres esperan reclamarlo 10 algún día.»

Cuando menos lo esperaba el zapatero abandonó la pobreza, pues con las monedas de oro que traía el bebé pudo mejorar su tienda y prosperar en su negocio.

Su mujer crió al niño con mucho cuidado, y al cumplir éste 15 seis años conoció a sus verdaderos padres, quienes, por motivos que ahora no interesan, no habían podido criarlo.

POSTREADING ACTIVITIES

READING COMPREHENSION

A. Select the word or phrase that best completes each statement according to *No hay mal que por bien no venga.*

1. La mujer tenía muchos hijos. Ella era
   a) muy pobre.
   b) muy fecunda.
   c) muy mujer.
   d) muy casada.
2. ¿Cuál era la profesión del esposo?
   a) Zapatero.
   b) Encapuchado.
   c) Criado.
   d) Director.

3. El que abandonaba a los niños en la casa de beneficencia era
   a) un zapatero.
   b) un individuo encapuchado.
   c) un recién nacido.
   d) un criado.
4. El zapatero regresó a la casa con
   a) unos mellizos.
   b) muchos muchachos.
   c) un bebé.
   d) dos bebés.
5. El bebé que no era hijo del zapatero y su esposa tenía
   a) un cinturón negro.
   b) unos panes.
   c) un cinturón con monedas de oro.
   d) un angelito.

B. Answer the following questions.

1. ¿Qué problema tiene la casa de beneficencia?
2. ¿Cómo trata de resolver este problema la directora de la casa?
3. ¿Cómo es la directora?
4. ¿Cómo reacciona la madre al ver que su esposo regresa a casa con dos bebés?
5. ¿Cambia la situación económica del zapatero al final del cuento? Explique.

STRUCTURES

A. Direct and Indirect Object Pronouns

A direct object receives the action of the verb. A direct object pronoun replaces a direct object noun.

Juan compra **unos panes.**
Juan **los** compra.

The forms of the direct object pronouns are as follows.

Singular		Plural	
me	*me*	**nos**	*us*
te	*you* **(tú)**	**os**	*you* **(vosotros, -as)**
lo	*him, you, it* (masc.)	**los**	*them* (masc.), *you*
la	*her, you, it* (fem.)	**las**	*them* (fem.), *you*

An indirect object usually answers the questions *to whom?* or *for whom?* An indirect object pronoun replaces an indirect object noun.

Él compra unos panes para **sus hijos.**
Él **les** compra unos panes.

The forms of the indirect object pronouns are as follows.

Singular		Plural	
me	*(to) me*	**nos**	*(to) us*
te	*(to) you* **(tú)**	**os**	*(to) you* **(vosotros, -as)**
le	*(to) him, (to) her, (to) you, (to) it*	**les**	*(to) them* (masc., fem.), *(to) you*

Direct and indirect object pronouns are usually placed directly before a conjugated verb. However, when used with an infinitive or present participle, the direct or indirect object pronouns may be placed either in front of the conjugated verb or attached to the infinitive or present participle.

D.O.

Quiero leer **este cuento.**
Lo quiero leer.

or

Quiero leer**lo.**

Rewrite the following sentences, replacing the words in italics with direct object pronouns in the proper position.

EXAMPLE: El zapatero tiene *las monedas.*
El zapatero **las** *tiene.*

1. El encapuchado abandona *a los niños.*
2. El marido lleva *dos niños* a la casa.
3. El niño traía *una nota.*
4. El zapatero pudo mejorar *su tienda.*
5. Ellos necesitan *dos panes más.*

Rewrite the following sentences, replacing the words in italics with indirect object pronouns in the proper position.

EXAMPLE: María escribe una nota a *Juana*.
María **le** *escribe una nota.*

1. La mujer da muchos hijos *al zapatero*.
2. El zapatero dijo la verdad *a la directora*.
3. El marido contó su experiencia *a su esposa*.
4. La directora ordenó *a los criados* vigilar el lugar.
5. Ella envía monedas de oro *para mí*.

When both object pronouns are used in the same sentence, the indirect object *always* precedes the direct object.

Me la dijo.

When both the indirect and the direct object pronoun begin with **l** as in **le, les, lo, las,** etc., the indirect object pronoun changes to **se.**

La directora **le** da **las monedas** a María.
La directora **se las** da.

Rewrite the following sentences, replacing the words in italics with a direct and/or indirect object pronoun.

EXAMPLE: María le escribe *una nota a Juan*.
María **se la** *escribe.*

1. Aquí le dejo *los niños* a Ud.
2. Él nos ha enviado *muchos niños*; tenemos que vigilar *la casa*.
3. El zapatero pensó que Dios le había enviado *las monedas*.
4. El marido le trajo *dos recién nacidos* a su esposa.
5. Ella envía *monedas para mí*.
6. Le puede llevar *los niños* a su esposa.

B. *Prepositions*

Complete the following sentences, using the correct prepositions.

1. El hombre estaba casado _____ una mujer buena.
2. Dejaron a los muchachos _____ las puertas de la casa de beneficencia.
3. Ella ordenó vigilar _____ cerca el edificio.
4. El individuo estaba cubierto _____ una capa negra.
5. El niño tenía unas monedas _____ el cinturón.

C. *Use of the Preterit Tense*

The preterit is used to indicate: (1) completed events or actions in the past; (2) the beginning of an action; and (3) the end of an action.

1. El encapuchado **regresó** a su casa.
2. El bebé **comenzó** a caminar.
3. El zapatero **terminó** los zapatos.

Complete the following sentences, using the preterit tense of the verbs in parentheses.

1. Ellos (comenzar) _____ a dejar recién nacidos abandonados.
2. La directora se (alarmar) _____ mucho.
3. Los criados le (informar) _____ que un mismo individuo era el responsable.
4. Nosotros (decidir) _____ buscar la verdad.
5. Uds. (llevar) _____ al hombre a la policía.
6. Ella se (proponer) _____ descubrir la identidad del encapuchado.
7. Él no (tener) _____ más remedio que regresar a su casa.
8. Cuando menos lo esperaba, el zapatero (abandonar) _____ la pobreza.
9. El hombre (terminar) ____ de trabajar.

D. *Use of the Imperfect Tense*

The imperfect tense is used to indicate: (1) actions in progress; (2) repeated, habitual actions; (3) actions where information on their beginning or ending is unimportant or unknown; (4) time in the past; (5) description; and (6) indefinite actions.

1. El zapatero **dejaba** a su bebé cuando los criados lo vieron.
2. El zapatero **trabajaba** todos los días en su zapatería.
3. La madre **quería** a sus hijos.
4. ¿Qué hora **era?**
5. **Era** un hermoso día de invierno.
6. El encapuchado **llegaba** por la noche.

Complete the following sentences, using the imperfect tense of the verbs in parentheses.

1. La familia pobre (vivir) _____ en la calle de los Gallos.
2. El zapatero (estar) _____ casado.
3. Un encapuchado (ser) _____ el que abandonaba a los niños todos los días.
4. Los criados (vigilar) _____ la entrada de la casa de huérfanos.
5. La mujer todavía (llorar) _____ cuando su esposo entró.

E. *Use of* ir a + *infinitive*

Ir a + *infinitive* is used in Spanish to express an action or event that is going to take place in the future.

El hombre lleva al recién nacido a la casa de beneficencia.
The man brings the newborn child to the orphanage.

El hombre va a llevar al recién nacido a la casa de beneficencia.
The man is going to bring the newborn child to the orphanage.

Rewrite the following sentences using **ir a** + *infinitive*.

1. Tenemos una docena de hijos.
2. Nosotros sacamos fuerzas de flaquezas.
3. El zapatero abandona la miseria.
4. Los padres verdaderos no pueden criar a su recién nacido.
5. Los criados cogen al zapatero.
6. Necesito dos panes.

Writing Practice

Write a short paragraph, using some or all of the following words and expressions. Your paragraph will be evaluated for grammatical accuracy and vocabulary usage. It should be at least fifty-five words in length.

zapatero	miseria	no tener más remedio
recién nacido	abandonar	cinturón
casa de huérfanos	vigilar de cerca	monedas de oro

Communicative Activity

Prepare one of the questions listed below to discuss in class with two classmates. Once the topic has been thoroughly analyzed, your group should present a summary of the discussion to the class.

1. ¿Qué nos enseña la historia del zapatero?
2. ¿Por qué cree Ud. que los padres abandonaron al recién nacido?
3. ¿Tiene Ud. una familia numerosa? ¿Cuántos son? ¿Cuáles son las ventajas y desventajas de una familia grande?

Los chicos

ANA MARÍA MATUTE

Prereading Activities

Basic Vocabulary

Nouns

el **alojamiento** lodging
el **andrajo** rag, tatter
la **cueva** cave
la **chabola** shack, shanty
el **desgarrón** rip, tear
la **empalizada** fence, palisade
la **gentuza** riffraff, mob, common people (*derogatory*)
el **golpe** blow
el **huerto** vegetable garden
el **jornal** day's wage
el **pantano** swamp
el **pavor** fear, terror
la **pena** penalty, punishment
el **polvo** dust
el **prado** meadow
el **preso** prisoner
el **puño** fist
el **terraplén** embankment

Verbs

acercarse to come close, to approach
apedrear to throw stones at
arrastrar to drag
atrapar to trap, to catch
cojear to limp
empapar to drench, to soak
esconderse to hide
escudriñar to scrutinize, to scan
huir to run away
latir to beat, to throb
morder (ue) to bite
pisar to step on
retroceder to move back
revolverse (ue) to toss and turn; to turn roughly
silbar to whistle
trepar to climb, to creep

(*continued*)

Adjectives

adosado(-a) placed back-to-back; embedded
calloso(-a) callous, hard
crujiente creaky
descalzo(-a) barefooted
desnudo(-a) naked
entrecortado(-a) broken, faltering
fanfarrón braggart
harapiento(-a) in rags
torcido(-a) twisted, crooked

Useful Expressions

dar media vuelta to do an about-face; to turn half way
echarse encima to throw oneself at
en tropel in a mad rush
entablar relación to establish relations, to begin a friendship
lo suyo one's share
parecer mentira to be hard to believe
tener buena puntería to be a good shot
tener por to consider, to take for

VOCABULARY USAGE

A. Write sentences of your own, using the following expressions.

1. dar media vuelta
2. echarse encima
3. entablar relación
4. parecer mentira
5. tener por

B. Match the words in *Column A* with the expressions in *Column B*.

A	B
1. _____ andrajo, harapo	a. lugar donde vive la gente muy pobre
2. _____ cueva	b. castigo
3. _____ chabola	c. pedazos rotos de ropa vieja
4. _____ gentuza	d. sin ropa
5. _____ pena	e. sin zapatos
6. _____ apedrear	f. cavidad subterránea, caverna
7. _____ cojear	g. que tiene durezas en la piel
8. _____ trepar	h. moverse enérgicamente
9. _____ calloso	i. gente baja y despreciable como bandidos, ladrones o presos
10. _____ descalzo	j. tirarle piedras a alguien
11. _____ desnudo	k. caminar con dificultad por algún problema de la pierna o del pie
12. _____ revolverse	l. subir a un lugar alto

COGNATES AND WORD FORMATION

Some Spanish verbs are derived from nouns, for example:

apedrear ⟶ *to throw stones* ⟶ **piedra** *stone*
capitanear ⟶ *to lead, to captain* ⟶ **capitán** *captain*

Write the Spanish nouns you associate with the following verbs.

1. golpear
2. apoyar
3. cojear
4. sangrar
5. manchar

ASSOCIATIONS

Derive the meaning of the italicized words below from the context in which they are used. Pay particular attention to those terms in each section that remind you of words you already know in English. Write the meaning of each word in the space provided.

1. Los chicos llegaban a las horas *achicharradas* de la siesta, cuando el sol caía con más fuerza sobre la carretera. Siempre salían a la misma hora *abrasada* e infernal del día.
2. Llegaban entre una nube de polvo, que levantaban sus pies, como las *pezuñas* de los caballos.
3. Los pobres habían construido una extraña *aldea* de chabolas y cuevas adosadas a las rocas, porque no podían pagar el alojamiento en el pueblo.
4. Mi hermano retrocedió un paso y me pisó. Pero yo no podía moverme: estaba como *clavada* en el suelo.

ANTICIPATING THE STORY

A. Study the drawing that illustrates the story *Los chicos* on page 33. Then prepare a list of five adjectives and five verbs that best describe the characters and their activities.

B. Answer the following questions, trying to anticipate aspects of the story you are about to read.

1. ¿Qué problemas pueden tener los chicos?
2. ¿Qué es una chabola? ¿En qué se diferencia de una casa?
3. ¿Teme Ud. lo que no conoce? Dé un ejemplo de algo desconocido que le asusta.
4. ¿Qué es la pobreza?
5. ¿Debe estar la «pobreza» rodeada de una empalizada que no se debe cruzar? ¿Deben relacionarse los distintos grupos sociales? ¿Por qué?

Los chicos

ANA MARÍA MATUTE

Eran sólo cinco o seis, pero así, en grupo, viniendo carretera adelante,[1] se nos antojaban[2] quince o veinte. Llegaban casi siempre a las horas achicharradas de la siesta, cuando el sol caía de plano[3] contra el polvo y la grava de la carretera vieja, por
5 donde ya no circulaban camiones ni carros, ni vehículo alguno. Llegaban entre una nube de polvo, que levantaban sus pies, como las pezuñas de los caballos. Los veíamos llegar, y el corazón nos latía de prisa. Alguien, en voz baja, decía: «¡Que vienen los chicos... !» Por lo general, nos escondíamos para tirarles piedras,
10 o huíamos.

Porque nosotros temíamos a los chicos como al diablo. En realidad, eran una de las mil formas del diablo, a nuestro entender. Los chicos harapientos, malvados, con los ojos oscuros y brillantes como cabezas de alfiler[4] negro. Los chicos descalzos y
15 callosos, que tiraban piedras de largo alcance, con gran puntería, de golpe más seco y duro que las nuestras. Los que hablaban un idioma entrecortado, desconocido, de palabras como pequeños latigazos,[5] de risas como salpicaduras de barro.[6] En casa nos tenían prohibido terminantemente entablar relación alguna con
20 esos chicos. En realidad, nos tenían prohibido salir del prado, bajo ningún pretexto. (Aunque nada había tan tentador, a nuestros ojos, como saltar el muro de piedras y bajar al río, que, al otro lado, huía verde y oro, entre los juncos y los chopos.[7]) Más allá, pasaba la carretera vieja, por donde llegaban casi siempre
25 aquellos chicos distintos, prohibidos.

Los chicos vivían en los alrededores del Destacamento Penal.[8] Eran los hijos de los presos del Campo, que redimían sus penas en la obra del pantano. Entre sus madres y ellos habían construido una extraña aldea de chabolas y cuevas, adosadas a las rocas,
30 porque no se podían pagar el alojamiento en la aldea, donde,

---

[1]**viniendo carretera adelante** advancing along the road [2]**se nos antojaban** they appeared to us like [3]**caer de plano** to fall full length [4]**alfiler** pin [5]**latigazos** cracks of a whip; **látigo** whip [6]**salpicaduras de barro** spattering of mud [7]**juncos y los chopos** rushes and black poplars [8]**Destacamento Penal** penitentiary, prison

por otra parte, tampoco eran deseados. «Gentuza, ladrones, asesinos... », decían las gentes del lugar. Nadie les hubiera alquilado una habitación.[9] Y tenían que estar allí. Aquellas mujeres y aquellos niños seguían a sus presos, porque de esta manera vivían del jornal, que, por su trabajo, ganaban los penados. 5

Para nosotros, los chicos eran el terror. Nos insultaban, nos apedreaban, deshacían nuestros huertecillos de piedra y nuestros juguetes, si los pillaban sus manos. Nosotros los teníamos por seres de otra raza, mitad monos,[10] mitad diablos. Sólo de verles nos venía un temblor grande, aunque quisiéramos disimularlo. 10

El hijo mayor del administrador era un muchacho de unos trece años, alto y robusto, que estudiaba el bachillerato[11] en la ciudad. Aquel verano vino a casa de vacaciones, y desde el primer día capitaneó nuestros juegos. Se llamaba Efrén y tenía unos puños rojizos, pesados como mazas,[12] que imponían un gran 15 respeto. Como era mucho mayor que nosotros, audaz y fanfarrón, le seguíamos a donde él quisiera.

El primer día que aparecieron los chicos de las chabolas, en tropel, con su nube de polvo, Efrén se sorprendió de que echáramos a correr y saltáramos el muro en busca de refugio. 20

—Sois cobardes —nos dijo—. ¡Esos son pequeños!

No hubo forma de convencerle de que eran otra cosa: de que eran algo así como el espíritu del mal.

—Bobadas —dijo. Y sonrió de una manera torcida y particular, que nos llenó de admiración. 25

Al día siguiente, cuando la hora de la siesta, Efrén se escondió entre los juncos del río. Nosotros esperábamos, ocultos detrás del muro, con el corazón en la garganta. Algo había en el aire que nos llenaba de pavor. (Recuerdo que yo mordía la cadenilla[13] de la medalla[14] y que sentía en el paladar un gusto de metal rara- 30 mente frío. Y se oía el canto crujiente de las cigarras[15] entre la hierba del prado.) Echados en el suelo, el corazón nos golpeaba contra la tierra.

Al llegar, los chicos escudriñaron hacia el río, por ver si estábamos buscando ranas,[16] como solíamos. Y para provocarnos 35

---

[9]**Nadie... habitación** Nobody would have rented them a room [10]**monos** monkeys [11]**bachillerato** secondary school [12]**maza** war club, mace [13]**cadenilla** small chain [14]**medalla** medal, pendant [15]**cigarra** cicada [16]**rana** frog

empezaron a silbar y a reír de aquella forma de siempre, opaca y humillante. Ese era su juego: llamarnos, sabiendo que no apareceríamos. Nosotros seguimos ocultos y en silencio. Al fin, los chicos abandonaron su idea y volvieron al camino, trepando terraplén arriba. Nosotros estábamos anhelantes y sorprendidos, pues no sabíamos lo que Efrén quería hacer.

Mi hermano mayor se incorporó a mirar por entre las piedras y nosotros le imitamos. Vimos entonces a Efrén deslizarse[17] entre los juncos como una gran culebra. Con sigilo[18] trepó hacia el terraplén, por donde subía el último de los chicos, y se le echó encima.

Con la sorpresa, el chico se dejó atrapar. Los otros ya habían llegado a la carretera y cogieron piedras, gritando. Yo sentí un gran temblor en las rodillas, y mordí con fuerza la medalla. Pero Efrén no se dejó intimidar. Era mucho mayor y más fuerte que aquel diablillo negruzco que retenía entre sus brazos, y echó a correr arrastrando a su prisionero hacia el refugio del prado, donde le aguardábamos. Las piedras caían a su alrededor y en el río, salpicando de agua aquella hora abrasada. Pero Efrén saltó ágilmente sobre las pasaderas,[19] y arrastrando al chico, que se revolvía furiosamente, abrió la empalizada y entró con él en el prado. Al verlo perdido, los chicos de la carretera dieron media vuelta y echaron a correr, como gazapos,[20] hacia sus chabolas.

Sólo de pensar que Efrén traía a una de aquellas furias, estoy segura de que mis hermanos sintieron el mismo pavor que yo. Nos arrimamos[21] al muro, con la espalda pegada a él, y un gran frío nos subía por la garganta.

Efrén arrastró al chico unos metros, delante de nosotros. El chico se revolvía desesperado e intentaba morderle las piernas, pero Efrén levantó su puño enorme y rojizo, y empezó a golpearle la cara, la cabeza y la espalda. Una y otra vez, el puño de Efrén caía, con un ruido opaco. El sol brillaba de un modo espeso[22] y grande, sobre la hierba y la tierra. Había un gran silencio. Sólo oíamos el jadeo[23] del chico, los golpes de Efrén y el fragor[24] del

---

[17]**deslizarse** to slither, to slide [18]**con sigilo** stealthily [19]**pasadera** stepping stone [20]**gazapo** young rabbit [21]**arrimar** to get close [22]**espeso** thick [23]**jadeo** panting, gasping [24]**fragor** sound

río, dulce y fresco, indiferente, a nuestras espaldas. El canto de las cigarras parecía haberse detenido. Como todas las voces.

Efrén estuvo mucho rato golpeando al chico con su gran puño. El chico, poco a poco, fue cediendo.[25] Al fin, cayó al suelo de rodillas, con las manos apoyadas en la hierba. Tenía la carne oscura, del color del barro seco, y el pelo muy largo, de un rubio mezclado de vetas[26] negras, como quemado por el sol. No decía nada y se quedó así, de rodillas. Luego, cayó contra la hierba, pero levantando la cabeza, para no desfallecer[27] del todo. Mi hermano mayor se acercó despacio, y luego nosotros.

Parecía mentira lo pequeño y lo delgado que era. «Por la carretera parecían mucho más altos», pensé. Efrén estaba de pie a su lado, con sus grandes y macizas[28] piernas separadas, los pies calzados con gruesas botas de ante.[29] ¡Qué enorme y brutal parecía Efrén en aquel momento!

—¿No tienes aún bastante? —dijo en voz muy baja, sonriendo. Sus dientes, con los colmillos[30] salientes, brillaron al sol—. Toma, toma...

Le dio con la bota en la espalda. Mi hermano mayor retrocedió un paso y me pisó. Pero yo no podía moverme: estaba como clavada en el suelo. El chico se llevó la mano a la nariz. Sangraba, no se sabía si de la boca o de dónde.

Efrén nos miró.

—Vamos —dijo—. Éste ya tiene lo suyo.

Y le dio con el pie otra vez.

—¡Lárgate, puerco![31] ¡Lárgate en seguida!

Efrén se volvió, grande y pesado, despacioso, hacia la casa. Muy seguro de que le seguíamos.

Mis hermanos, como de mala gana, como asustados, le obedecieron. Sólo yo no podía moverme, no podía, del lado del chico. De pronto, algo raro ocurrió dentro de mí. El chico estaba allí, tratando de incorporarse, tosiendo.[32] No lloraba. Tenía los ojos muy achicados, y su nariz, ancha y aplastada, vibraba extrañamente. Estaba manchado de sangre. Por la barbilla[33] le caía la sangre, que empapaba sus andrajos y la hierba. Súbitamente me

---

[25]**ceder** to give in [26]**veta** vein [27]**desfallecer** to faint [28]**macizo(-a)** solid [29]**ante** suede [30]**colmillo** eye tooth [31]**¡Lárgate, puerco!** Get lost, you pig! [32]**toser** to cough [33]**barbilla** chin

miró. Y vi sus ojos de pupilas redondas, que no eran negras sino de un pálido color de topacio, transparentes, donde el sol se metía y se volvía de oro. Bajé los míos, llena de una vergüenza dolorida.

5 El chico se puso en pie, despacio. Se debió herir en una pierna, cuando Efrén lo arrastró, porque iba cojeando hacia la empalizada. No me atreví a mirar su espalda, renegrida y desnuda entre los desgarrones. Sentí ganas de llorar, no sabía exactamente por qué. Únicamente supe decirme: «Si sólo era un niño. Si era 10 nada más que un niño, como otro cualquiera».

POSTREADING ACTIVITIES

READING COMPREHENSION

A. Indicate whether these statements are True or False, based on *Los chicos*. Then change any false statements to agree with the events described in the story.

1. _____ El grupo de chicos tenía más de quince miembros.
2. _____ Los chicos venían por lo general hacia el anochecer y atacaban a los niños de la aldea.
3. _____ Los chicos siempre estaban descalzos y harapientos.
4. _____ Los padres de los chicos trabajaban en los negocios del pueblo.
5. _____ Efrén era el hijo mayor del administrador.
6. _____ A veces les permitían a los niños de la aldea entablar relación con los chicos de las chabolas.
7. _____ Los chicos eran hijos de los presos que trabajaban en la obra del pantano del Destacamento Penal.
8. _____ El chico que Efrén atrapó era grande y macizo.
9. _____ La persona que narra la historia de los chicos es un niño de la aldea.

B. Select ten vocabulary items you consider essential in *Los chicos* and write a fifty-word summary of the plot.

C. Answer the following questions.

1. ¿Cómo llegaban los chicos al lugar donde estaban los niños?
2. ¿Cómo reaccionan los niños antes los chicos de las chabolas?
3. ¿Cómo eran los chicos? Haga una descripción detallada.
4. ¿Cómo hablaban los chicos?
5. ¿Qué representan el prado y la empalizada?
6. Haga una descripción de la extraña aldea donde viven los familiares de los presos.
7. ¿Por qué tienen que vivir en este lugar?
8. ¿Qué pensaban la narradora y sus hermanos de los chicos?
9. ¿Cómo reacciona Efrén ante el temor de los niños?
10. ¿Cómo es el chico que Efrén logra atrapar? Descríbalo.
11. ¿Qué hizo Efrén con el chico? ¿Cómo reaccionaron los otros niños?
12. ¿Qué piensa Ud. de la actitud de Efrén?
13. ¿Cómo queda el chico después de haber sido golpeado por Efrén?
14. ¿Cómo reacciona la narradora hacia el final del cuento?
15. ¿Por qué no quieren los aldeanos que sus hijos jueguen con los hijos de los presos?

STRUCTURES

A. *The Contractions* al *and* del

In Spanish there are only two contractions: **al** and **del.**

The preposition **a** and the definite article **el** contract to form **al.**

Los chicos van [**a** + **el**] pantano.
Los chicos van **al** pantano.

The preposition **de** and the definite article **el** contract to form **del.**

La historia [**de** + **el**] chico es triste.
La historia **del** chico es triste.

Other combinations of **a** or **de** and the definite article (**de la, de las, de los, a la, a los, a las**) do not contract.

Complete the following sentences, using **a** or **de** and the appropriate definite article.

1. Nos tenían prohibido salir _____ prado.
2. Aquellas mujeres pobres vivían _____ jornal que, por su trabajo, ganaban los presos.
3. El primer día que aparecieron los chicos _____ chabolas nos asustamos mucho.
4. _____ día siguiente nos escondimos entre los juncos.
5. Yo estaba tan asustada que mordía la cadenilla _____ medalla.
6. Íbamos caminando _____ río cuando vimos _____ chicos.
7. Efrén arrastró _____ chico unos metros.
8. La sangre salía _____ boca del chico.
9. Sus dientes como sus colmillos brillaron _____ sol.
10. El chico tenía los ojos _____ color de topacio transparente.

B. *Use of the Imperfect and the Preterit Tenses*

The imperfect is used to denote an indefinite duration of time or an action in progress, while the preterit expresses completed actions or events. Furthermore, the imperfect is descriptive, while the preterit reports events in the past, signaling their beginning or end.

Los chicos **corrían** por la carretera vieja.
Los chicos **corrieron** por la carretera vieja por diez minutos.

Verbs dealing with mental processes are often expressed in the imperfect tense. The most common verbs of this type are: **creer, desear, pensar, poder, preferir, querer, saber,** and **sentir.**

La niña no **quería** luchar contra los chicos.
[*did not want to*]

When these verbs are used in the preterit, they have a different meaning.

La niña no **quiso** luchar contra los chicos.
[*refused*]

Rewrite in the past the following descriptions by the narrator of *Los chicos*. Use the imperfect or the preterit tense of the verbs in italics, as appropriate.

1. Los chicos *llegan* casi siempre a las horas achicharradas de la siesta. *Vienen* entre una nube de polvo que *levantan* con sus pies, como las pezuñas de los caballos.
2. Porque nosotros *tememos* mucho a los chicos, siempre nos *escondemos* entre los juncos. Por lo general, *huimos* o les *tiramos* piedras. Pero hoy, yo no *quiero* (*I refuse*) pelear con ellos porque *pienso* que *debemos* ser amigos.
3. Los presos *trabajan* en las obras del penal. Por esta razón, sus familiares *prefieren* vivir en chabolas y cuevas adosadas a las rocas, para así mantener la familia junta. También *es* evidente que no *pueden* pagar el alojamiento en la aldea.
4. Nosotros *creemos* que los chicos *son* grandes y macizos. Pero después de la pelea de Efrén con uno de ellos, *sabemos* que *son* pequeños y débiles.
5. Efrén *salta* ágilmente sobre las pasaderas, *abre* la empalizada rápidamente y *entra* con el chico en el prado. Después, lo *golpea* varias veces y lo *deja* tirado en la hierba.

C. *Use of the Infinitive*

A number of Spanish verbs can be followed by an infinitive. Infinitives are also used as objects of prepositions, as nouns, and with **al** to express *upon doing something.*

Los chicos querían **apedrear** a los niños.
Después de **arrastrar** al chico, lo golpeó.
Huir es más fácil que pelear.
Al **ver** a los chicos se escondió lleno de pavor.

Complete the following passage describing the reaction of the narrator to the pranks played on her and her friends by the children of the convicts. Use these infinitives: **provocarnos, salir, ver, silbar, llamarnos, llegar, reír, hacer, notar.**

Al _____, los chicos escudriñaron hacia el río, por _____ si estábamos buscando ranas. Y para _____ empezaron a _____ y a _____ de forma humillante. Ese era su juego: _____, sabiendo que no apareceríamos. Nosotros no queríamos _____ humillados, pero no sabíamos qué debíamos _____. Seguimos, por tanto, ocultos y en silencio. Al _____ que no salíamos, los chicos se alejaron, trepando terraplén arriba.

D. Object Pronouns with Infinitives

The following observations are made from «los chicos'» point of view. Rewrite them, placing the object pronoun in the alternate position as shown in the example below.

EXAMPLE: ¿Quiénes *nos* van a ver?
*¿Quiénes van a ver**nos**?*

1. Querían tirarnos piedras siempre que nos veían.
2. No lo podíamos disimular.
3. El más pequeño de nosotros trató de morderle la pierna al hijo del administrador.
4. Desde lejos vimos como levantó el puño y lo comenzó a golpear.
5. Aunque trató de escapar no lo pudo hacer.

WRITING PRACTICE

Write a short essay of at least eighty-five words in length on one of the topics listed below. Your composition will be evaluated for grammatical accuracy and vocabulary usage.

1. **Los chicos de las chabolas.** Haga un resumen del cuento desde el punto de vista de uno de los chicos de las chabolas.
2. **La «crueldad» de los niños.** ¿En qué momentos se hace evidente la crueldad de los niños? Use citas del texto para respaldar sus ideas.

COMMUNICATIVE ACTIVITY

Prepare one of the questions listed below to discuss in class with two classmates. Once the topic has been thoroughly analyzed, your group should present a summary of the discussion to the class.

1. ¿Cómo se compara el sistema social del pueblo con el del lugar donde Ud. vive?
2. ¿Qué soluciones propondría Ud. para crear armonía entre los distintos grupos sociales?
3. ¿Qué importancia tienen las expresiones siguientes en *Los chicos*?
   a) «Si solo era un niño. Si era nada más que un niño, como otro cualquiera.»
   b) «Mi hermano mayor retrocedió un paso y me pisó. Pero yo no podía moverme: estaba como clavada en el suelo.»
   c) «Vimos entonces a Efrén deslizarse entre los juncos como una gran culebra. Con sigilo trepó hacia el terraplén, por donde subía el último de los chicos, y se le echó encima.»
   d) «Al fin, cayó al suelo de rodillas, con las manos apoyadas en la hierba. Tenía la carne oscura, del color del barro seco, y el pelo muy largo, de un rubio mezclado de vetas negras, como quemado por el sol...»
   e) «En realidad, nos tenían prohibido salir del prado, bajo ningún pretexto... Más allá, pasaba la carretera vieja, por donde llegaban casi siempre aquellos chicos distintos, prohibidos.»

REVIEW EXERCISES

A. After reviewing the vocabulary and grammar covered in Part One, complete the paragraphs below in the present tense, providing the correct verb forms or the Spanish equivalents of the words in parentheses.

El diablo Barac no (querer) _____ vivir más en el infierno porque (*his*) _____ enemigo Jeraní siempre se (reír) _____ de él. Luzbel le ha (decir) _____ a Barac que (tener) _____ que ir (*use prep.*)

_____ la Tierra y traer el alma (*use prep.*) _____ una mujer joven y hermosa. Barac (saber / conocer) _____ que (*his*) _____ trabajo es muy difícil. (*Use prep.*) _____ traer a una mujer bella (*use contraction*) _____ infierno, necesita (ser / estar) _____ muy inteligente. Barac (dormir) _____ poco esa noche. Se (arrepentir) _____ de haber (venir) _____ a la Tierra. Pero, poco después (ver) _____ a una mujer joven y muy hermosa que le (gustar) _____ mucho. Él quiere (saber / conocer) _____ a la joven. Primero (*use ind. obj.*) _____ manda flores y después (*use ind. obj.*) _____ manda una carta. Pronto los dos se (saber / conocer) _____ . Barac cree que (poder) _____ llevarse a la joven (*use contraction*) _____ infierno, pero descubre que la joven (ser / estar) _____ Jeraní. (*Use prep.*) _____ esta razón, (*our*) _____ amigo Barac (ser / estar) _____ muy triste.

B. Rewrite the paragraph below, using the appropriate past tenses. Review the difference between the preterit and the imperfect before doing this exercise.

Cuando leemos con cuidado una vez más el cuento de Ana María Matute, notamos que al principio de la narración los chicos parecen tener atributos infernales: salen a las horas achicharadas del día cuando el sol cae de plano sobre la carretera abandonada, sus pies descalzos y callosos dejan huellas en forma de pezuñas y, sobre todo, tienen los ojos oscuros como cabezas de alfiler negro. Hasta la forma de hablar parece ser de seres fuera de este mundo: se expresan con un idioma desconocido y entrecortado, de palabras como pequeños latigazos. Al final del cuento notamos, no obstante, un gran cambio en la forma en que la narradora percibe y describe a los chicos. Ahora puede observar que los ojos no son negros sino ojos de color topacio por donde se mete la luz clara y brillante. Los chicos tampoco son tan satánicos, ni tan grandes sino más bien pequeños, delgados y vulnerables como los demás niños de su círculo infantil.

Part Two

This part consists of three poems and two short stories that are representative of their respective times and genres. Some selections are better known than others, but all of them will stimulate your interest in Hispanic literature and expand your knowledge of Spanish.

The author of *Rimas* is the Spanish poet Gustavo Adolfo Bécquer (1836–1870), undoubtedly one of the most important figures of the post-romantic period. In his *Leyendas,* one can clearly perceive his interest in themes reminiscent of Medieval Spain: monasteries, ruins, gothic cloisters, imposing cathedrals, and castles. While some of the themes of *Leyendas* reappear in his *Rimas,* these very brief and musical poems deal primarily with retrospective and transcendental themes.

La higuera was written by one of Uruguay's better known writers. Her passion for life and her frankness in dealing with women's needs and aspirations brought Juana de Ibarbourou (1895–1979) early recognition and the title "Juana de América." In *La higuera,* Ibarbourou sings her deep love for her native landscape in spontaneous and unaffected verses. Through nature, Ibarbourou conveys her compassion for the less fortunate.

The third poem, *Prendimiento de Antoñito el Camborio en el camino de Sevilla,* is by the Andalusian poet Federico García Lorca (Spain, 1898–1936). Assassinated by Fascist troops at the beginning of the Spanish Civil War, García Lorca is widely known as a tragic hero. His most popular book of poems is *Romancero gitano* (1918) in which gypsies are presented through metaphorical, surrealist images full of color and vitality. In these poems, García

Lorca uses the "romance," a metrical form popular in Medieval Spanish poetry consisting of eight-syllable verses, in which every other verse rhymes. The theme of these poems is the gypsies, whom García Lorca considered underdogs because they were constantly persecuted by the Spanish police, exploited by society, and scorned as a separate, inferior race. *Prendimiento...* is about a modern young gypsy who lacks the freedom and macho characteristics of his ancestors and is abused by the civil authorities.

Álvaro Menen Desleal is the Salvadoran author of *El animal más raro de la tierra.* Born in 1931, he is known mostly for his science fiction short stories in which he tries to interpret the future. In general, his stories deal with the world of the absurd and the unpredictable environment created by technological progress. *El animal más raro de la tierra* is presented in the format of a scientific report written by a group of extraterrestrial scientists. Menen Desleal's subtle manipulation of narrative devices compels the reader to make misleading associations based on common stereotypes.

Although some critics consider Julio Cortázar (Argentina, 1914–1984) mainly a novelist, he is also the creator of some of the most innovative and original short stories ever written in Spanish. The Italian movie director Michelangelo Antonioni adapted one of his stories, *Las babas del diablo,* and brought it to the screen under the title *Blow-up. Continuidad de los parques,* one of his shortest narratives, is an unforgettable example of literary craftsmanship. In this story, fantasy and illusion are woven in a fabric of indiscernible threads.

Study Guide

The following suggestions will facilitate your reading of the selections and prepare you for class activities.

1. Begin with the Prereading Activities, paying particular attention to the vocabulary exercises and to the Association and Anticipating the Story sections. You should also scan the readings for key information and study the illustrations to grasp the main point of each selection.
2. Before reading *Rima, La higuera,* and *Prendimiento de Antoñito el Camborio en el camino de Sevilla,* you may wish to review the

following grammar points found at the end of the poems: the formation of present participles; the progressive tense; and affirmative and negative words. Before reading the short stories, you should review the formation of adverbs; the present perfect; impersonal **se;** passive **se;** the pluperfect tense; the past progressive tense; and the adverbial function of the gerund.

3. While reading the selections, try to guess the general meaning of a paragraph from context before making use of the footnotes. Read the story a second time with the aid of the footnotes when necessary. Try to recall the main idea in each reading.

4. The Communicative Activity is intended to stimulate oral expression through group work. In preparing for class discussion, either in groups or individually, the following strategies are helpful: a) write down your thoughts on the selected topic; and b) practice aloud what you plan to say in order to feel more comfortable speaking in class. If you own a cassette recorder, it would be an excellent idea to tape your oral presentation. By listening to yourself, you will be able to correct and improve your spoken Spanish, thereby increasing the effectiveness of your message.

Poesía

Prereading Activities

Basic Vocabulary

Nouns

la **aceituna** olive
el **ansia** ardent desire
el **arroyo** stream
el **calabozo** jail, prison
el **ciruelo** plum tree
la **dicha** happiness, joy
el **gajo,** la **rama** branch (*of a tree*)
el **gitano** gypsy
el **goce** enjoyment
la **guardia civil** National Police (*in Spain*)
  la **guardia civil caminera** road police
la **higuera** fig tree
el **huerto** orchard
el **monte** woodland, hill
el **naranjo** orange tree
el **olivar** olive grove
la **piedad** pity, piety
el **polvo** dust, remains (*fig.*)
el **potro** colt
el **prendimiento** capture, arrest
la **quinta** country house
la **ternura** tenderness
el **tesoro** treasure

Verbs

brindar to offer cheerfully; to toast
colgar (ue) to hang
relucir to shine
tiritar to shiver, to shake

Adjectives

apretado(-a) tight
áspero(-a) rough
torcido(-a) crooked

Useful Expressions

en torno a around
por eso that is why, for that reason

VOCABULARY USAGE

A. Select the appropriate word or expression from the Basic Vocabulary to complete each of the following sentences. Make any necessary changes.

1. En el huerto de mi ____, tengo un ____ y dos ____ que me dan las frutas que me gusta comer.
2. La rama de la ____ tiene muchos higos maduros.
3. En el sur de España, hay muchos ____ que trabajan en ____ recogiendo aceitunas.
4. Yo les tengo ____ a los pobres porque no tienen dinero.
5. En la primavera los árboles ____ la higuera se llenan de flores.
6. El ____ del gitano por la guardia civil fue injusto.
7. Por lo general, las ramas de la higuera no crecen rectas, sino ____.

B. Find the synonyms of the following expressions in the Basic Vocabulary list.

1. debido a eso
2. felicidad
3. ofrecer
4. rama
5. deseo
6. alrededor de
7. casa de campo
8. lástima
9. placer

COGNATES AND WORD FORMATION

Give the English cognates of the following words.

1. ardiente
2. símbolo
3. pasión
4. imposible
5. ecuestre
6. intangible
7. limón
8. piedad
9. acento
10. legítimo

ASSOCIATIONS

A. Besides their dictionary meaning, words have associative or symbolic meaning. The word *ocean,* for example, may suggest *eternity* while *voyage* may suggest *life*. What images do the following words evoke for you?

1. la luna
2. unos gitanos
3. un caballo
4. un árbol
5. el polvo
6. el invierno
7. la tarde
8. la noche

B. Words have multiple meanings from the way in which they are used in a given context. Why do you think the italicized expressions in the following excerpts were used?

1. Antonio Torres Heredia es un gitano moreno de *verde luna* que anda despacio y garboso.
   a) ¿Qué color de piel asocia con «moreno de verde luna»?
   b) ¿Cómo cree Ud. que es Antonio?
2. El día se va despacio,
   la tarde *colgada a un hombro,*
   dando una larga torera (*a pass in bullfighting*)
   sobre el mar y los arroyos.
   a) ¿Qué parte del día se describe aquí?
   b) ¿Cómo se describe el día? ¿Con qué se compara? ¿Qué le sugiere la expresión «la tarde colgada a un hombro»?
3. No eres hijo de nadie, ni legítimo gitano. Los viejos cuchillos *están tiritando bajo el polvo.*
   a) ¿Qué relación puede haber entre gitanos y cuchillos?
   b) ¿Qué significa que los viejos cuchillos están «tiritando bajo el polvo»?
4. Yo soy ardiente, yo soy morena,
   yo soy *el símbolo de la pasión;*
   de ansia de goces mi alma está llena.
   a) ¿Qué tipo de mujer se asocia con la pasión? ¿Cómo es?
   b) ¿Qué símbolos de pasión recuerda Ud. en películas, telenovelas, libros, etc.?

ANTICIPATING THE POEMS

Answer the following questions, trying to anticipate aspects of the poems you are about to read.

1. ¿Qué características asocia Ud. con una «mujer morena»? ¿Con «una mujer rubia»?
2. ¿Qué tipo de poema se puede escribir sobre un árbol? ¿Sobre una rosa?
3. ¿Quiénes son los gitanos? ¿Qué sabe de su historia?

Rima

GUSTAVO ADOLFO BÉCQUER

Yo soy ardiente, yo soy morena,
yo soy el símbolo de la pasión;
de ansia de goces mi alma está llena.
—¿A mí me buscas? —No es a ti; no.

5 —Mi frente es pálida; mis trenzas[1] de oro:
puedo brindarte dichas sin fin;
yo de ternura guardo un tesoro.
—¿A mí me llamas? —No; no es a ti.

—Yo soy un sueño, un imposible
10 vano fantasma[2] de niebla y luz;
soy incorpórea, soy intangible;
no puedo amarte. —¡Oh, ven; ven tú!

La higuera

JUANA DE IBARBOUROU

Porque es áspera y fea;
Porque todas sus ramas son grises,
15 Yo le tengo piedad a la higuera.

En mi quinta hay cien árboles bellos:
Ciruelos redondos,
Limoneros rectos
Y naranjos de brotes[3] lustrosos.

20 En las primaveras,
Todos ellos se cubren de flores
En torno a la higuera.

Y la pobre parece tan triste
Con sus gajos torcidos que nunca
25 De apretados capullos[4] se visten...

---

[1]**trenza** braid [2]**fantasma** ghost [3]**brote** bud, shoot [4]**capullo** flower bud

Por eso,
Cada vez que yo paso a su lado
Digo, procurando
Hacer dulce y alegre mi acento:
—Es la higuera el más bello 5
De los árboles todos del huerto.

Si ella escucha,
Si comprende el idioma en que hablo,
¡Qué dulzura tan honda hará nido[5]
En su alma sensible de árbol! 10

Y tal vez, a la noche,
Cuando el viento abanique[6] su copa,[7]
Embriagada[8] de gozo le cuente:
—Hoy a mí me dijeron hermosa.

Prendimiento de Antoñito el Camborio[9] en el camino de Sevilla

FEDERICO GARCÍA LORCA

Antonio Torres Heredia 15
hijo y nieto de Camborios,
con una vara de mimbre[10]
va a Sevilla[11] a ver los toros.
Moreno de verde luna
anda despacio y garboso.[12] 20
Sus empavonados bucles[13]
le brillan entre los ojos.
A la mitad del camino
cortó limones redondos,
y los fue tirando al agua 25
hasta que la puso de oro.

---

[5]**nido** nest [6]**abanicar** to fan [7]**copa** tree-top [8]**embriagar** to intoxicate; to enrapture (*fig.*) [9]**Camborio** name of a gypsy tribe [10]**vara de mimbre** wicker staff [11]**Sevilla** Seville, city and river port in SW Spain [12]**garboso(-a)** graceful, elegant [13]**empavonados bucles** shiny, blue-black curls

Y a la mitad del camino,
bajo las ramas de un olmo,[14]
guardia civil caminera
lo llevó codo con codo.[15]
5 El día se va despacio,
la tarde colgada a un hombro,
dando una larga torera
sobre el mar y los arroyos.
Las aceitunas aguardan
10 la noche de Capricornio,
y una corta brisa, ecuestre,
salta los montes de plomo.[16]
Antonio Torres Heredia
hijo y nieto de Camborios,
15 viene sin vara de mimbre
entre los cinco tricornios.[17]
—Antonio, ¿quién eres tú?
Si te llamaras Camborio,
hubieras hecho una fuente
20 de sangre con cinco chorros.[18]
Ni tú eres hijo de nadie,
ni legítimo Camborio.
¡Se acabaron los gitanos
que iban por el monte solos!
25 Están los viejos cuchillos
tiritando bajo el polvo.
A las nueve de la noche
lo llevan al calabozo,
mientras los guardias civiles
30 beben limonada todos.
Y a las nueve de la noche
le cierran el calabozo,
mientras el cielo reluce[19]
como la grupa[20] de un potro.

---

[14]**olmo** elm tree [15]**codo con codo** elbows side by side (*arms tied behind him*) [16]**plomo** lead [17]**tricornio** three-cornered hat worn by the Guardia Civil [18]**hubieras... chorros** you would have made a fountain of blood with five streams [19]**relucir** to shine [20]**grupa** rump

POSTREADING ACTIVITIES

READING COMPREHENSION

Answer the following questions based on the readings.

Rima

1. ¿Qué simboliza la mujer morena? ¿La desea el poeta?
2. ¿Qué le brinda la mujer rubia al poeta? ¿Acepta?
3. ¿Qué características tiene la tercera mujer? Explique por qué la desea el poeta.

La higuera

1. ¿Por qué le tiene la autora lástima a la higuera?
2. Describa la higuera.
3. ¿Qué le dice la autora a la higuera? ¿Por qué?
4. ¿Qué significado tiene la última estrofa?

Prendimiento de Antoñito el Camborio en el camino de Sevilla

1. ¿Quién es Antonio Torres Heredia?
2. ¿Qué relación tiene con los Camborios?
3. ¿Para qué va a Sevilla? ¿Qué lleva en la mano? ¿Qué simboliza?
4. Haga una descripción de Antonio.
5. ¿Qué hace con los limones que corta? ¿Qué simboliza esta acción?
6. ¿Qué pasa a la mitad del camino?
7. ¿Qué relación encuentra entre el estado de la naturaleza y el de Antonio?
8. ¿Por qué se cuestiona su identidad de Camborio?
9. ¿Qué representan los cuchillos?
10. ¿Adónde llevan a Antonio?
11. ¿Por qué es irónico el final del poema?

STRUCTURES

A. *The Present Participle*

The present participle (the *-ing* form in English) of most Spanish verbs is formed by adding **-ando** to the stem of **-ar** verbs and **-iendo** to the stem of **-er** and **-ir** verbs.

hablar ⟶ **hablando**
comer ⟶ **comiendo**
vivir ⟶ **viviendo**

The present tense of the verb **estar** may be combined with the present participle to form the present progressive tense.

El gitano **está cortando** los limones.

Change the following sentences to the present progressive tense.

1. Los guardias civiles beben limonada.
2. Los viejos cuchillos tiritan bajo el polvo.
3. El gitano anda despacio.
4. La mujer procura hacer dulce su acento.
5. El poeta busca una mujer ideal.

B. *Affirmative and Negative Words*

The forms of affirmative and negative words are as follows.

Affirmative Words		Negative Words	
o... o	*either . . . or*	**ni... ni**	*neither . . . nor*
algún	*some, any*	**ningún**	*no, neither*
algo	*something*	**nada**	*nothing*
alguien	*someone*	**nadie**	*no one*
también	*also*	**tampoco**	*neither, not either*

The negative words **nadie, nada, ninguno, tampoco,** and **nunca** can be placed either before or after the verb.

No quiero ir **tampoco.**
Tampoco quiero ir.

If the negative word follows the verb, **no** must *precede* the verb.

No estudia **nada.**

Rewrite the following sentences in the negative, using the italicized words as cues.

EXAMPLE: Dijo *algo.*
No** dijo **nada.

1. Eres hijo de *alguien y* legítimo Camborio.
2. Sus bucles *siempre* le brillan entre los ojos.
3. La guardia civil *también* corta los limones *y* hace limonada.
4. *Alguien* tira los limones al agua.
5. El Camborio hizo *algo* ilegal.

WRITING PRACTICE

Write a short essay of at least 100 words on one of the topics listed below. Your composition will be evaluated for grammatical accuracy and vocabulary usage.

1. **Los gitanos.** ¿Quiénes son los gitanos? ¿De dónde son? ¿Qué tipo de vida llevan? ¿Cómo participan en la sociedad?
2. **La mujer ideal.** Haga un resumen de *Rima* de Gustavo Adolfo Bécquer y explique por qué la tercera posibilidad es la única que atrae al poeta.

COMMUNICATIVE ACTIVITY

Prepare one of the questions listed below to discuss in class with two classmates. Once the topic has been thoroughly analyzed, your group should present a summary of the discussion to the class.

1. ¿Qué representa la higuera? ¿Qué significado tienen las palabras de consuelo de la autora? ¿Encuentra paralelos entre la higuera y algunas personas? Dé varios ejemplos que justifiquen su respuesta.
2. En España se considera que los gitanos pertenecen a una raza diferente. Busque datos en la biblioteca y prepárese para discutir si deben o no deben ser considerados una raza distinta.

El animal más raro de la tierra

ÁLVARO MENEN DESLEAL

PREREADING ACTIVITIES

BASIC VOCABULARY

Nouns

el **alimento** nourishment, food

la **bodega** warehouse

el **borde** border, outer edge

el **camión de carga** freight truck

la **campiña** flat tract of arable land

la **carreta** cart

la **ciénaga** swamp

el **cohete** rocket

la **epidemia** epidemic

el **filo** cutting edge

la **hembra** female of animals or plants; woman

la **herencia** heritage

la **jaula** cage

la **piel** skin

el **retrete** toilet

el **rincón** corner

el **semejante** fellow man; fellow creature

la **tierra** Earth

Verbs

almacenar to store; to put in a warehouse

amamantar to nurse, to breast-feed

arrastrar to drag, to pull

cercenar to cut

deambular to walk around

encerrar (ie) to lock up, to confine

morar to dwell

poblar (ue) to populate

tirar to pull, to drag

Adjectives

achatado (-a) flat

alentador(-a) encouraging

burdo(-a) coarse, ordinary, common

lustroso(-a) bright, glossy

magro(-a) meager, lean

menudo(-a) small

(continued)

Useful Expressions

dar a luz to give birth to
en igual forma likewise
en pos de in pursuit of
en tanto que meanwhile
libre albedrío free will
pese a despite, in spite of
por extraño que parezca as odd as it may seem

VOCABULARY USAGE

A. Match the words in *Column A* with the definitions in *Column B*.

A	B
1. _____ poblar	a. vivir
2. _____ deambular	b. vehículo
3. _____ almacenar	c. caminar
4. _____ camión	d. alimentar con leche materna
5. _____ amamantar	e. ordinario
6. _____ cercenar	f. procrear mucho
7. _____ burdo	g. guardar en un almacén
8. _____ morar	h. cortar

B. Select the appropriate expression from the Useful Expressions section given above to complete each of the following sentences. Make all necessary changes.

1. _____ ser la única criatura que mata a sus semejantes, la población aumenta.
2. Los hombres corren _____ su magra alimentación.
3. Cuando la hembra _____, ella amamanta a su progenie.
4. Este individuo ha explorado el espacio y _____ se ha aventurado en las profundidades del mar.

Cognates and Word Formation

Spanish words ending in **-ción** generally correspond to English words ending in *-tion.*

la acción	*action*
la nación	*nation*

Some Spanish verbs ending in **-ar** have English cognates ending in *-ate.*

separar	*separate*
complicar	*complicate*

Not all Spanish and English words that appear to be of similar origin are true cognates. These misleading words are called *false cognates* because their meanings are very different. Context will help you recognize a false cognate.

embarazada	*pregnant* / *embarrassed*	**apenada**
parientes	*relatives* / *parents*	**padres**
lectura	*reading* / *lecture*	**conferencia**

Scan the first two paragraphs of *El animal más raro de la tierra* and find the Spanish cognates of the following words. Are there any false cognates?

1. culminate
2. creature
3. to observe
4. mammal
5. planet
6. latitude
7. epidemic
8. edifice
9. to utilize
10. superior
11. persecution
12. exception
13. animal
14. to augment

ASSOCIATIONS

Which expressions do you associate with the following descriptions?

Meter a una persona o animal en un lugar de donde no puede salir.

Enfermedad que ataca en un mismo sitio a varios individuos a la vez.

Extensión de tierra cultivada.

Instalación para orinar y defecar.

Criatura considerada en relación con las demás de su especie.

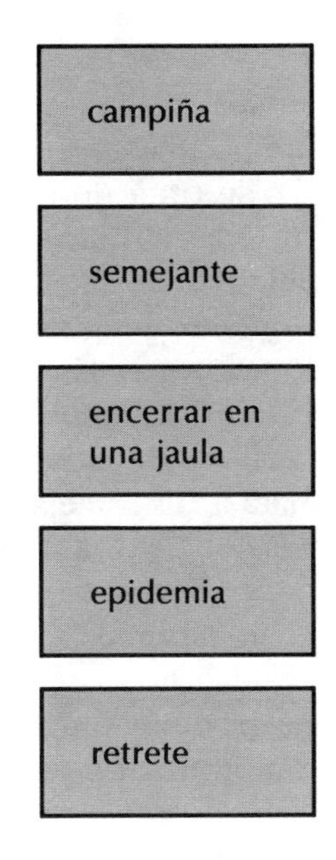

ANTICIPATING THE STORY

Answer the following questions, trying to anticipate aspects of the story you are about to read.

1. ¿Cuál cree Ud. que es el animal más raro de la tierra? Haga una lista de posibilidades.
2. ¿Dónde cree que mora este animal?
3. ¿Qué características tiene?
4. ¿Qué le sugiere la ilustración que acompaña al cuento?

El animal más raro de la tierra

ÁLVARO MENEN DESLEAL

Para terminar este Informe sobre nuestro primer viaje de estudios a la Tierra, tan felizmente culminado, quiero referirme, distinguidos colegas, a una de las criaturas más interesantes que nos fue posible observar.

5 Se trata de un mamífero vertebrado que puebla el planeta en todas sus latitudes, instalado ya en cubiles[1] toscos en la campiña, ya en altos edificios en las ciudades en que se almacenan alimentos y agua y se utiliza la energía eléctrica. Pese a la persecución y a las depredaciones[2] de otras especies animales, al-10 gunas físicamente superiores; pese a ser —excepción hecha de cierto otro mamífero vertebrado— el único animal que ataca y mata a sus semejantes; pese a los rigores ambientales, el hambre y las epidemias, la población aumenta.

En nuestras excursiones por aquel globo achatado por los 15 polos pudimos apreciar que el mamífero objeto de nuestra curiosidad no es sedentario. Utiliza todo género de vehículos para viajar, desde burdos camiones de carga con motores movidos por combustibles líquidos de bajo octanaje, hasta buques transoceánicos de muchos miles de toneladas de desplazamiento; desde 20 aviones a reacción hasta carretas elementales tiradas por cuadrúpedos. Cubierto su menudo cuerpo con electrodos, ha salido de la atmósfera típica del planeta en cohetes y cápsulas espaciales. Así como ha roto la barrera gravitacional con las primeras velocidades cósmicas, encontrándose al borde de los viajes inter-25 planetarios, en igual forma se ha aventurado en las profundidades marinas, descendiendo a las hoyas abisales de sus mares[3] hasta donde jamás penetra la luz solar.

Por extraño que parezca, la especie posee variedades de distintas características, notables particularmente en lo que se refiere 30 a la pigmentación de la piel, que varía desde el blanco rosáceo al negro lustroso. Este simple hecho se encuentra asociado con frecuencia a las marcadas diferencias cualitativas de las esferas en que se desenvuelve su vida de relación. Por ejemplo, existe

---

[1]**cubil** den [2]**depredación** pillaging, depredation [3]**hoyas... mares** ocean depths

una manifiesta inclinación a utilizar la raza blanca en las nobles labores científicas, en tanto que el grueso de los individuos pertenecientes a las razas oscuras deben arrastrarse por el campo y por las ciénagas, por los rincones sucios y los tragantes de aguas negras,[4] por las bodegas de los puertos y hasta por los retretes, 5 en pos de su magra alimentación.

Fue alentador verlo cerca de las bibliotecas, en cuyos locales, públicos y privados, medra[5] a toda hora rodeado de un silencio absoluto, verdadero homenaje a la cultura. Consume preferentemente los viejos libros, los incunables,[6] literalmente se nutre 10 de la herencia dejada por las Civilizaciones Que Han Sido.

Gracias al cine y a los libros pudimos descubrir algunas otras de sus costumbres: su sospechar[7] de todo lo que lo rodea, su duro luchar por la supervivencia, su poca responsabilidad en la reproducción de la especie. Cuando su hembra da a luz, ella 15 amamanta por un corto período a la progenie,[8] en tanto el macho deambula lejos de lo que debería de constituir su núcleo familiar. La madre también abandona un día a la criatura.

Mas no se crea por eso que tal animal actúa de acuerdo a un libre albedrío absoluto, despreocupado[9] de las medidas que 20 se puedan tomar en contra de sus abusos. Pudimos constatar que la sociedad se ha organizado para la persecución, la caza y la imposición de penas[10] a los transgresores de las normas. Se utilizan jaulas para el encierro de los delincuentes; y si éstos han cometido faltas más graves, se emplea un aparato en el que el 25 animal puede perder la cabeza cercenada por los filos de las partes metálicas sujetas a gran velocidad y presión.

Ese extraño animal que habita la Tierra desde los trópicos hasta los polos; que mora indiferentemente en los pantanos, en los desiertos, en las montañas, en el aire y en el mar, en las 30 ciudades y las selvas,[11] se llama *rata.*

4-VII-61

---

[4]**tragante de aguas negras** sewers [5]**medrar** to thrive [6]**incunable** incunabula, early printed books (before 1500) [7]**sospechar** to suspect [8]**progenie** progeny, offspring [9]**despreocupado(-a)** unconcerned [10]**pena** penalty [11]**selva** jungle

POSTREADING ACTIVITIES

READING COMPREHENSION

Answer the following questions based on the reading.

1. ¿A quiénes está dirigido el Informe?
2. ¿De qué trata el Informe?
3. ¿Dónde habita el animal que se describe?
4. ¿Cómo viaja?
5. ¿Qué características posee esta especie de animal? Mencione las más notables.
6. ¿Para qué se utiliza la raza blanca?
7. ¿Qué dice el reporte sobre las razas oscuras? ¿Cree Ud. que ésta es una opinión prejuiciada?
8. ¿Por qué medran las ratas cerca de las bibliotecas?
9. Haga un breve resumen de las costumbres que los autores del Informe pudieron observar a través del cine y los libros.
10. ¿Cómo castiga la sociedad a los transgresores de las normas?

STRUCTURES

A. *Adverbs*

Many adverbs are derived from the feminine form of the adjective plus the suffix **-mente.** Other adjectives, such as **fácil** and **admirable,** which have no feminine form, become adverbs simply with the addition of **-mente.**

rápida ⟶ **rápidamente**
fácil ⟶ **fácilmente**
admirable ⟶ **admirablemente**

When two or more adverbs are joined by a conjunction, only the last adverb retains the **-mente** suffix. The preceding adverbs appear in the feminine singular form of the adjective or in the common form used for both genders.

El reporte fue escrito **objetiva, clara** y **científicamente.**
La reunión de científicos terminó **feliz, eficiente** y **rápidamente.**

Change the following adjectives into adverbs. Then use them in sentences of your own.

1. claro
2. rápido
3. increíble
4. frecuente
5. liberal
6. feliz
7. inteligente
8. científico
9. minucioso
10. abominable

Answer the following questions, using two adverbs in each answer.

1. ¿Como terminó el primer viaje de estudios a la tierra?
2. ¿Cómo viven las ratas?
3. ¿Cómo están escritos los informes de los extraterrestres?
4. ¿Cómo se nutren las ratas?

B. *The Present Perfect*

Below is part of a text prepared by one of the extraterrestrials who visited Earth. Complete the paragraph with the appropriate form of the present perfect of the verbs in parentheses.

Es verdad que nosotros (regresar) _____ del planeta achatado por los polos, y que (observar) _____ principalmente el comportamiento del mamífero vertebrado llamado *rata*. También es verdad que (ver) _____ otro tipo de mamífero que se comporta de una manera similar. (Estudiar) _____ cómo actúa de acuerdo con su libre albedrío y cómo muchas veces el macho de la especie, a diferencia de la hembra, deambula lejos del núcleo familiar. Todavía no (constatar) _____ si este habitante terrestre merita estudios más detallados. Nuestro líder máximo (leer) _____ nuestro informe preliminar y hoy por la tarde nos dirá si (decidir) _____ organizar otra expedición a la Tierra.

C. *The Impersonal* se

The *impersonal* ***se*** + *a verb in the third-person singular* is frequently used in Spanish to express a situation in which the person performing the action is not known or is not specific. This construction is translated into English with *one, people* (in general), *they,* or *you.*

Se dice que habitan la tierra desde los trópicos hasta los polos.
No **se sabe** exactamente como se comunican.

Answer the following questions, using the impersonal **se** construction in your answer.

EXAMPLE: ¿Piensan los extraterrestres que las ratas son interesantes?
*Sí, **se cree** que la vida de las ratas es interesante y rara.*

1. ¿Dicen que las ratas blancas tienen privilegios?
2. ¿Piensan muchos que las ratas están por todas partes?
3. ¿Deben discriminarse a causa de la pigmentación de la piel?
4. Usualmente el macho de la especie se considera superior, ¿verdad?
5. En general, ¿viven bien en la tierra?

D. The Passive se

In Spanish, the *passive* **se** also expresses a situation in which the subject is unknown or unimportant. The difference between the *impersonal* **se** and the *passive* **se** is that in the *passive* **se** the verb shows agreement in number with a nominal element or object. In this case, the verb always agrees with the object, provided the latter is not introduced by the preposition **a.**

Se **ve** *la rata* cerca de las bibliotecas.
Se **ven** *las ratas* en los lugares sucios.

When the direct object is a person, it must be preceded by an **a** and the verb is *always* singular.

Se **ve** ***a*** *los hombres* leyendo en la biblioteca.
Se **busca** ***a*** *los niños* en el parque.

Exception: In limited cases in advertisements with indefinite human objects, the personal **a** *does not* occur and the verb could be either singular or plural, depending upon the object.

Se **busca** trabajador eficiente.
Se **buscan** científicos con experiencia en otros planetas.

Complete the following report with the *passive* **se** construction of the verbs in parentheses.

En las actuales civilizaciones de la tierra (utilizar) _____ calabozos para encerrar a los delincuentes. Si el delito es muy grave y (imponer) _____ la pena capital, (emplear) _____ la silla eléctrica para ejecutar a los criminales. Es indudable, por lo tanto, que en la Tierra (tomar) _____ medidas efectivas para el prendimiento de los transgresores y la rápida imposición de severos castigos. También hemos podido observar en libros y filmes que en un pasado remoto (castigar) _____ a los peores criminales con una pena de muerte más burda: (cercenar) _____ la cabeza del individuo con un instrumento afilado llamado guillotina.

X-IV-XC

Writing Practice

Write a short essay of at least 120 words in length on one of the topics listed below. Your composition will be evaluated for grammatical accuracy and vocabulary usage.

1. **Características comunes.** ¿Por qué pensó Ud. que leía sobre la raza humana? ¿Qué rasgos tenemos en común con los animales irracionales? ¿Cómo se manipula la descripción en el cuento para engañar al lector? Dé ejemplos tomados de la lectura.
2. **Lo inesperado.** Haga un informe detallando un objeto, un ser o una idea que le interese. Dé datos y haga comparaciones que lleven a una conclusión inesperada.

Communicative Activity

Your instructor will ask you to discuss one of the following topics in Spanish. You may find it useful to practice your answers aloud before coming to class.

1. **Asociaciones y prejuicios.** Haga un análisis de los términos que se utilizan en la comparación implícita con los humanos. ¿Hasta que punto son engañosos? ¿Qué hace que la técnica descriptiva sea tan efectiva? ¿Qué prejuicios se manipulan?

2. **Crimen y castigo.** En el cuento, el reporte informa que la sociedad «se ha organizado para la persecución, la caza y la imposición de penas a los transgresores de las normas.» ¿Cómo se compara el sistema de penas que se describe para las ratas y el que nuestra sociedad utiliza para los seres humanos? ¿Qué relación debe existir entre crimen y castigo? ¿Está Ud. a favor de la pena capital? ¿Por qué?

Continuidad de los parques

JULIO CORTÁZAR

PREREADING ACTIVITIES

BASIC VOCABULARY

Nouns

la **alameda** tree-lined path or avenue
el **amante** lover
el **atardecer** dusk
la **bruma** fog
la **coartada** alibi
la **finca** country estate, farm
la **mejilla** cheek
el **negocio** business, affair
el **personaje** character (*in literature*)
el **placer** pleasure
el **puñal** dagger
el **respaldo** back (*of a chair*)
el **roble** oak
la **senda** path
el **sillón** armchair
el **terciopelo** velvet
el **testigo** witness
la **trama** plot
el **ventanal** large window

Verbs

acariciar to caress, to fondle
atar to tie, to bind
danzar to dance
enredar to entangle
ladrar to bark
seguir (i) to remain, to continue, to follow

Adjectives

despiadado(-a) pitiless, merciless
malva mauve
receloso(-a) distrustful

(*continued*)

Useful Expressions

al alcance within reach, handy

en seguida immediately

estar de espaldas a to have one's back turned to

más allá farther

sin esfuerzo effortlessly

VOCABULARY USAGE

A. Select the word that does not belong in each of the following groups.

1. novela, personaje, senda, trama
2. sillón, ventanal, respaldo, silla
3. alameda, senda, monte, avenida
4. amante, testigo, esposo, mujer

B. Complete the following sentences, filling in the blanks with the appropriate expressions from the list below.

al alcance	en seguida	de espaldas
sin esfuerzo	más allá	

1. El hombre de negocios estaba sentado _____ al ventanal de su oficina leyendo una novela.
2. Los cigarrillos estaban _____ de la mano.
3. El testigo enumeró elocuentemente y _____ todo lo que vio el día del crimen.
4. La alameda estaba situada _____ de la finca.
5. _____ llegó a su casa, comenzó a leer la novela que tanto le interesaba.

C. Read the following descriptions carefully. Locate the key word in each paragraph and circle it. Then underline other expressions or phrases that recall the concept described.

1. La alameda que llevaba a la casa estaba rodeada de árboles y setos. El hombre siguió por ese camino de robles, mientras ella caminaba por la senda que iba al norte.

2. El asesino gozaba del placer casi perverso de destruir a su enemigo. Sus intenciones eran despiadadas.
3. Los negocios de la finca requerían mucho tiempo. Constantemente tenía que escribirle cartas a su apoderado sobre las últimas transacciones efectuadas en su propiedad.
4. La descripción que tenía de la inmensa casa de la finca era detallada. Subió por las escaleras del porche y entró. Más allá de la puerta de roble vio la sala azul y después una amplia galería. En lo alto, había dos puertas. La de la derecha daba al salón de los ventanales.

Cognates and Word Formation

Words ending in **-sión** in Spanish are feminine and usually correspond to words ending in *-sion* or *-ssion* in English.

la mansión	*mansion*
la pasión	*passion*

Carefully read the following excerpts from *Continuidad de los parques* and circle all the Spanish cognates you recognize.

1. La abandonó por negocios urgentes y volvió a abrirla cuando regresaba en tren a la finca.
2. Volvió al libro en la tranquilidad del estudio que miraba hacia el parque de los robles.
3. Se sentó en su sillón favorito, de espaldas a la puerta que lo hubiera molestado como una irritante posibilidad de intrusiones.
4. Su memoria retenía sin esfuerzo los nombres y las imágenes de los protagonistas; la ilusión novelesca lo ganó casi en seguida.

It is often possible to form a noun from certain Spanish **-ar** verbs by dropping the infinitive ending and adding **-a** or **-o.**

practicar	**la práctica**
abandonar	**el abandono**

Nouns ending in **-ción** are usually derived from **-ar** verbs.

conversar	**la conversación**
operar	**la operación**

Give the Spanish **-ar** verbs from which the following nouns are derived.

1. abandono
2. regreso
3. dibujo
4. estudio
5. rodeo
6. respaldo
7. danza
8. figura

ASSOCIATIONS

Which words do you associate with the following descriptions?

Parte saliente de la cara debajo de los ojos.

Tocar con amor y ternura.

Últimas horas de la tarde.

Ausencia del lugar en el momento en que se cometió el crimen.

Arma o instrumento de metal de corto tamaño.

Condensación de agua en gotas muy pequeñas.

Manera de emitir sonidos el perro.

ANTICIPATING THE STORY

Answer the following questions, trying to anticipate aspects of the story you are about to read.

1. ¿Qué le sugiere el título *Continuidad de los parques?*
2. ¿Dónde cree Ud. que tiene lugar el cuento? Haga una pequeña lista de posibilidades.
3. ¿Qué tipo de personajes espera encontrar? ¿Por qué?

Continuidad de los parques

JULIO CORTÁZAR

Había empezado a leer la novela unos días antes. La abandonó por negocios urgentes, volvió a abrirla cuando regresaba en tren a la finca; se dejaba interesar lentamente por la trama, por el dibujo de los personajes. Esa tarde, después de escribir una carta a su apoderado[1] y discutir con el mayordomo[2] una cuestión de aparcerías,[3] volvió al libro en la tranquilidad del estudio que miraba hacia el parque de los robles. Arrellanado en su sillón favorito,[4] de espaldas a la puerta que lo hubiera molestado como una irritante posibilidad de intrusiones, dejó que su mano izquierda acariciara una y otra vez el terciopelo verde y se puso a leer los últimos capítulos. Su memoria retenía sin esfuerzo los nombres y las imágenes de los protagonistas; la ilusión novelesca lo ganó casi en seguida. Gozaba del placer casi perverso de irse desgajando línea a línea de lo que lo rodeaba,[5] y sentir a la vez que su cabeza descansaba cómodamente en el terciopelo del alto respaldo, que los cigarrillos seguían al alcance de la mano, que más allá de los ventanales danzaba el aire del atardecer bajo los robles. Palabra a palabra, absorbido por la sórdida disyuntiva[6] de los héroes, dejándose ir hacia las imágenes que se concertaban y adquirían color y movimiento, fue testigo del último encuentro en la cabaña del monte. Primero entraba la mujer, recelosa; ahora llegaba el amante, lastimada la cara por el chicotazo de una rama.[7] Admirablemente restañaba[8] ella la sangre con sus besos, pero él rechazaba las caricias, no había venido para repetir las ceremonias de una pasión secreta, protegida por un mundo de hojas secas y senderos furtivos. El puñal se entibiaba contra su pecho, y debajo latía la libertad agazapada.[9] Un diálogo anhelante corría por las páginas como un arroyo de serpientes, y se sentía que todo estaba decidido desde siempre. Hasta esas caricias que enredaban el cuerpo del amante como queriendo retenerlo y di-

---

[1]**apoderado** business agent with power of attorney [2]**mayordomo** foreman [3]**cuestión de aparcerías** partnership deal [4]**arrellanado... favorito** comfortably seated in his favorite armchair [5]**desgajando... rodeaba** separating himself line by line from his surroundings [6]**disyuntiva** dilemma [7]**chicotazo de una rama** lash of a tree branch [8]**restañar** to stop the flow of [9]**libertad agazapada** hidden freedom

suadirlo, dibujaban abominablemente la figura de otro cuerpo que era necesario destruir. Nada había sido olvidado: coartadas, azares, posibles errores. A partir de esa hora cada instante tenía su empleo minuciosamente atribuido. El doble repaso despiadado
5 se interrumpía apenas para que una mano acariciara una mejilla. Empezaba a anochecer.

Sin mirarse ya, atados rígidamente a la tarea que los esperaba, se separaron en la puerta de la cabaña. Ella debía seguir por la senda que iba al norte. Desde la senda opuesta él se volvió un
10 instante para verla correr con el pelo suelto. Corrió a su vez, parapetándose[10] en los árboles y los setos,[11] hasta distinguir en la bruma malva del crepúsculo la alameda que llevaba a la casa. Los perros no debían ladrar, y no ladraron. El mayordomo no estaría a esa hora, y no estaba. Subió los tres peldaños[12] del porche
15 y entró. Desde la sangre galopando en sus oídos le llegaban las palabras de la mujer: primero una sala azul, después una galería, una escalera alfombrada. En lo alto, dos puertas. Nadie en la primera habitación, nadie en la segunda. La puerta del salón, y entonces el puñal en la mano, la luz de los ventanales, el alto
20 respaldo de un sillón de terciopelo verde, la cabeza del hombre en el sillón leyendo una novela.

POSTREADING ACTIVITIES

READING COMPREHENSION

Answer the following questions based on the reading.

1. ¿Por qué dejó el protagonista de leer la novela?
2. ¿Cómo se prepara para seguir leyendo?
3. ¿En qué lugar de la casa se pone a leer? Descríbalo con detalles.

---

[10]**parapetarse** to shelter oneself [11]**seto** hedge [12]**peldaño** step (*of a staircase*)

4. ¿Cómo reacciona el protagonista ante la trama de la novela que está leyendo?
5. ¿Cuál es la trama de la novela?
6. ¿En qué lugar se reúnen los amantes?
7. Describa el encuentro entre los amantes.
8. ¿Por qué están reunidos?
9. ¿Cómo termina el cuento?
10. ¿En qué momentos de la trama la realidad y la ilusión novelesca se confunden?
11. ¿Qué significa la palabra *continuidad* del título? ¿Cree que es importante? ¿Por qué?

STRUCTURES

A. *Preterit vs. Imperfect*

Rewrite the following sentences in the past describing the protagonist's activities before sitting down to read the novel. Justify your choices.

1. El narrador abandona la novela porque tiene negocios urgentes.
2. Después de escribir una carta a su apoderado y de discutir sus negocios con el mayordomo, vuelve al libro en la tranquilidad de su estudio que mira hacia el parque de los robles.
3. Arrellanado en su sillón favorito, deja los cigarrillos en la mesa y se pone a leer los últimos capítulos.

Now rewrite the following sentences in the past describing the protagonist's reactions to the novel he is reading. Justify your choices.

1. Su memoria retiene sin esfuerzo los nombres y las imágenes de los protagonistas.
2. La ilusión novelesca lo gana casi en seguida.
3. Mientras lee, goza de un placer casi perverso al descubrir el secreto de los amantes.
4. Está absorbido en la sórdida disyuntiva de los héroes.
5. Desde su lugar privilegiado de lector, goza siendo testigo del último encuentro de los amantes en la cabaña.
6. No se sorprende al notar que la mujer que llega a la cita furtiva se parece a su esposa.

B. *The Pluperfect Tense*

The pluperfect tense is formed with the imperfect of the auxiliary verb **haber** (**había, habías, había, habíamos, habíais, habían**) plus the past participle of the main verb. As in English, the pluperfect is used to express a past action completed prior to another past action.

La mujer **había llegado** tarde.
*The woman **had arrived** late.*

Use the pluperfect tense of the infinitives in parentheses to describe the foreman's thoughts concerning the events surrounding the murder of his boss.

Yo (observar) _____ varias veces que la señora (empezar) _____ a encontrarse furtivamente en la cabaña del monte con el joven desconocido que (venir) _____ unos meses antes a buscar trabajo a la finca. Nadie (notar) _____ nada de esta irritante intrusión, excepto yo. Nada (ser) _____ descubierto después del crimen, porque los asesinos (planear) _____ anticipadamente una coartada perfecta. No (cometer) _____ errores ni (olvidar) _____ ningún detalle. Estoy en peligro porque sé demasiado.

C. *The Past Progressive Tense*

The imperfect tense of the verb **estar** may be combined with the present participle to form the past progressive tense. The past progressive indicates an action of indefinite duration in progress in the past.

El esposo **estaba leyendo** una novela en su oficina.

Change the following sentences to the past progressive tense.

1. Nosotros corremos por la alameda.
2. La sangre galopa en sus oídos.
3. El amante se parapeta en los árboles.
4. Tú oyes ladrar los perros.
5. Los testigos ven el encuentro entre los amantes.

When not used with an auxiliary verb to form the progressive construction, the function of the present participle is essentially adverbial and may describe condition, manner, or cause.

Considerando bien el plan, no debía haber ido a la cita con el amante el día del crimen.
La mujer salió **corriendo** por la senda.
Mató al esposo **pensando** en su amante.

Give the English equivalent of the following sentences.

1. Corrió parapetándose en los árboles y en los setos.
2. Leía con placer, dejándose ir hasta las imágenes que adquirían color y movimiento.
3. Ni llegando temprano pudo evitar el crimen.
4. La mujer se quedó escondida esperando.
5. Lo mató en el estudio pensando que era el esposo.
6. Vio la cabeza del hombre que estaba en el sillón leyendo una novela.

Writing Practice

Write an essay of at least 135 words in length on one of the topics listed below. Your composition will be evaluated for grammatical accuracy and vocabulary usage.

1. **El triángulo amoroso.** ¿Qué otras obras ha leído en que el triángulo amoroso termina en una tragedia? ¿Ha conocido a alguien que haya formado parte de un triángulo amoroso?
2. **La atracción fatal.** ¿Qué consecuencias pueden tener las relaciones ilícitas? Dé ejemplos específicos tomados de libros, películas o telenovelas.

Communicative Activity

Prepare one of the topics listed below to discuss in class with two classmates. Once the topic has been thoroughly analyzed your group should present a summary of the discussion to the class.

1. **La realidad y la ficción.** ¿Qué es la realidad? ¿Qué es la ficción? ¿Se pueden mezclar en la vida? ¿Por qué? ¿Cómo?
2. **El arte de leer.** ¿Se ha sentido alguna vez totalmente absorbido/a al leer una obra? ¿Cuál? ¿Qué fue lo que más le sedujo?
3. **El arte de crear.** ¿Cómo mezcla Julio Cortázar la realidad y la ficción? ¿Cuáles son los elementos reales y cuáles los ficticios en *Continuidad de los parques?* ¿Cómo se mantiene la tensión en el cuento?

REVIEW EXERCISES

A. Which words and expressions from the selections in Part Two correspond to the following clues or definitions? Scan the readings for those you do not remember.

1. pedazo de tierra donde se cultivan árboles frutales
2. acción de capturar a una persona
3. un antónimo de *suave*
4. un sinónimo para *casa de campo*
5. lo opuesto de *recto*
6. un sustantivo de cuatro letras que significa lo mismo que *rama*
7. una enfermedad o infección que ataca a muchos habitantes de un mismo lugar
8. los policías que prendieron a Antoñito el Camborio
9. nuestro planeta
10. una expresión de dos palabras que significa *alrededor*
11. lugar donde se almacenan diferentes tipos de productos
12. un espacio grande de tierra cultivable
13. un adjetivo de ocho letras que significa *brillante*
14. otra palabra para *pequeño*
15. un verbo que significa *andar sin rumbo de un lugar a otro*
16. un verbo de nueve letras que significa *dar de mamar*
17. ángulo interior de un cuarto
18. el antónimo de *hombre*
19. una expresión de dos palabras que significa *inmediatamente*
20. un adjetivo que comienza con *d* y significa *inhumano*
21. una expresión de dos palabras que significa que *algo está cerca o que se puede obtener sin dificultad*

22. un sinónimo del verbo *continuar*
23. una persona que ha presenciado u oído algo

B. Review the grammar covered in this unit. Then rewrite each sentence with the Spanish equivalent of the words in parentheses.

1. Ese gitano (*doesn't ever do anything for anyone*).
2. —¿Están los niños en la quinta? —Sí, pero (*none of them will open the door*).
3. —¿Tienes amigos gitanos? —La verdad es que (*I don't have any friends*).
4. —¿Quiénes lo visitan en el calabozo? —(*Neither his father nor his mother visits him*).
5. Los guardias civiles (*are drinking*) limonada.
6. Los extraterrestres hablan (*slowly and carefully*).
7. En el informe que leí se indica que la guillotina trabajaba (*quickly and efficiently*).
8. Nuestro líder (*has read*) todo lo que le dimos.
9. No sé si los científicos (*have seen them give birth*).
10. —Carlos, (*have you written the report*)? —(*As odd as it may seem to you, I have already done it.*)
11. (*They say*) que son nuestros semejantes.
12. (*The jails are opened!*)
13. (*One lives very well here on Earth.*)
14. Aquí siempre (*delinquents are prosecuted*).
15. (*While he read, he smoked.*)
16. Los amantes (*used to see each other often*).
17. (*He was born, lived, and died in his country estate.*)
18. (*Sir, have you finished your novel?*)
19. (*What was she doing*) en la cabaña del monte?
20. Todos sabían que cuando (*he read, he also smoked*) los cigarrillos que siempre (*had within his reach*).
21. Prendieron al gitano porque (*he had committed three assaults*).
22. La verdad es que (*he did it thinking about their future together*).

PART THREE

Part Three contains two stories and a one-act play: *La joya del inca, Las montañas, los barcos y los ríos del cielo,* and *El delantal blanco.*

La joya del inca has been adapted from *Cuentos del alto Perú,* edited by Willis Knapp Jones. The story deals with a mystery surrounding the painting of a beautiful Incan woman by a Peruvian artist.

Las montañas, los barcos y los ríos del cielo was adapted from the original manuscript written by Germán Pinilla (1935), a Cuban writer who in 1967 was a finalist in the first literary competition sponsored by UNEAC (Unión de Escritores y Artistas de Cuba), the "Concurso DAVID." This selection is part of *Polígafos,* a collection of science-fiction stories. *Las montañas...* gives a glimpse of the confused mind of a child who believes that he is in contact with extraterrestrial beings.

El delantal blanco, by Chilean playwright Sergio Vodanovic, is an amusing play that ingeniously unveils the superficial nature of certain values held dear by some members of the so-called upper class. You will enjoy the subtle humor and skillful handling of the tensions that exist between the lower and upper classes in Latin America.

STUDY GUIDE

The following suggestions will facilitate your reading of the selections and prepare you for class activities.

1. Begin with the Prereading Activities, paying particular attention to the vocabulary exercises and to the Association and Anticipating the Story sections.

2. Review affirmative and negative words; formal commands; and demonstratives before reading *La joya del inca.* Review the formation of diminutives; the use of **iba a** + *infinitive;* the reflexive construction; the present participle; and the past progressive tense before reading *Las montañas, los barcos y los ríos del cielo.* Review the present subjunctive tense; familiar **tú** commands; the future tense; the future perfect tense; the conditional tense; and the conditional perfect tense before reading *El delantal blanco.*
3. If you have problems, read the selection a second time with the aid of the footnotes when necessary. Close the book and try to recall the main ideas in each reading.
4. Prepare in advance for the Communicative Activity. Write down your thoughts on the topics chosen for discussion and practice saying them aloud several times in order to improve your oral proficiency.

La joya del inca

(FROM *CUENTOS DEL ALTO PERÚ*)

PREREADING ACTIVITIES

BASIC VOCABULARY

Nouns

la **cadena** chain
la **cadena de plata** silver chain
el **cuadro** picture
el **depósito** storeroom
la **joya** jewel, gem
la **paleta** palette
el **pincel** brush
la **pluma** feather
la **rodilla** knee
la **tableta** tablet, cake (*of paint*)
la **tela** cloth

Verbs

firmar to sign
pesar to weigh (upon)

Adjectives

inquieto(-a) restless
pálido(-a) pale
penetrante sharp

Useful Expressions

a la mañana siguiente the next morning
bellas artes fine arts
¡cómo no! of course! naturally!
¿cómo te va? how are you?
de cuerpo entero full-length
¡palabra! on my word of honor!
perder el sentido to lose consciousness
por lo visto apparently

VOCABULARY USAGE

A. Select the appropriate word or expression from the Basic Vocabulary above to complete each of the following sentences. Make any necessary changes.

1. Cuando quitó la ____ que cubría el cuadro, el pintor pudo observar que era de una joven hermosa.
2. El detalle que más le gustó del cuadro fue una ____ de plata con una ____ brillante de color verde.
3. ¡Ese cuadro no es mío! ¿Debo ____ lo que no pinté?
4. Su cuadro no está en la sala de exhibiciones; está en el ____ del museo de Bellas Artes.
5. Por lo visto el indio llevaba cuatro ____ en la cabeza.
6. Para pintar los detalles del cuadro necesito unas ____ de color y un ____ pequeño.
7. —¿No pintaste la modelo de ____ ____ ?
   —No, sólo pude terminar la cara y el cuello.
8. Ese olor tan fuerte y ____ me hizo ____ el ____ por unos segundos.
9. —¿Es verdad que se puso ____ como un muerto cuando vio el cuadro?
   —¡Palabra!

B. While there are very few exact synonyms, Spanish contains many words close in meaning. Find the expressions in the Basic Vocabulary that may be substituted for the italicized words below.

1. *La pintura* era de una joven de ojos llenos de sueño.
2. *Aparentemente* no sabes nada sobre los incas.
3. ¿*Qué tal,* amigo Armando?
4. No creo que sea una *piedra preciosa.*
5. Sacó el pincel y *puso su nombre.*

Cognates and Word Formation

Circle all the cognates you recognize in the following excerpts from the story you are about to read.

1. Donoso volvió a examinar la piedra del sepulcro de los incas. Tenía el mismo color que la del indio.
2. Parece un cuento fantástico, como dices. No puedo explicar el misterio.
3. Tengo que preparar mi cuadro para la exhibición.
4. Media hora más tarde fue interrumpido por la llegada de su amigo Rojas, el director del museo de Lima.

ASSOCIATIONS

Which words do you associate with the following descriptions?

Instrumento hecho con pelos que se usa para aplicar colores.

Lugar donde se guarda una cosa.

Pedazo de madera de forma ovalada donde el pintor pone los colores.

No, no quiero el cuadro de los hombros para arriba, lo quiero de pies a cabeza.

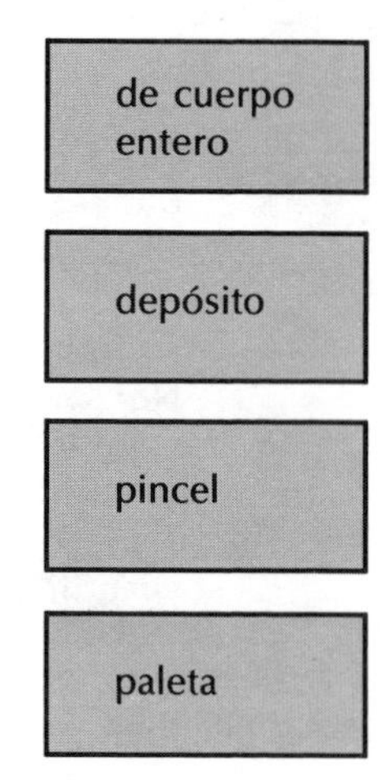

ANTICIPATING THE STORY

Answer the following questions, trying to anticipate aspects of the story you are about to read.

1. ¿Quiénes eran los incas? ¿Qué sabe Ud. de su cultura?
2. El vocabulario contiene varios términos relacionados con la pintura. ¿Qué importancia pueden tener estos términos en el cuento?
3. ¿Qué le sugiere el dibujo que acompaña al cuento? ¿Por qué parece sorprendido el pintor?
4. ¿Cree Ud. que hay hechos que no tienen explicación lógica? Explique.

La joya del inca

(FROM *CUENTOS DEL ALTO PERÚ*)

Al entrar en su estudio, el artista peruano Armando Donoso se encontraba muy inquieto. Se quitó el sombrero y el saco, pero no empezó a trabajar. Parecía que tenía miedo de quitar la tela que cubría el cuadro. Al fin quitó la tela y miró el cuadro. Lo que descubrió lo dejó muy sorprendido. Observó el cuadro otra vez con gran sorpresa. —¡Qué veo! —exclamó. 5

El cuadro era una joven de cuerpo entero, de ojos llenos de sueño. Parecía una persona viva que acababa de despertar. Un detalle le llamó la atención al artista: la señorita llevaba alrededor del cuello una cadena de plata con una piedra de color verde. 10

Donoso volvió a mirarla. Al fin, tocó el cuadro. Estaba seco.

—¡Cosa más rara! —se dijo el artista peruano. —No estaba así ayer.— Dio algunos pasos por el estudio. Se detuvo y se acercó otra vez al cuadro y examinó la cadena y la piedra con mucha atención. Pudo ver que eran como las de los incas. 15

—¡Rojas debe ver esto! —exclamó. — Pero, ¿cómo ha aparecido aquí? Estoy seguro que yo nunca la pinté.

Tomó su pincel para firmar el cuadro, y otra vez se detuvo mirándolo. —¿Debo firmar lo que no pinté? —murmuró.

Pero al fin firmó su nombre, puso el año y lavó el pincel. 20 Luego empezó a preparar una caja para mandar el cuadro a la exhibición de Bellas Artes en Santiago de Chile. Puesto que iba a empezar dentro de pocos días, Donoso no tenía mucho tiempo.

Media hora más tarde fue interrumpido por la llegada de su amigo Rojas, director del museo de Lima. 25

—¿Cómo te va, amigo Donoso? Siento no poder jugar al tenis contigo hoy. El doctor Carrera llegó esta mañana con muchas cajas de su exploración en los Andes y yo tengo que ayudarle todo el día.

En aquel momento vio el cuadro. 30

—¡Hombre, qué hermosa es la figura! ¿Quién es?

—No sé —confesó Donoso.

—¿Cómo que no sabes?

—¡Palabra!

—Pero ¿tu modelo? ¿Quién fue tu modelo? 35

—No tuve modelo.

Al ver la cara de su amigo, Donoso trató de explicar:
—Hace un año que yo veo a esta mujer en mi imaginación. No tuve más remedio que pintarla.
Rojas se acercó al cuadro. Lo miró un momento.
5 —Por lo visto, es la mujer de tus ensueños, pero ¿qué es esto? —añadió señalando la cadena y la joya. —Cosas de los incas, ¿no? ¿Tienes interés por esas cosas?
—No. Tengo más interés en los vivos que en los muertos. No sé nada de los incas con excepción de lo que he visto en tu
10 museo.
—Pero, ¿dónde obtuviste los detalles de esta joya? La piedra es muy buena, excepto por el color. Los incas nunca tuvieron piedras tan verdes. Ésa es china en vez de peruana. Por lo demás... ¿En dónde la viste?
15 —No sé. Estaba aquí esta mañana cuando llegué. Yo no la pinté.
—¡Cómo no! ¡Tal vez la criada la pintó en la noche!
Los labios del director del museo mostraron su sarcasmo.
—No, es la pura verdad. Ayer no pude terminar el cuello,
20 hasta que al fin abandoné el trabajo y me fui a casa, y esta mañana...
Señaló dramáticamente la cadena.
—Lo creo. Claro que lo creo— respondió Rojas. —¿Quieres decirme otro cuento fantástico?
25 —Pero es verdad, te digo. Y no es la primera vez. En otra ocasión encontré dificultades para pintar uno de los ojos y a la mañana siguiente alguien lo había pintado. Esta mano también es trabajo de no sé quién.
—¿Seguimos con las *Mil y una noches*?[1]
30 —Parece un cuento fantástico, como dices. No lo puedo explicar. Traté de descubrir el misterio. Dormí en mi estudio varias noches, pero no vi ni oí nada. Una noche me desperté. Me pareció que el aire tenía un olor especial, muy penetrante, que me pesaba mucho. Aunque ningún ruido rompió el silencio, yo estaba seguro
35 de que algo raro ocurría. Me quedé quieto durante un momento. Por último me levanté y encendí la luz. Alguien había terminado

[1]***Mil y una noches*** *Arabian Nights*

la mano que yo había empezado. Es todo cuanto te puedo decir. Comprendo que esto no explica nada, pero es la verdad.

—Armando, tú estás algo mal de la cabeza. Necesitas olvidar todo esto. Vamos inmediatamente a jugar al tenis. Las cajas del profesor Carrera pueden esperar hasta la tarde.

—No puedo, amigo. Tengo que preparar mi cuadro para la exhibición. Debe salir mañana para Chile. Cualquier otro día...

—Bien, bien, pero de todos modos, te invito a comer conmigo esta noche.

—Tengo mucho que hacer, pero...

—Y durante la comida puedes darme más detalles para probar tu cuento —dijo Rojas al salir.

Durante mucho tiempo el artista miró el cuadro. Luego volvió a mirar la paleta. Después corrió a llamar a su amigo, pero Rojas ya había salido. Donoso quería mostrarle que entre todos los colores de la paleta, no había nada de ese color verde tan peculiar de la joya. Pero no se detuvo mucho en su observación. Recordó la exhibición y empezó a preparar el cuadro.

Una hora más tarde alguien llamó a la puerta. Era un empleado del museo con una carta de Rojas.

Amigo Donoso:

> ¿Puedes venir en seguida al museo y traer tu cuadro? El empleado puede ayudarte. He encontrado algo que te debe interesar mucho.
>
> MIGUEL ROJAS

Donoso iba a escribirle a su amigo que no tenía tiempo, pero al volver a leer la carta, sintió mucha curiosidad.

—Bien —dijo al empleado. —Llévelo. Pero tenga mucho cuidado ¿eh?

En la calle llamó un coche y cinco minutos más tarde estaba en el museo. Allá Rojas lo esperaba.

—¿Quieres saber lo que encontré en la primera caja del profesor Carrera? Pues, una joya como la que pintaste. Por eso, quería comparar las dos. ¿Quieres llevar tu cuadro al depósito?

En el depósito había muchas cajas. El director señaló una que estaba abierta sobre una mesita.

—Fue la primera caja que abrí —volvió a decir Rojas. —Contenía varias cosas de un sepulcro de los incas que el doctor
5 Carrera descubrió y ¡esto es lo que encontré!

Era una cadena de plata con una piedra preciosa que se parecía a la del cuadro. Cuando Donoso las comparó, encontró que eran idénticas.

—Ahora ¡qué me vas a decir de mi «cuento fantástico»?
10 —le preguntó a Rojas.

—No digo nada. Pero ¡un momento! Voy a llamar al profesor Carrera.

Rojas salió en dirección de su oficina.

Mientras se quedó solo, Donoso volvió a examinar la piedra
15 del sepulcro de los incas. Tenía el mismo color que la del cuadro. En este momento sintió algo raro. Era... Sí, era el olor penetrante que había llenado su estudio cuando casi descubrió el misterio del cuadro. La atmósfera del museo le pesaba mucho. El artista cerró los ojos. Tenía mucho sueño.

20 De pronto oyó voces detrás de él. Había una mujer y un hombre que llevaban trajes raros, tales como las figuras en los muros del museo. El hombre llevaba un traje largo y en la cabeza tenía cuatro plumas. Además, alrededor de las piernas, inmediatamente debajo de las rodillas, colgaba otro grupo de plumas en
25 forma de círculo. En los pies llevaba unas sandalias.

Pero cuando la mujer se volvió, Donoso ya no tenía interés en el hombre. ¡Era ella, el modelo de su cuadro! ¡Era la mujer de sus ensueños! Llevaba un traje rojo, y de los hombros le caía un pedazo de tela blanca y transparente. Para adornar el pelo,
30 llevaba otro pedazo amarillo alrededor de la cabeza.

Mientras los dos hablaban, ella observó el cuadro. Donoso vio cómo la mujer le mostraba al hombre la figura, pero el artista no comprendió sus palabras. No hablaban español. La mujer se puso furiosa. Parecía querer limpiar el cuadro. El hombre no
35 quería hacerlo, pero al fin movió la cabeza, y fue hacia una de las cajas del profesor Carrera. Sacó un pincel y una tableta de color, de ese color verde de la piedra en el cuadro. Se acercó al cuadro de Donoso.

—¡No, no!

Donoso trató de gritar más, pero le pareció que una mano fría lo callaba. No podía hablar ni moverse. El mundo se puso negro. Perdió el sentido. Y cayó al suelo.

—¿Qué te pasó, Donoso? ¿Estás malo?

El artista peruano abrió los ojos. Vio que su cuadro se había caído al suelo invertido. Pero tenía más interés en la mujer y su compañero. ¿Dónde estaban? Miró por todo el depósito. Se habían ido. Él y Rojas estaban solos en el depósito.

—Tal vez es este olor —continuó Rojas. —Me dice Carrera que es algo que usaban los incas para preservar a los muertos en el sepulcro. Pero parece muy fuerte aquí ahora.

—No sé lo que es ni lo que me pasó —exclamó Donoso. —Pero sé quién me ayudó con este cuadro. Sus pinceles y sus colores están en aquella caja.

—¿Qué me dices, hombre?

Rojas trató de detener al artista, pero Donoso se acercó a la caja y la abrió. La primera cosa que vio fue un grupo de tabletas de color y unos pelos que servían de pincel. El color de una de las tabletas era idéntico al del cuadro, aquel color que no existía en la paleta de Donoso. Rojas los examinó con atención.

—¿Cómo sabías lo que contenía esa caja? —preguntó. —No comprendo. No comprendo nada de este misterio. Además, es la primera vez que veo utensilios de artista entre lo que los incas han dejado en sus sepulcros. No tenemos ningún cuadro hecho por los incas. Pero si quieres decirme que tú y un artista inca pintaron ése, no tengo nada que decir. Ya he visto demasiadas cosas raras. De todos modos, los dos pintan bien. A ver cuánto se parece al original.

Rojas levantó el cuadro. Se puso pálido. Dejándolo caer otra vez, exclamó:

—¡Por Dios!

Donoso corrió para coger el cuadro. También gritó mientras ponía el cuadro contra el muro. El cuadro estaba absolutamente limpio, excepto el centro, en el que se veía la representación de una joya verde, la joya que el profesor Carrera había encontrado en el sepulcro.

POSTREADING ACTIVITIES

READING COMPREHENSION

Answer the following questions based on the reading.

1. ¿Qué vio el artista cuando quitó la tela que cubría el cuadro?
2. ¿Por qué dudaba en firmar el cuadro?
3. ¿Adónde pensaba mandar el cuadro?
4. ¿Por qué no podía Rojas jugar al tenis?
5. ¿Cómo explicó Donoso el misterio del cuadro?
6. ¿Qué sintió cuando se despertó en su estudio?
7. ¿Por qué va Donoso al museo?
8. ¿Qué encontró Rojas?
9. ¿Qué sacó el indio de la caja?
10. ¿Qué tipo de olor había en el cuarto?
11. ¿Por qué deja caer Rojas el cuadro?

STRUCTURES

A. *Affirmative and Negative Words*

You do not agree with the findings of an expert parapsychologist sent by the museum to investigate the rumors about Donoso's painting. Contradict his statements by writing in the negative the following excerpts from his report to the museum. Use the italicized words as cues.

EXAMPLE: El indio dijo *algo.*
El indio ***no dijo nada.***

1. Había *algo* de ese color verde en la paleta.
2. El olor de la atmósfera tenía *algo* de especial.
3. *Alguien* sabe lo que es *y* lo que le pasó a Donoso.
4. El director está seguro de que *algo* raro ocurría.
5. *Algún* fantasma inca borró el cuadro.
6. *También* vio la joya que la mujer tenía en el cuello.
7. Se lo dijo *alguien* del otro mundo.

Now change the investigator's observations to the affirmative, using the italicized words as cues.

1. *Ningún* ruido rompió el silencio de la noche.
2. *Nadie* había terminado el cuadro.
3. *No* vio *ni* oyó *nada*.
4. *Tampoco* creyó su explicación.

B. *Prepositions*

Rewrite the following sentences, selecting the correct prepositions from the choices given.

1. El artista peruano dio unos pasos (por / para) el estudio.
2. Hace unos años que Donoso ve a esa mujer (de / en) su imaginación.
3. Tienes interés (por / para) la cultura de los incas.
4. En la paleta no estaba ese color tan peculiar (de / por) la joya.
5. El director señaló una caja que estaba (para / sobre) la mesa.
6. (Para/Por) adornar el pelo, ella llevaba un pedazo de tela amarilla alrededor (de / en) la cabeza.

C. *Formal* Ud. *and* Uds. *Commands*

Singular formal commands of regular verbs are formed by dropping the **-o** ending of the first-person singular in the present indicative tense, and adding **-e** for **-ar** verbs and **-a** for **-er** and **-ir** verbs. To form the plural, simply add an **-n** to the singular form.

yo hablo ⟶ **habl + e = hable Ud., hablen Uds.**
yo como ⟶ **com + a = coma Ud., coman Uds.**
yo vivo ⟶ **viv + a = viva Ud., vivan Uds.**

Object pronouns are placed immediately after the affirmative command form and are attached to it. In negative commands, however, they are placed before the verb.

Ciérre**lo.**
No **lo** cierre.

The forms of several common irregular formal **Ud.** and **Uds.** commands are as follows.

ir ⟶	**vaya, vayan**	saber ⟶	**sepa, sepan**
dar ⟶	**dé, den**	estar ⟶	**esté, estén**
ser ⟶	**sea, sean**		

In the following exercise, ask the subjects of the following sentences to do the opposite of what they are doing. Change any direct objects to pronouns.

EXAMPLES: El señor Donoso pinta *un cuadro.*
Señor Donoso, *no* ***lo*** *pinte.*

No *lo* llevan.
*Llévenl**o.***

1. El señor Rojas no abre el museo.
2. El doctor Carrera lleva las cajas.
3. La señorita Gómez no limpia el cuarto.
4. Él no tiene cuidado con el cuadro de Donoso.
5. Los señores Rojas y Donoso no salen temprano.
6. Él se lo pone en la cabeza.
7. El doctor no lo trae.
8. Las señoras no hablan español.
9. Uds. no vienen a tiempo.
10. El doctor Carrera no es un buen investigador.
11. El señor Carrera no va al museo.

D. *Demonstrative Adjectives*

In Spanish the ending of the demonstrative adjective must agree in gender and number with the noun it modifies.

Singular			**Plural**		
Masculine	*Feminine*		*Masculine*	*Feminine*	
este	**esta**	*this*	**estos**	**estas**	*these*
ese	**esa**	*that*	**esos**	**esas**	*those*
aquel	**aquella**	*that* (far away)	**aquellos**	**aquellas**	*those* (far away)

Este (*this*) points out a particular person or object near the speaker; **ese** (*that*) indicates something near the person spoken to; and **aquel** (*that over there*) refers to something in the distance from both the speaker and the person spoken to.

Esta pintura es excelente.
Estos trabajos no sirven para nada.
Aquellos pinceles son de los incas.

Rewrite the following sentences, using the correct forms of the demonstrative adjectives.

1. Donoso vio la joya a su lado y dijo —¡Qué rara es ____ joya!
2. El indio sacó una tableta de color, de ____ mismo color verde de la piedra pintada en el cuadro que Donoso tenía en sus manos.
3. Rojas sintió el olor y le preguntó a Donoso: —¿Es ____ olor extraño que siento aquí en el depósito parecido al que sentiste en tu estudio?
4. Vi que el inca sacó sus pinceles y sus colores de ____ caja en el rincón.
5. Me interesa estudiar ____ culturas misteriosas que existieron hace muchos años.

E. Demonstrative Pronouns

Demonstrative pronouns have the same form as demonstrative adjectives, except that they have a written accent mark. They agree in gender and number with the noun they replace.

Singular			Plural		
Masculine	*Feminine*		*Masculine*	*Feminine*	
éste	**ésta**	*this one*	**éstos**	**éstas**	*these*
ése	**ésa**	*that one*	**ésos**	**ésas**	*those*
aquél	**aquélla**	*that one* (far away)	**aquéllos**	**aquéllas**	*those* (far away)

¿Buscas **esta** paleta o **ésa?**
Busco **ésta,** gracias.

Each demonstrative pronoun has a neuter form. The neuter pronouns have no written accent mark. They refer to whole ideas or unidentified nouns rather than to a specific noun.

esto	*this thing, this matter*
eso	*that thing, that matter*
aquello	*that thing, that matter* (far away)

Esto es muy interesante, pero **eso** no.
Aquello me gusta más.

Rewrite the following sentences, using the appropriate demonstrative pronouns.

1. Donoso pone los pinceles en dos cajas diferentes. «Estos pinceles aquí son míos, y ____ , a tu lado, son los tuyos».
2. Donoso observó que los incas se parecían a ____ (*allá lejos*) pintados en los muros del museo.
3. Estas piedras preciosas no parecen muy antiguas, pero ____ (*cerca de Ud.*) fueron encontradas en un sepulcro de los incas.
4. Este cuarto tiene un olor agradable, pero ____ (*situado en otro museo*) en que trabajé el año pasado tenía un olor extraño.
5. Me gusta estudiar las civilizaciones antiguas. ¿Crees que ____ eran mejores que las de ahora?
6. —¿Qué más sabes de los incas? — ____ es todo.
7. —¿Qué es ____ aquí? —No sé, pero parece peligroso.

Writing Practice

Describe in Spanish the painting that materialized in Donoso's studio. Use the vocabulary and grammar you have learned in this section. Your composition should be at least 100 words in length.

Communicative Activity

Your teacher will ask you to prepare a brief talk for class about one of the following topics. You may wish to include pertinent information from magazines, newspapers, or books.

1. **La reencarnación es parte importante de las creencias de muchas religiones.** ¿Qué es la reencarnación? ¿Cree Ud. en la reencarnación? Explique su respuesta.
2. **Los incas.** ¿Quiénes eran los incas? ¿Qué sabe Ud. de esta civilización? ¿Cuándo existió? ¿Dónde?
3. **Los muertos.** ¿Teme Ud. a los muertos? Analice su actitud hacia los muertos. ¿A qué se debe esto? ¿Cree que la cultura en general tiene influencia en nuestras creencias? ¿Cómo se efectúa dicha influencia?
4. **El espiritismo.** ¿Cree Ud. en el espiritismo? ¿En los médiums? ¿Es posible la comunicación con personas de siglos pasados? Explique su respuesta.

Las montañas, los barcos y los ríos del cielo

GERMÁN PINILLA

PREREADING ACTIVITIES

BASIC VOCABULARY

Nouns

el **barco** ship
la **bobería** foolishness, nonsense
el **desván** attic
la **estrella** star
el **huérfano** orphan
huérfano de padre fatherless child
el **hueso** bone
el **jamo** (*Cuba*), la **red** net
la **lagartija** small lizard
el **piso** floor
el **portal** porch
la **raya** line
el **trapo** rag
el **truco** trick

Verbs

aprovechar to take advantage of
arrancar to wrest, to snatch
asustar to scare
botar to throw away
brillar to shine, to gleam
brincar to jump
compartir to share
dejar to allow, to permit
dejar de to stop, to cease, to fail to
destrozar to destroy, to break into pieces
dibujar to draw
echar to throw
engañar to deceive
esconder to hide
masticar to chew
pegar to beat
pescar to fish
regañar to scold
rodar (ue) to roll

Adjectives

celoso(-a) jealous
mentiroso(-a) liar

(*continued*)

Useful Expressions

a punto de (+ *infinitive*) on the verge of (+ *infinitive*)

dejar tranquilo(-a) to leave alone

escalera de mano portable ladder

hablar bajito to speak softly

largo rato a long time

poder aguantarse to be able to hold back; to resist

ponerse bravo(-a) to get mad

ponerse cómodo(-a) to make oneself comfortable

por su culpa because of him/her/you

quedarse quieto to remain quiet; to remain still

quitar de en medio (*a uno*) to get rid of (*someone*); to get (*someone*) out of the way

seguir la corriente to go along with

tener que ver to have to do with

VOCABULARY USAGE

A. Select the word or expression in *Column B* closest in meaning or related logically to each term in *Column A*.

A	B
1. _____ huérfano	a. frente de la casa
2. _____ lagartija	b. triturar los alimentos con la boca
3. _____ portal	c. pedazo de tela viejo y roto
4. _____ trapo	d. sin padres
5. _____ masticar	e. línea
6. _____ raya	f. reptil
7. _____ desván	g. esqueleto
8. _____ hueso	h. parte más alta de una casa

B. Rewrite the following sentences in the past tense, using verbs from the Basic Vocabulary list that may be substituted for the underlined expressions below.

EXAMPLE: Me *dio un golpe* con la mano.
*Me **pegó** con la mano.*

1. La bola *rompió en pedazos* todo lo que estaba a su alrededor.
2. El golpe fue tan grande que *cayó dando vueltas* por la escalera.
3. No es fácil *sacar los peces del agua* con un jamo.
4. Me *dio mucho miedo* oír esas noticias.
5. Se lo *quitó de las manos con violencia.*
6. Mi padre siempre me *decía mentiras.*
7. Me *encerraba* en el desván para no verlos a ellos.

C. Rewrite the following sentences, using the Spanish equivalents of the words in parentheses.

1. El pobre huérfano (*spoke so softly*) que no pude oír lo que dijo.
2. Mira, Carlos, es necesario (*to go along with him*) porque Juan está completamente loco.
3. Mi padre (*wanted to get rid of me*) para quedarse con ella.
4. Mi mamá siempre llora (*because of him*).
5. El día que vi el barco volando (*I could resist no longer*) y fui a decírselo a mamá, sin darme cuenta de que papá estaba ahí.
6. Me dijo que cuando la encontré estaba (*on the verge of*) morirse de hambre.

COGNATES AND WORD FORMATION

Find the cognates of the following English words in *Las montañas, los barcos y los ríos del cielo.* Are there any false cognates?

1. unique
2. brave
3. certain
4. planets
5. constellations
6. figure
7. mountains
8. secret
9. to separate
10. crystal
11. velocity
12. to rob
13. rare
14. companion
15. problems
16. complete
17. nervous
18. tarántula
19. calm
20. content

The use of diminutives is quite common throughout the Spanish-speaking world, especially in Spanish America. Diminutives indicate: (1) a reduction of size, (2) a young or small person, or (3) friendliness or affection. The most commonly used diminutive suffix in Spanish America is **-ito, -ita.** Usually the last vowel of a word ending in **-a** or **-o** is dropped when **-ito(-a)** is added. In words ending in **-co(-a),** the **-qu** is substituted for **c** to maintain the strong sound of the consonant. If a word ends in a consonant other than **-n** or **-r, -ito(-a)** is added to the word as it is. If a word ends in **-n, -r,** or **-e,** the suffix **-cito(-a)** is added.

niño ⟶ **niñito**
puerco ⟶ **puerquito**
metal ⟶ **metalito**
mujer ⟶ **mujercita**

Write the diminutive of each of the following words.

1. hueso
2. escalera
3. chica
4. árbol
5. bola
6. bajo
7. ratón
8. blanco

Associations

Which expressions do you associate with the following descriptions?

Entonces fue que empezaron a pelear y mamá hasta lloró por su culpa. Cuando vi que ella estaba llorando, le di una patada a papá.

Entonces sentí una cosa muy rara dentro de la cabeza. Parecía que me hablaban, aunque no oía nada.

Comprendí que querían engañarme y que era mejor hacer lo que ellos me pedían.

Cuando le eché el jamo por poco me lo arranca de la mano, pero lo cogí bien duro y al poco rato dejó de brincar y de moverse.

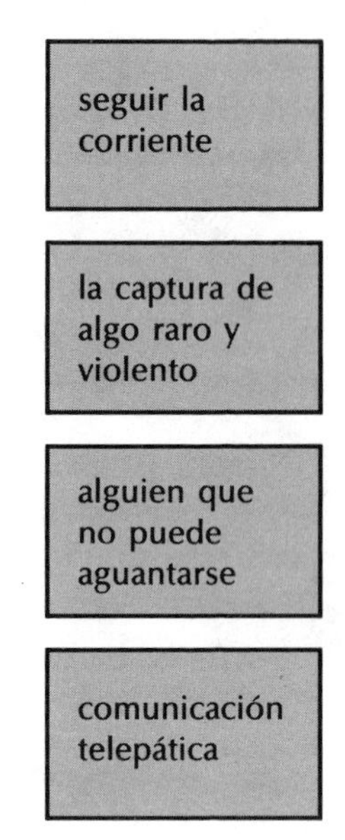

Anticipating the Story

Answer the following questions, trying to anticipate aspects of the story you are about to read.

1. ¿Qué le sugiere el título *Las montañas, los barcos y los ríos del cielo?* ¿Es posible ver montañas, barcos y ríos en el cielo? Explique.
2. ¿Cuál cree Ud. que es el tema de *Las montañas... ?* ¿Dónde puede tener lugar la acción?
3. ¿Qué tipo de personajes espera encontrar en el cuento? ¿Qué le sugiere el dibujo del niño sentado debajo de un árbol? ¿Qué está mirando?

Las montañas, los barcos y los ríos del cielo

GERMÁN PINILLA

Me llamo Juan, tengo once años y soy huérfano de padre. Todos mis amigos tienen padre y madre, pero yo soy el único huérfano del barrio. Hay un muchacho que hace poco se le murió un tío; pero un tío no es igual que el padre de uno.

Mi madre es muy buena conmigo y sé que me quiere mucho. Siempre cree todo lo que le digo y nunca me regaña. Cuando le conté lo del barco que volaba, me dijo que lo quería ver también y que la próxima vez quería salir para poder mirarlo conmigo. Mi padre se puso bravo cuando ella me dijo esto y se puso a pelear diciendo que no debía escuchar mis boberías, porque me iba a convertir en un mentiroso. Lo que pasa es que la gente, cuando crece, deja de ver ciertas cosas. Claro que ése no es el caso de mi mamá. A veces, cuando mi padre se quedaba hasta tarde en el trabajo, nos sentábamos en el portal y mirábamos las estrellas. Entonces mi madre me contaba cosas del cielo y los planetas y de como si uno dibuja unas rayitas de unas estrellas a otras, se forman las constelaciones, que son como el cuerpo de una figura. Yo nunca me acuerdo de los nombres que tienen las figuras, pero sí sé que algunas son como barcos y otras como montañas, y hasta hay una que se parece a un río. A veces pasábamos largo rato mirando estas cosas, pero cuando llegaba mi padre, mamá me dejaba solo y se iba a prepararle la comida, y entonces no veía ni las montañas, ni los barcos, ni nada.

Mi madre y yo no queríamos compartir estos momentos con papá. Era nuestro secreto. Pero el día que vi el barco volando no pude aguantarme y fui a decírselo, sin darme cuenta de que papá estaba ahí. Entonces fue que empezaron a pelear y mamá hasta lloró por su culpa. Cuando vi que ella estaba llorando, le di una patada; pero él, en vez de pegarme, nada más que me miró y se fue a su cuarto. Esa noche, cuando me acosté, mamá me dijo que lo que yo había hecho era muy malo y que mi padre estaba muy triste. Pero yo sabía que era mentira y que mi padre quería engañarla.

Durante unos días me dejaron hacer todo lo que quería. Hasta correr sin zapatos por el patio. Yo sabía que tenían algún plan

porque un día los oí hablando en la cocina de que iban a mandarme por un tiempo a casa de mi tía, en Camagüey.[1] Mi padre decía que era por mi bien, que allá podía jugar con mis primos. Pero es que él estaba celoso, porque sabía que mamá me quería
5 más que a él.

Tenía que hacer algo para no separarme de mi madre. Me senté a pensar debajo de la mata de mamoncillo[2] que está en el patio. Fue en eso cuando vi la bola.

No sé cómo llegó, pues nunca la había visto hasta ese mo-
10 mento. Era como de cristal y brillaba mucho y se movía a gran velocidad. Rodaba de un lugar a otro del patio, como buscando algo, y poco a poco se fue acercando al lugar donde yo estaba. Sin hacer ruido me levanté y corrí hacia el garaje. Sabía que papá tenía un jamo allí guardado para cuando iba a pescar. Con el
15 jamo podía cazar la bola. No me fue muy difícil hacerlo.

Cuando regresé al patio lo hice muy despacito[3] para no asustarla. Pude ver entonces que la bola también estaba cazando. En el tronco[4] del mamoncillo había una lagartija con la cabeza para abajo. La bola se le acercaba brillando cada vez más y la lagartija
20 movía el cuello, pero no huía. No sé qué tiempo estuve mirando; lo único que recuerdo es que de pronto la lagartija desapareció y la bola se quedó quietecita, poniéndose más grande y más chiquita. Estaba masticando, y hasta podía oír cómo partía los huesitos de la lagartija.

25 Cuando le eché el jamo por poco me lo arranca de la mano, pero la aguanté bien duro y al poco rato dejó de brincar y de moverse. Al fin pude darle vuelta y la bola quedó en el fondo del jamo. Su luz subía y bajaba, y por eso me di cuenta de que estaba muy cansada. Así que aproveché y corrí hasta la casa para
30 esconderla.

Mi casa es una casa antigua que tiene un desván al que se sube por una escalerita de mano desde el segundo piso. Allí es donde se guardan las cosas viejas, y algunas veces, cuando mi padre estaba en la casa, yo me metía allí a jugar. Llevé la bola
35 al desván y la puse en una caja vieja de zapatos, echándole primero un poco de algodón y algunos trapos para ponerla cómoda.

---

[1]**Camagüey** city in Cuba [2]**mata de mamoncillo** honey-berry tree [3]**despacito** slowly, softly [4]**tronco** trunk of a tree

Como no sabía si tenía hambre todavía bajé al patio y cogí dos o tres lagartijas. Cuando se las eché en la caja desaparecieron de la misma forma que la que ella había cazado. Entonces sentí una cosa muy rara dentro de la cabeza. Parecía que me hablaban, aunque no oía nada. Pensé que me llamaban y bajé, pero mi padre y mi madre estaban conversando en la cocina y cuando entré se callaron. Mi madre se me acercó y me abrazó, preguntándome si no me aburría solo en la casa. Yo le dije que no y por poco le cuento lo de la bola, pero me aguanté porque papá estaba ahí y a lo mejor me la botaba.

—¿Quieres ir a casa de tu tía por unos días? —me preguntó papá.

—No quiero ir a ningún lado. Estoy bien aquí.

Mamá me dijo que allí podía jugar con mis primos y montar a caballo[5] y bañarme en el río. Le pregunté que si ella iba a ir conmigo y me contestó que ella tenía que quedarse para cuidar a papá.

—Entonces no voy —le dije a mi padre.

—Tienes que ir porque tu madre y yo nos vamos de viaje. Miré a mamá y me di cuenta que era verdad. Papá se la llevaba y quería quitarme de en medio. Salí corriendo de la cocina y subí al desván. Tenía que hacer algo. Quería robarse a mi madre.

Cuando entré al desván lo primero que hice fue buscar la bola. No estaba en la caja de zapatos y pensé que se había escapado, pero entonces la vi en un rincón.[6] Había crecido hasta casi el doble del tamaño que tenía cuando le dejé y me asusté un poco. Iba a salir corriendo cuando sentí lo mismo que un rato antes. Una cosa muy rara dentro de la cabeza. No sé por qué pensé que aquello tenía que ver con la bola. Me acerqué a ella y me di cuenta de que me hablaba. No con palabras, sino con aquello que sentía dentro de la cabeza. Me dio las gracias por las lagartijas y me dijo que cuando la encontré estaba a punto de morirse de hambre, porque ya casi no le quedaban fuerzas[7] para cazar. Venía desde muy lejos y se había perdido. No venía sola, pero sus compañeras habían muerto al llegar y ahora no sabía qué hacer. Le dije que si quería se podía quedar. Prometí traerle lagartijas y jugar con ella.

---

[5]**montar a caballo** to go horseback riding [6]**rincón** corner [7]**fuerzas** strength

Sentí una gran sensación de agradecimiento[8] y de cariño de parte de aquella cosa y casi me olvidé de lo que había dicho papá. De pronto me acordé. ¿Qué iba a hacer la bola durante mi ausencia? Pensé que a lo mejor no volvía nunca y entonces no iba a ver más a mi madre ni a mi bola. Ella pareció darse cuenta. Comenzó a brillar y a brillar que parecía que iba a estallar.[9] Sentí la pregunta: «¿Por qué iban a mandarme lejos?» Era la primera vez que tenía alguien a quien contarle mis problemas. Le dije cómo mi padre quería robarme a mi madre y cómo nunca creía nada de lo que yo decía. Ahora quería mandarme a casa de mi tía y entonces no íbamos a poder jugar juntos, ni yo le iba a poder traer lagartijas.

La bola pareció crecer más y más. Sentía dentro de mí el odio que crecía en la bola hacia mi padre. «Mátalo, mátalo», decía la bola dentro de mi cabeza. Parecía querer romperlo todo. Se revolvía en el rincón y destrozaba, nada más que de tocarlos, los trapos y palos viejos que estaban a su alrededor. «Mátalo, mátalo», repetía. En esto oí que me llamaban. Le dije a la bola que iba a volver más tarde, y bajé corriendo a la cocina, quitando antes la escalera que sube al desván.

Papá y mamá me esperaban muy sonrientes.[10]

—Queremos llevarte con nosotros en el viaje —dijo papá.

Yo sabía que aquello era un truco para tranquilizarme.

Seguramente íbamos a ir los tres a Camagüey, pero una vez allí me iban a dejar en casa de mi tía y ellos se iban a escapar a otro lugar difícil de encontrar. Pensé que era mejor seguirles la corriente. Miré a mamá y la vi muy sonriente. Comprendí que papá la había engañado por completo.

—¿Puedo llevar mi bola? —pregunté a papá.

—No te hará falta. Tus primos tienen toda clase de juguetes.

—Mi bola no es un juguete. Está viva.

Mis padres se miraron y mamá bajó la cabeza, dejando de sonreír.

—Ya estás otra vez con tus mentiras —gritó papá.

—No es mentira —dije llorando. —La encontré en el patio y le di lagartijas y si me mandas para Camagüey te va a matar.

---

[8]**agradecimiento** gratitude; **agradecer** to thank, to show gratitude
[9]**estallar** to explode, to burst [10]**sonriente** smiling

Cuando mamá oyó esto se levantó y le dijo a papá que me había puesto nervioso y que era mejor dejarme tranquilo, que a lo mejor había encontrado cualquier cosa en el patio y que ya se me iba a pasar. Papá dijo que sí, que a lo mejor era una tarántula o una cascabel, pero parecía más calmado.

—Está bien, puedes llevar tu bola —dijo.

Yo no podía creerlo. Mi padre sonreía y mamá estaba de lo más contenta.

—Ven a verla. La tengo en el desván.

Papá no se decidía, pero mamá le sonrío y le habló bajito.

—Bueno, vamos.

Subí corriendo la escalera y esperé a papá en el segundo piso. Cuando lo vi venir y le miré la cara, me di cuenta de que me había engañado otra vez. No creía en mi bola ni en nada. Lo estaba haciendo nada más que para engañar a mamá.

—Tú no crees en mi bola, ¿verdad?

—Sí, hijo, sí. De verdad.

«Bola, bola», pensaba yo, «no me cree, me ha engañado».

—¿Aquí? —preguntó, siguiendo la corriente.

—No, en el desván. Sube —le dije, —allí está la escalera.

La apoyó contra la pared y subío. Yo lo seguí. Cuando entró en el desván cerré la trampa que servía de puerta[11] y quité la escalera, quedándome abajo. Oí cuando me llamaba, pero no contesté. Y entonces sentí a mi bola. Y a mi padre gritando, pero los gritos no se oían abajo. De pronto supe que todo había terminado. Ya no me iba a ir a Camagüey ni mi padre se iba a llevar a mi madre. Bajé a la cocina y la encontré preparando la comida. Me preguntó por papá y le dije que en seguida venía. Le pedí ir al portal para mirar las estrellas.

Salimos y nos sentamos en el portal como hacíamos siempre y entonces me enseñó las montañas y los barcos y los ríos que hay en el cielo.

—Mami —le dije, —mañana te voy a enseñar mi bola. Te va a gustar mucho.

Me abrazó, me dio un beso y me quedé dormido.

---

[11]**trampa que servía de puerta** trapdoor

POSTREADING ACTIVITIES

READING COMPREHENSION

A. Change the statements that are incorrect to make them agree with the story.

1. El padre de Juan nunca lo regañaba, y por eso Juan lo quería mucho.
2. Cuando las personas crecen no pueden ver muchas cosas que veían cuando eran niños.
3. Por extraño que parezca, Juan quería compartir sus secretos con su padre.
4. Cuando vio que su despiadado padre lloraba, le dio en seguida una patada a su madre.
5. Juan estaba receloso porque sus padres querían mandarlo por un tiempo a casa de su tía.

B. Answer the following questions about the story.

1. ¿Cuándo vio Juan la bola por primera vez?
2. ¿Dónde se sentó Juan a pensar? ¿Por qué?
3. ¿Cómo se dio cuenta Juan de que la bola estaba cansada?
4. Haga una descripción de la casa de Juan.
5. ¿Qué es un desván? ¿Qué significado adquiere en el cuento?
6. ¿Qué hacía Juan cuando su padre estaba en la casa? ¿Dónde se escondía? ¿Qué indica su actitud?
7. ¿Por qué cree Juan que su padre quiere quitarlo de en medio?
8. ¿Qué le promete el niño a la bola?
9. ¿Qué explicaciones le da la madre al padre para que deje al niño tranquilo?
10. ¿Cómo reacciona el padre?
11. ¿Y el niño?
12. ¿Qué hizo Juan cuando su padre entró en el desván? Describa lo que puede haber pasado dentro del desván.
13. ¿Qué significa la bola en la vida de Juan? ¿Qué relación existe entre su aparición y los problemas que Juan tiene con su padre?
14. ¿Por qué cree Ud. que Juan quiere mostrarle la bola a su madre al final del cuento?
15. Relea el primer párrafo del cuento y trate de relacionarlo con los eventos que luego se narran.

STRUCTURES

A. Iba a + *Infinitive*

Rewrite the following sentences, changing the italicized verb form to **iba a** + *infinitive.*

EXAMPLE: Mi primo dijo que *venía* hoy.
*Mi primo dijo que **iba a venir** hoy.*

1. Mi padre pensaba que *era* un mentiroso.
2. Yo creía que ellos *jugaban* juntos.
3. Le dije a la bola que *volvía* más tarde.
4. Pensé que a lo mejor no *veía* más a mi madre.
5. Ellos me *dejaban* en casa de mi tía.

B. *Reflexive Constructions*

Reflexive verbs are conjugated with the reflexive pronouns (**me, te, se, nos, os,** and **se**). The reflexive pronoun precedes the conjugated form of the verb. It may also be attached to the end of an infinitive.

Nosotros **nos** levantamos.

Nos vamos a levantar.
Vamos a levantar**nos.**

Juan is talking to his psychiatrist about his recent problems. Answer the psychiatrist's questions, using the imperfect tense of the verbs in parentheses.

1. —¿Cómo se llama tu bola?
—Mi bola (llamarse) ___ _____ OM, pero hace varios días que no la veo.
2. —¿Te acuerdas de los nombres de las constelaciones?
—Ayer, (acordarse) ___ _____ de todas, pero ahora tengo dolor de cabeza y no recuerdo nada.
3. —¿No te aburres de jugar solo en el patio?
—No, nunca (aburrirse) ___ _____ cuando estaba solo. Ahora tengo compañía de vez en cuando.
4. —¿Qué haces en el desván?

—Ahora no hago mucho.... A veces juego o leo... , pero antes (quedarse) ___ _____ dormido si estaba muy cansado.

5. —¿Crees que tu bola es violenta?
—Bueno, al principio (revolverse) ___ _____ violentamente en el rincón y destrozaba los trapos, pero hace días que no la veo.
6. —¿Quieres llevarme a ver tu bola?
—¡No! ¡A mí no me gusta que nadie entre en el desván! Además, siempre que ella veía a alguien (ponerse) ___ _____ furiosa, y por eso creo que ha desaparecido.
7. —¿Qué comía la bola cuando tenía hambre?
—(Comerse) ___ _____ todas las lagartijas que le traía.
8. —¿Crees que tu bola va a volver pronto a visitarte?
—No. Anoche soñé que (irse) ___ _____ a ir a su planeta sin despedirse de mí, pero no me importa porque ahora tengo otro visitante extraterrestre a quien le encanta comer siquiatras.

C. *The Past Progressive Tense*

The imperfect tense of the verb **estar** may be combined with the present participle to form the past progressive tense.

El niño **miraba** las constelaciones.
El niño **estaba mirando** las constelaciones.

Juan is talking to his mother and listening carefully to her advice on how she improved her relationship with her father when she was a child. Read his statements and anticipate his mother's advice according to the example given below.

EXAMPLE: —Mi padre no quiere hablar conmigo. ¿Qué hago?
—Tienes que esperar el momento oportuno. Yo siempre trataba de hablar con mi padre cuando él estaba descansando.

1. —Mi padre no cree que mi bola caza lagartijas.
—Yo no hablaba de cosas extraordinarias con mi padre cuando él _____ el periódico.
2. —¡No quiero hablar más con mi padre! ¡Siempre está de mal humor!

—Yo te comprendo, pero en estos casos, yo siempre esperaba el momento oportuno en que mi padre se ____ con los chistes de mi madre para contarle mis boberías.

3. —Mi padre finge creerme, pero creo que lo hace para engañarme.
   —Yo a veces pensaba que mi padre me ____, pero después me di cuenta de que siempre me decía la verdad. Ten más confianza en él.
4. —¡No quiero jugar con mis primos, ni vivir con mi tía durante las vacaciones!
   —Yo tampoco quería ir de vacaciones sin mi madre, pero después comprendí que mi padre lo ____ por mi bien. Él quería lo mejor para mí.
5. —¿Por qué es que papá no quiere hablar conmigo cuando habla contigo?
   —A mi padre no le gustaban las interrupciones cuando ____ de cosas serias con mamá en la cocina.

WRITING PRACTICE

Write a composition of at least 100 words in length retelling the story from the point of view of the ball. Pay particular attention to the last scene in the attic. Your composition will be evaluated for grammatical accuracy and vocabulary usage.

COMMUNICATIVE ACTIVITY

Your instructor will ask you to discuss one of the following topics in Spanish. You may find it useful to practice your answers aloud before coming to class.

1. **La actitud de Juan hacia su padre.** ¿En qué momentos del cuento podemos notar su rencor? Dé ejemplos específicos.
2. **La obsesión de Juan.** ¿Cree Ud. que Juan está loco? ¿Necesita la ayuda de un siquiatra? ¿En qué consiste su problema? ¿Cómo lo solucionaría Ud.?
3. **Elementos irreales.** ¿Cuáles son los elementos irreales más importantes? ¿Ha visto Ud. alguna vez objetos extraterrestres? ¿Cree que existen los platillos voladores?

4. **Secretos entre padres e hijos.** ¿Debe haber secretos entre padres e hijos? ¿Cuándo? ¿Por qué? Dé ejemplos.
5. **El mundo de la ficción.** ¿Qué películas ha visto que tengan como tema encuentros con seres extraterrestres? Mencione algunos detalles del argumento. Si no ha visto películas de este tipo, ¿ha leído alguna tira cómica que ilustre el tema de niños con imaginación excesiva? ¿Cuál? Mencione varios episodios que ilustren las ocurrencias de la imaginación infantil.

El delantal blanco

Sergio Vodanovic

Prereading Activities

Basic Vocabulary

Nouns

el **aceite bronceador** tanning lotion
la **arena** sand
el **blusón** robe
el **blusón de toalla** terry-cloth robe
los **calzones** female underwear
la **carpa** tent
el **delantal** uniform, apron
la **faja** girdle
el **fundo** piece of real estate
el **inquilino** tenant; peasant
la **insolación** sunstroke
la **ola** wave
el **peinado** hairdo
la **pocilga** pigsty
la **riña** fight
la **tez** complexion
el **traje de baño** bathing suit

Verbs

aburrirse to get bored
aprovechar to take advantage of; to enjoy
arrendar (ie) to rent; to lease
atinar to hit upon
corregir (i) to admonish, to scold
desabrocharse to unfasten
despedir (i) to fire, to dismiss
forcejear to struggle
incorporarse to get up
quemarse to burn; to tan
raptar to kidnap
veranear to take a summer vacation
vigilar to watch over

Adjectives

acalorado(-a) hot; heated
espantoso(-a) horrible
taimado(-a) sly
tostado(-a) tanned

(continued)

Useful Expressions

a viva fuerza by sheer strength, brute force
arreglárselas to make do
bajar la vista to look down
con deleite with pleasure
hacer la corte to court
hojear to glance through
meter preso(-a) to put in jail
volverse loco(-a) to go crazy

VOCABULARY USAGE

A. Select the appropriate word or expression from the Basic Vocabulary above to complete each of the following sentences. Make any necessary changes.

1. La bañista extiende con mucho cuidado el _____ por sus piernas. El sol estaba muy fuerte y no quería quemarse demasiado.
2. Con ese _____ tan espantoso no pareces aristócrata. ¡Debes ir a otra peluquería!
3. Ella es de _____ muy blanca, pero ahora está tostada por el sol.
4. Cuando voy a la playa siempre llevo una _____, y si hace mucho sol, me meto en ella para no coger una insolación.
5. —Prefiero _____ en Acapulco.
   —Pues, yo voy a la Florida todos los veranos.
6. —¿No tienes nada debajo del _____?
   —Sí, tengo un traje de baño de dos piezas.
7. ¡Alvarito! No te metas al agua, que hay muchas _____ y es peligroso.
8. —¿Y cómo era su casa?
   —Bueno, la verdad es que era una _____. Siempre estaba muy sucia.
9. Ella es mi empleada y siempre tiene que llevar un _____ blanco y zapatos negros.

B. Give a short definition or explanation in Spanish of the following words.

1. calzones
2. faja
3. inquilino
4. fundo
5. arrendar
6. atinar
7. incorporarse
8. forcejear
9. despedir
10. aprovechar

C. Complete the following sentences, filling in the blanks with the appropriate expressions from the list below.

volverse loco(-a)	arreglárselas	hacer la corte
bajar la vista	meter preso	a viva fuerza

1. La mujer forcejea con la empleada y trata de quitarle el blusón ____.
2. Más de un jovencito te podría ____. Sería muy romántico, ¿verdad?
3. Lo voy a ____ porque es un criminal.
4. —¡Pero el sueldo es muy bajo!
   —Pues, va a tener que ____ porque no le pago un solo centavo más.
5. —¡Mira como da patadas y grita como una mujer histérica!
   —Creo que esa mujer ____. Hay que ponerle una inyección para calmarla y poderla llevar a un sanatorio.
6. No le puedo ver los ojos porque siempre ____ cuando le hablo.

Cognates and Word Formation

Scan the following edited excerpts from *El delantal blanco* and underline all the Spanish cognates you recognize. Circle any false cognates.

1. Es inútil corregirlo. Tiene una personalidad dominante que le viene de sus parientes.
2. En el número anterior de la revista, el duque le dijo a María que no había conocido a sus padres, y cuando no se conoce a los padres, es seguro que ellos son personas ricas y aristocráticas que perdieron a su primogénita cuando chica o la secuestraron.
3. Finalmente, el orden está establecido. Sobre ese problema no hay discusión. Ahora, distinguida señora, voy a hacer mi «footing» diario. Es muy conveniente a mi edad. Para la circulación, ¿sabe? Y usted quede tranquila. El sol es el mejor sedante. A sus órdenes, señora.
4. La empleada cambia de postura con displicencia. La señora toma la revista de la empleada y principia a leerla. En un comienzo hay una sonrisa irónica en sus labios que desaparece al irse interesando en la lectura.

ASSOCIATIONS

Which descriptions do you associate with the following passages?

¡Alvarito! ¡Alvarito! ¡No le tire arena a la niñita! ¡Métase al agua! ¡Alvarito, no! ¡No le deshaga el castillo a la niñita! Juegue con ella... Juegue...

Es detestable. Una mujer así no puede ser aristócrata como yo. ¿Y éste crees que puede ser el hijo de una persona de sangre azul? ¿Con esa nariz tan grande? ¿Con ese pelo? ¿Con esa ropa horrible? No, no son como yo.

Se desabrocha los botones del blusón, se lo quita, se pone aceite bronceador en todo el cuerpo y se tiende de espaldas sobre la arena para recibir el sol en la cara.

Mira algo y se ríe abiertamente; pasa a otra página y lee dos o tres frases; sigue pasando páginas y páginas hasta llegar a la foto de un gordo vestido de *smoking* que parece un hipopótamo con faja.

Dos jóvenes, una muchacha y un señor de apariencia distinguida se acercan a ver la riña. Una de las dos mujeres domina la situación manteniendo a viva fuerza a la otra mujer de espaldas contra la arena. La que está en el suelo se resiste, trata de escaparse y finalmente grita «te voy a mandar presa»... «esto me pasa por ser considerada... ¡suéltame!»

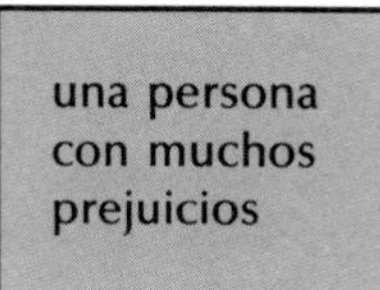

una persona
hojeando
una revista

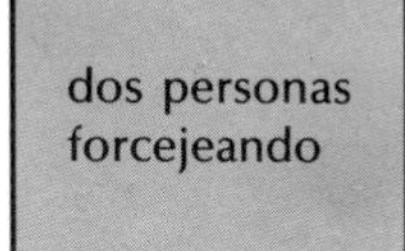

una persona
dando
órdenes

una persona
tratando
de tostar
la tez

ANTICIPATING THE PLAY

Answer the following questions, trying to anticipate aspects of the play you are about to read.

1. Estudie la ilustración que acompaña al drama y diga quiénes parecen ser los personajes principales. ¿Cómo están vestidos? ¿Dónde están? ¿Qué significado puede tener el título?
2. ¿Cómo se sabe que una persona es aristócrata? ¿Cree Ud. que hay ciertas características que permiten identificar a qué clase social pertenece una persona? Mencione varias.
3. ¿Cree Ud. que las telenovelas o fotonovelas son reflejo fiel de lo que sucede en la vida diaria? Explique.

El delantal blanco

SERGIO VODANOVIC

ACTO ÚNICO

La playa. Al fondo,[1] *una carpa. Sentadas frente a ella, la* SEÑORA *y la* EMPLEADA. *La* SEÑORA *lleva, sobre el traje de baño, un blusón de toalla. Su tez está tostada por un largo veraneo. La* EMPLEADA *viste su delantal blanco.*

La Señora: (*Gritando hacia su pequeño hijo que se supone está a la orilla del mar.*) ¡Alvarito! ¡Alvarito! ¡No le tire[2] arena a la niñita! ¡Métase al agua! ¡Está rica... ![3] ¡Alvarito, no! ¡No le deshaga el castillo a la niñita! Juegue con ella... Sí, mi hijito... , juegue... 5

La Empleada: Es tan peleador...

La Señora: Salió al padre...[4] Es inútil corregirlo. Tiene una personalidad dominante que le viene de su padre, de su abuelo, de su abuela... ¡Sobre todo de su abuela! 10

La Empleada: ¿Vendrá el caballero[5] mañana?

La Señora: (*Se encoge de hombros con desgano.*)[6] No sé. Ya estamos en marzo, todas mis amigas han regresado y Álvaro me tiene todavía aburriéndome en la playa. Él dice que quiere que el niño aproveche las vacaciones, pero para mí que es él quien está aprovechando. (*Se saca el blusón y se tiende a tomar sol.*) ¡Sol! ¡Sol! Tres meses tomando sol. Estoy intoxicada de sol. (*Mirando inspectivamente a la* EMPLEADA.) ¿Qué hace tú para no quemarte? 15 20

La Empleada: He salido tan poco de la casa...

La Señora: ¿Y qué querías? Viniste a trabajar, no a veranear. Estás recibiendo sueldo,[7] ¿no?

---

[1]**al fondo** in the background [2]**tirar** to throw [3]**está rica** it's great [4]**salió al padre** he is just like his father [5]**caballero** gentleman (*meaning husband*) [6]**se encoge.... desgano** she shrugs her shoulders unenthusiastically [7]**estás recibiendo sueldo** you're getting paid

La Empleada: Sí, señora. Yo sólo contestaba su pregunta. (*La* SEÑORA *permanece tendida recibiendo el sol. La* EMPLEADA *saca de una bolsa de género*[8] *una revista de historietas fotografiadas*[9] *y principia a leer.*)

5 **La Señora:** ¿Qué haces?

La Empleada: Leo esta revista.

La Señora: ¿La compraste tú?

La Empleada: Sí, señora.

La Señora: No se te paga tan mal; entonces, sí puedes com-
10 prarte tus revistas, ¿eh? (*La* EMPLEADA *no contesta y vuelve a mirar la revista.*) ¡Claro! Tú leyendo y que Alvarito reviente,[10] que se ahogue...[11]

La Empleada: Pero si está jugando con la niñita...

La Señora: Si te traje a la playa es para que vigilaras a Alvarito
15 y no para que te pusieras a leer. (*La* EMPLEADA *se incorpora para ir donde está* ALVARITO.) ¡No! Lo puedes vigilar desde aquí. Quédate a mi lado, pero observa al niño. ¿Sabes? Me gusta venir contigo a la playa.

La Empleada: ¿Por qué?

20 **La Señora:** Bueno... , no sé... Será por lo mismo que me gusta venir en el auto, aunque la casa esté a dos cuadras.[12] Me gusta que vean el auto. Todos los días, hay alguien que se detiene[13] para mirarlo y comentarlo... Claro, tú no te das cuenta de la diferencia. Estás acostumbrada a lo bueno... Dime... , ¿cómo es
25 tu casa?

La Empleada: Yo no tengo casa.

La Señora: No habrás nacido empleada, supongo. Tienes que haberte criado en alguna parte, debes haber tenido padres... ¿Eres del campo?

---

[8]**bolsa de género** cloth bag [9]**revista... fotografiadas** romance magazines illustrated with photographs [10]**que Alvarito reviente** to heck with him; who cares about him (*meaning that she is not taking good care of him*)
[11]**que se ahogue** let him drown (*sarcastically*) [11]**cuadra** block of houses
[13]**detenerse** to stop; to halt

La Empleada: Sí.

La Señora: Y tuviste ganas de conocer la ciudad, ¿eh?

La Empleada: No. Me gustaba allá.

La Señora: ¿Por qué te viniste, entonces?

La Empleada: A papá no le alcanzaba... 5

La Señora: No me vengas con ese cuento.[14] Conozco la vida de los inquilinos en el campo. Lo pasan bien. Les regalan una cuadra para que la cultiven, tienen alimentos gratis[15] y hasta les sobra[16] para vender. Algunos tienen hasta sus vaquitas... ¿Tu padre tenía vacas? 10

La Empleada: Sí, señora. Una.

La Señora: ¿Ves? ¿Qué más quieren? ¡Alvarito!, no se meta tan allá, que puede venir una ola. ¿Qué edad tienes?

La Empleada: ¿Yo?

La Señora: A ti te estoy hablando. No estoy loca para hablar 15 sola.

La Empleada: Ando en los veintiuno...[17]

La Señora: ¡Veintiuno! A los veintiuno yo me casé. ¿No has pensado en casarte? (*La* EMPLEADA *baja la vista y no contesta.*) ¡Las cosas que se me ocurre preguntar! ¿Para qué querías casarte? En 20 la casa tienes de todo: comida, una buena pieza,[18] delantales limpios... , y, si te casaras... ¿Qué es lo que tendrías? Te llenarías de chiquillos, no más.[19]

La Empleada: (*Como para sí.*) Me gustaría casarme...

La Señora: ¡Tonterías! Cosas que se te ocurren por leer his- 25 torias de amor en revistas baratas... Acuérdate de esto: Los príncipes azules ya no existen. No es el color lo que importa, sino el

---

[14]**no me vengas... cuento** don't give me that story [15]**gratis** free; for nothing [16]**sobrar** to have some left over [17]**andar... veintiuno** to be almost twenty-one [18]**una buena pieza** a good room [19]**te... más** you'd have a bunch of kids, nothing more

bolsillo.[20] Cuando mis padres no me aceptaban un pololito porque no tenía plata,[21] yo me indignaba, pero llegó Álvaro con sus industrias y sus fundos y no quedaron contentos hasta que lo casaron conmigo. A mí no me gustaba porque era gordo y tenía 5 la costumbre de sorberse los mocos,[22] pero, después, en el matrimonio, una se acostumbra a todo. Y se llega a la conclusión de que todo da lo mismo, salvo la plata.[23] Yo tengo plata, tú no tienes. Esa es toda la diferencia entre nosotras. ¿No te parece?

La Empleada: Sí, pero...

10 **La Señora:** ¡Ah! ¿Lo crees? Pero es mentira. Hay algo que es más importante que la plata: la clase. Eso no se compra. Se tiene o no se tiene. Álvaro no tiene clase. Yo, sí la tengo. Podría vivir en una pocilga y todos se darían cuenta de que soy alguien. No una cualquiera.[24] Alguien.

15 **La Empleada:** Sí, señora.

La Señora: A ver... Pásame esta revista. (*La* EMPLEADA *lo hace. La* SEÑORA *la hojea.*[25] *Mira algo y se ríe abiertamente.*) ¿Y esto lees, tú?

La Empleada: Me entretengo, señora.

20 **La Señora:** ¡Qué ridículo! ¡Qué ridículo! Mira a este roto[26] vestido de *smoking*. Cualquiera se da cuenta que está tan incómodo en él como un hipopótamo con faja. (*Vuelve a mirar en la revista.*) ¡Y es el Conde Lamarquina! ¡El Conde Lamarquina! A ver... ¿Qué es lo que dice el Conde? (*Leyendo.*) «Hija mía, no permitiré 25 jamás que te cases con Roberto. Él es un plebeyo. Recuerda que por nuestras venas corre sangre azul». ¿Y ésta es la hija del Conde?

La Empleada: Sí. Se llama María. Es una niña sencilla y buena. Está enamorada de Roberto, que es el jardinero del castillo. El 30 Conde no lo permite. Pero... , ¿sabe? Yo creo que todo va a terminar bien. Porque en el número anterior, Roberto le dijo a

---

[20]**bolsillo** pocket (*meaning money*) [21]**no... plata** wouldn't accept one of my boyfriends because he was not wealthy [22]**sorberse los mocos** to sniffle [23]**todo... plata** nothing matters except money [24]**cualquiera** a nobody [25]**hojear** to glance through [26]**roto** (*Chile*) common man; poor man; bum

María que no había conocido a sus padres, y cuando no se conoce a los padres, es seguro que ellos son gente rica y aristocrática que perdieron al niño cuando chico o lo secuestraron...

La Señora: ¿Y tú crees todo eso?

La Empleada: Es tan bonito, señora... 5

La Señora: ¿Qué es tan bonito?

La Empleada: Que lleguen a pasar cosas así.[27] Que un día cualquiera, uno sepa que es otra persona, que en vez de ser pobre, se es rica; que en vez de ser nadie, se es alguien...

La Señora: ¿Pero no te das cuenta que no puede ser?... Mira 10 a la hija... ¿Me has visto a mí usando alguna vez unos aros[28] así? ¿Has visto a alguna de mis amigas con una cosa tan espantosa? ¿Y el peinado? Es detestable. ¿No te das cuenta que una mujer así no puede ser aristócrata? A ver... ¿Sale fotografiado aquí el jardinero? 15

La Empleada: Sí. En los cuadros finales. (*Le muestra en la revista. La* SEÑORA *ríe divertida.*)

La Señora: ¿Y éste crees tú que puede ser el hijo de un aristócrata? ¿Con esa nariz? ¿Con ese pelo? Mira... Imagínate que mañana me rapten a Alvarito. ¿Crees tú que, por eso, va a dejar 20 su aire de distinción?

La Empleada: ¡Mire, señora! Alvarito le botó el castillo de arena a la niñita de una patada.

La Señora: ¿Ves? Tiene cuatro años y ya sabe lo que es mandar, lo que es no importarle los demás. Eso no se aprende. Viene 25 en la sangre.

La Empleada: (*Incorporándose.*) Voy a ir a buscarlo.

La Señora: Déjalo. Se está divirtiendo. (*La* EMPLEADA *se desabrocha el primer botón de su delantal y hace un gesto en el que muestra estar acalorada.*) ¿Tienes calor? 30

La Empleada: El sol está picando fuerte.[29]

---

[27]**que... así** that things like that happen [28]**aros** earrings [29]**el sol... fuerte** the sun is burning hot

La Señora: ¿No tienes traje de baño?

La Empleada: No.

La Señora: ¿No te has puesto nunca traje de baño?

La Empleada: ¡Ah, sí!

5 **La Señora:** ¿Cuándo?

La Empleada: Antes de emplearme. A veces, los domingos, hacíamos excursiones a la playa en el camión del tío de una amiga.

La Señora: ¿Y se bañaban?

La Empleada: En la playa grande de Cartagena. Arrendá-10 bamos trajes de baño y pasábamos todo el día en la playa. Llevábamos de comer y...

La Señora: (*Divertida.*) ¿Arrendaban trajes de baño?

La Empleada: Sí. Una señora que arrienda en la misma playa.

La Señora: Una vez nos detuvimos con Álvaro en Cartagena 15 a echar gasolina al auto y miramos a la playa. ¡Era tan gracioso! ¡Y esos trajes de baño arrendados! Unos eran tan grandes que hacían bolsas[30] por todos los lados, y otros quedaban tan chicos que las mujeres andaban con medio traste afuera.[31] ¿De cuáles arrendabas tú? ¿De los grandes o de los chicos? (*La* EMPLEADA 20 *mira al suelo taimada.*) Debe ser curioso... Mirar el mundo desde un traje de baño arrendado o envuelta en un vestido barato o con un uniforme de empleada, como tú. Algo parecido le debe pasar a esa gente que se fotografía para estas historietas: se ponen un *smoking* o un traje de baile y debe ser diferente la forma como 25 se sienten ellos mismos, como miran a los demás... Cuando yo me puse mi primer par de medias, el mundo entero cambió para mí. Los demás eran diferentes, yo era diferente y el único cambio efectivo era que tenía puesto un par de medias. Dime... , ¿cómo se ve el mundo cuando se está vestida con un delantal blanco?

---

[30]**hacer bolsa** to bag out (*meaning baggy swimming suits*) [31]**otros... afuera** the suits were so small that they revealed too much rear (*literally, "half the rear was hanging out"*)

La Empleada: (*Tímidamente.*) Igual... , la arena tiene el mismo color... , las nubes son iguales... Supongo...

La Señora: Pero no... Es diferente. Mira. Yo, con este traje de baño, con este blusón de toalla, tendida sobre la arena, sé que estoy en «mi lugar», que esto me pertenece. En cambio, tú, vestida como empleada, sabes que la playa no es tu lugar, y eso te debe hacer ver todo distinto.

La Empleada: No sé.

La Señora: Mira. Se me ha ocurrido algo. Préstame tu delantal.

La Empleada: ¿Cómo?

La Señora: Préstame tu delantal.

La Empleada: Pero... , ¿para qué?

La Señora: Quiero saber cómo se ve el mundo, qué apariencia tiene la playa, vista desde un delantal de empleada.

La Empleada: ¿Ahora?

La Señora: Sí. Ahora.

La Empleada: Pero es que... No tengo vestido debajo.

La Señora: (*Tirándole el blusón.*) Toma. Ponte esto.

La Empleada: Voy a quedar en calzones.

La Señora: Es lo suficientemente largo para cubrirte. Y, en todo caso, vas a mostrar menos que lo que mostrabas con los trajes de baño que arrendaban en Cartagena. (*Se levanta y obliga a levantarse a la* EMPLEADA.) Ya. Métete en la carpa y cámbiate. (*Prácticamente obliga a la* EMPLEADA *a entrar a la carpa y luego lanza al interior el blusón de toalla. Se dirige al primer plano*[32] *y le habla a su hijo.*) Alvarito, métase un poco al agua. Mójese las patitas siquiera... ¡Eso es! ¿Ve que es rica el agüita? (*Se vuelve hacia la carpa, y habla al interior de ella.*) ¿Estás lista? (*Entra a la carpa. Después de un instante, sale la* EMPLEADA *vestida con el blusón de toalla. Su aspecto ya difiere algo de la tímida muchacha que conocemos. Con*

[32]**primer plano** foreground

delicadeza se tiende sobre la arena. Sale la SEÑORA *abotonándose aún su delantal. Se va a sentar delante de la* EMPLEADA, *pero se vuelve de inmediato.*) No. Adelante no. Una empleada, en la playa, se sienta siempre un poco más atrás que su patrona. (*Se sienta sobre sus pantorrillas*[33] *y mira divertida en todas direcciones. La* EMPLEADA *cambia de postura con displicencia. La* SEÑORA *toma la revista de la* EMPLEADA *y principia a leerla. En un comienzo hay una sonrisa irónica en sus labios que desaparece al irse interesando en la lectura. La* EMPLEADA, *con naturalidad, toma de la bolsa de playa de la* SEÑORA *un frasco de aceite bronceador y principia a extenderlo con lentitud por sus piernas. La* SEÑORA *la ve. Intenta una reacción reprobatoria, pero no atina a decir sino...*) ¿Qué haces? (*La* EMPLEADA *no contesta. La* SEÑORA *opta por seguir la lectura, vigilando, de vez en vez, con la vista, lo que hace la* EMPLEADA. *Ésta se ha sentado ahora, y se mira detenidamente las uñas.*) ¿Por qué te miras las uñas?

La Empleada: Tengo que arreglármelas.

La Señora: Nunca antes te había visto mirarte las uñas.

La Empleada: No se me había ocurrido.

La Señora: Este delantal acalora.

La Señora: Lo sé. Los compré yo.

La Empleada: Le queda bien.

La Empleada: Le queda bien.

La Señora: (*Divertida.*) Y tú no te ves nada de mal con esa tenida.[34] (*Se ríe.*) Cualquiera se equivocaría. Más de un jovencito te podría hacer la corte... ¡Sería como para contarlo![35]

La Empleada: Alvarito se está metiendo muy adentro. Vaya a vigilarlo.

La Señora: (*Se levanta rápidamente y se adelanta.*) ¡Alvarito! ¡Alvarito! No se vaya tan adentro. Puede venir una ola. (*Recapacita de pronto y se vuelve desconcertada hacia la* EMPLEADA.) ¿Por qué no fuiste tú?

---

[33]**pantorrillas** calf of the leg [34]**y tú no... tenida** you don't look bad at all in that outfit [35]**sería... contarlo** that would be something to talk about!

La Empleada: ¿A dónde?

La Señora: ¿Por qué me dijiste que yo fuera a vigilar a Alvarito?

La Empleada: (*Con naturalidad.*) Usted lleva el delantal blanco.

La Señora: Te gusta el juego, ¿eh? (*Una pelota de goma,*[36] *impulsada por un niño que juega cerca, ha caído a los pies de la* EMPLEADA. *Ella mira y no hace ningún movimiento. Luego mira a la* SEÑORA. *Ésta instintivamente, se dirige a la pelota y la tira en la dirección en que vino. La* EMPLEADA *busca en la bolsa de la* SEÑORA *y se pone sus anteojos para el sol. La* SEÑORA *dice molesta.*) ¿Quién te ha autorizado para que uses mis anteojos?

La Empleada: ¿Cómo se ve la playa vestida con un delantal blanco?

La Señora: Es gracioso. ¿Y tú, cómo ves la playa ahora?

La Empleada: Es gracioso.

La Señora: ¿Dónde está la gracia?

La Empleada: En que no hay diferencia.

La Señora: ¿Cómo?

La Empleada: Usted con el delantal blanco es la empleada; yo con este blusón y los anteojos oscuros, soy la señora.

La Señora: ¿Cómo? ¿Cómo te atreves a decir eso?

La Empleada: ¿Se hubiera molestado en recoger la pelota si no estuviera vestida de empleada?[37]

La Señora: Estamos jugando.

La Empleada: ¿Cuándo?

La Señora: Ahora.

La Empleada: ¿Y antes?

La Señora: ¿Antes?

---

[36]**pelota de goma** rubber ball [37]**¿Se hubiera... empleada?** Would you have bothered to pick up the ball if you were not dressed like a maid?

La Empleada: Sí. Cuando yo estaba vestida de empleada...

La Señora: Eso no es un juego. Es la realidad.

La Empleada: ¿Por qué?

La Señora: Porque sí.

5 **La Empleada:** Un juego... , un juego más largo... , como el «paco-ladrón».[38] A unos les corresponde ser «pacos»; a otros «ladrones».

La Señora: (*Indignada.*) ¡Usted se está insolentando!

La Empleada: No me grites. La insolente eres tú.

10 **La Señora:** ¿Qué significa eso? ¿Usted me está tuteando?

La Empleada: ¿Y acaso no me tratas de usted?

La Señora: ¿Yo?

La Empleada: Sí.

La Señora: ¡Basta ya! ¡Se acabó este juego!

15 **La Empleada:** ¡A mí me gusta!

La Señora: ¡Se acabó! (*Se acerca amenazadoramente*[39] *a la* EMPLEADA.)

La Empleada: (*Firme.*) ¡Retírese![40] (*La* SEÑORA *se detiene, sorprendida.*)

20 **La Señora:** ¿Te has vuelto loca?

La Empleada: Me he vuelto señora.

La Señora: Te puedo despedir en cualquier momento. (*La* EMPLEADA *explota en grandes carcajadas como si lo que hubiera oído fuera el chiste más gracioso que jamás haya escuchado.*) ¿De qué te
25 ríes?

La Empleada: (*Sin dejar de reír.*) ¡Es tan ridículo!

La Señora: ¿Qué? ¿Qué es tan ridículo?

---

[38]**paco-ladrón** cops and robbers [39]**amenazadoramente** threateningly
[40]**retirarse** to move away

La Empleada: Que me despida... ¡Vestida así! ¿Dónde se ha visto a una empleada despedir a su patrona?

La Señora: ¡Sácate esos anteojos![41] ¡Sácate el blusón! ¡Son míos!

La Empleada: ¡Vaya a ver al niño! 5

La Señora: Se acabó este juego, te he dicho. O me devuelves mis cosas o te las saco.

La Empleada: ¡Cuidado! No estamos solas en la playa.

La Señora: ¿Y qué hay con eso? ¿Crees que por estar vestida con uniforme blanco no van a reconocer quién es la empleada 10 y quién la señora?

La Empleada: (*Serena.*) No me levante la voz.[42] (*La* SEÑORA, *exasperada, se lanza sobre la* EMPLEADA *y trata de sacarle el blusón a viva fuerza.*)

La Señora: (*Mientras forcejea.*) ¡China! ¡Ya te voy a enseñar 15 quién soy! ¿Qué te has creído? ¡Te voy a meter presa! (*Un grupo de bañistas*[43] *han acudido al ver la riña. Lo componen dos jóvenes, una muchacha y un señor de edad madura y de apariencia muy distinguida. Antes que puedan intervenir, la* EMPLEADA *ya ha dominado la situación manteniendo bien sujeta a la* SEÑORA *de espalda contra la arena. Ésta* 20 *sigue gritando «ad libitum»*[44] *expresiones como: «rota cochina», «ya te las vas a ver con mi marido»*[45]*... «te voy a mandar presa»... «esto pasa por ser considerada», etc.*)

Un Joven: ¿Qué sucede?

El Otro Joven: ¿Es un ataque? 25

La Jovencita: Se volvió loca.

Un Joven: Debe ser efecto de una insolación.

El Otro Joven: ¿Podemos ayudarla?

---

[41]**sácate... anteojos** take off those glasses [42]**no... voz** don't raise your voice to me [43]**bañistas** bathers, swimmers [44]**«ad libitum»** freely [45]**ya... marido** you will have to answer to my husband for this

La Empleada: Sí. Por favor. Llévensela. Hay una posta por aquí cerca...

El Otro Joven: Yo soy estudiante de medicina. Le pondré una inyección para que duerma por un buen tiempo.

5 **La Señora:** ¡Imbéciles! ¡Yo soy la patrona! Me llamo Patricia Hurtado. Mi marido es Álvaro Jiménez, el político...

La Jovencita: (*Riéndose.*) Cree ser la señora.

Un Joven: Está loca.

El Otro Joven: Sólo un ataque de histeria.

10 **Un Joven:** Llevémosla.

La Empleada: Yo no los acompaño... Tengo que cuidar a mi hijito. Está ahí, bañándose.

La Señora: ¡Es una mentirosa! ¡Nos cambiamos de vestido sólo por jugar! Ni siquiera tiene traje de baño... ¡Debajo del 15 blusón está en calzones! ¡Mírenla!

El Otro Joven: (*Haciéndole un gesto al* JOVEN) ¡Vamos! Tú la tomas por los pies y yo por los brazos.

La Jovencita: ¡Qué risa! Dice que la señora está en calzones... (*Los dos* JÓVENES *toman a la* SEÑORA *y se la llevan mientras ésta se* 20 *resiste y sigue gritando.*)

La Señora: ¡Suéltenme! ¡Yo no estoy loca! ¡Es ella! ¡Llamen a Alvarito! ¡Él me reconocerá! (*Mutis de los dos* JÓVENES *llevando en peso a la* SEÑORA.[46] *La* EMPLEADA *se tiende sobre la arena como si nada hubiera sucedido, aprontándose*[47] *para un prolongado baño de sol.*)

25 **El Caballero Distinguido:** ¿Está usted bien, señora? ¿Puedo serle útil en algo?

La Empleada: (*Mira inspectivamente al* CABALLERO DISTINGUIDO *y sonríe con amabilidad.*) Gracias. Estoy bien.

---

[46]**llevando en peso a la señora** carrying away the lady [47]**aprontarse** to prepare quickly

El Caballero Distinguido: Es el símbolo de nuestros tiempos. Nadie parece darse cuenta, pero a cada rato, en cada momento, sucede algo así.

La Empleada: ¿Qué?

El Caballero Distinguido: La subversión del orden establecido. Los viejos quieren ser jóvenes; los jóvenes quieren ser viejos; los pobres quieren ser ricos y los ricos quieren ser pobres. Sí, señora. También hay ricos que quieren ser pobres. Mi nuera va todas las semanas a tejer con las mujeres de poblaciones obreras... ¡Y le gusta hacerlo! (*Transición.*) ¿Hace mucho tiempo que está con usted?

La Empleada: ¿Quién?

El Caballero Distinguido: Su empleada.

La Empleada: (*Dudando. Haciendo memoria.*) Poco más de un año.

El Caballero Distinguido: ¡Y así le paga a usted! ¡Pretendiendo hacerse pasar por una señora! ¡Como si no se reconociera a primera vista quién es quién! (*Transición.*) ¡Sabe usted por qué suceden estas cosas?

La Empleada: (*Muy interesada.*) ¿Por qué?

El Caballero Distinguido: (*Con aire misterioso.*) El comunismo...

La Empleada: ¡Ah!

El Caballero Distinguido: (*Tranquilizador.*) Pero no nos inquietemos. El orden está restablecido. Al final, siempre el orden se restablece. Es un hecho. Sobre eso no hay discusión. Ahora, con su permiso, señora. Voy a hacer mi «footing» diario. Es muy conveniente a mi edad. Para la circulación, ¿sabe? Y usted quede tranquila. El sol es el mejor sedante. A sus órdenes, señora. (*Inicia el mutis. Se vuelve.*) Y no sea muy dura con su empleada. Después de todo... , tal vez tengamos algo de culpa nosotros mismos... ¿Quién puede decirlo? (*El CABALLERO DISTINGUIDO hace mutis. La EMPLEADA se tiende de espaldas para recibir el sol en la cara. De pronto, se acuerda de ALVARITO y se incorpora. Mira a ALVARITO con ternura, y con suavidad le dice.*)

La Empleada: Alvarito... Cuidado al sentarse en esa roca... , se puede hacer una nana...[48] Eso es, corra por la arenita... Eso es, mi hijito... , mi hijito... (*Y mientras la* EMPLEADA *mira con deleite maternal cómo* ALVARITO *juega a la orilla del mar, se cierra lentamente* 5 *el telón.*)

POSTREADING ACTIVITIES

READING COMPREHENSION

Answer the following questions based on the reading.

1. ¿Dónde tiene lugar la acción?
2. ¿Qué visten la señora y la empleada?
3. ¿Cómo es Alvarito? Justifique su respuesta.
4. ¿Por qué están todavía de vacaciones? ¿Qué opina la señora de esto?
5. ¿Por qué no está quemada la empleada? ¿Qué le critica la señora?
6. ¿Por qué le gusta a la señora que la vean con la criada?
7. ¿Por qué vino la empleada a la ciudad?
8. Según la señora, ¿cómo es la vida de los inquilinos en el campo?
9. ¿Cuántos años tiene la empleada?
10. ¿Por qué cree la señora que la empleada no debe casarse? ¿Qué le pasaría si se casara?
11. ¿Por qué casaron a la señora con Álvaro? Describa a Álvaro.
12. ¿Qué es lo más importante para la señora? ¿Se puede comprar? ¿Por qué?
13. ¿Qué lee la empleada? ¿Qué opina la señora? ¿Qué opina la empleada?
14. Describa a los personajes de la revista de historietas fotografiadas.
15. ¿Por qué opina la señora que su hijo ya sabe lo que es mandar?
16. ¿Qué hacían la empleada y sus amigos los domingos?

---

[48]**se puede... nana** you can hurt yourself

17. ¿Cómo describe la señora su experiencia en Cartagena?
18. ¿Qué relación existe entre los personajes de la revista y los amigos de la empleada que arriendan trajes de baño? ¿Qué opina la señora de ellos?
19. ¿Por qué piensa la señora que la empleada no está en su lugar en la playa?
20. ¿Por qué quiere la señora que la empleada le preste su uniforme?
21. Describa lo que hacen los personajes inmediatamente después de intercambiar la ropa.
22. ¿En qué momento específico comienzan a invertirse los papeles? ¿Qué le dice la empleada a la señora? ¿Cómo reacciona ésta?
23. ¿Qué función tiene la pelota que cae a los pies de la empleada?
24. ¿Por qué comienza la empleada a tutear a la señora?
25. ¿Por qué quiere la señora terminar el juego?
26. ¿Por qué no puede despedir a la empleada?
27. ¿Qué hace la señora cuando se da cuenta de que la empleada no la va a obedecer?
28. ¿Qué nuevos personajes entran en la acción?
29. ¿Por qué hace la señora referencia a los calzones de la empleada? ¿Qué función tienen en esta parte del drama?
30. ¿Qué opina el caballero sobre la subversión del orden?

STRUCTURES

A. *The Present Subjunctive Tense*

To form the present subjunctive, drop the **-o** ending of the first-person singular of the present indicative, and add the following endings:

-ar verbs: **-e, -es, -e, -emos, -éis, -en**
-er and **-ir** verbs: **-a, -as, -a, -amos, -áis, -an**

The following verbs are irregular in the present subjunctive:

dar ⟶ **dé, des, dé, demos, deis, den**
estar ⟶ **esté, estés, esté, estemos, estéis, estén**
haber ⟶ **haya, hayas, haya, hayamos, hayáis, hayan**
ir ⟶ **vaya, vayas, vaya, vayamos, vayáis, vayan**
saber ⟶ **sepa, sepas, sepa, sepamos, sepáis, sepan**
ser ⟶ **sea, seas, sea, seamos, seáis, sean**

Rewrite the following sentences, using the present subjunctive tense of the verbs in parentheses.

1. Si te traigo a la playa es para que (vigilar) _____ al niño.
2. No quiero que te (poner) _____ a leer ahora.
3. Me gusta que ellos (ver) _____ el auto y mi empleada.
4. El gobierno les regala una cuadra a los inquilinos para que la (cultivar) _____.
5. La empleada domina a la señora antes de que los bañistas (poder) _____ intervenir.

B. Familiar **Tú** *Commands*

In the following exercise, ask the subject of each sentence to do the opposite of what he/she is doing. Use object pronouns whenever possible.

EXAMPLES: Alvarito no va a la playa.
Alvarito, **ve** *a la playa.*
María no se quita el blusón.
María, ***quítatelo.***

1. Roberto no vigila al niño.
2. Leonor no se pone un vestido barato.
3. No compro medias.
4. Sandra no usa aceite bronceador.
5. No me tiendo sobre la arena.
6. Rosa no se desabrocha el primer botón.
7. No recojo la pelota del suelo.

In the following sentences someone informs you about his/her plans to do something. Tell the person not to do it until later, using object pronouns whenever possible.

EXAMPLES: Quiero jugar ahora.
No juegues *hasta más tarde.*
Pienso hacerte un castillo de arena.
No *me lo* ***hagas*** *hasta más tarde.*

1. Necesito meterme en el agua.
2. Quiero leer la revista de historietas fotografiadas.

3. Te tengo que poner el delantal.
4. Debo quitarme el traje de baño.
5. Pienso tirar la pelota de goma en aquella dirección.
6. Voy a ponerle una inyección a la criada.
7. Te voy a meter presa ahora mismo.

C. *The Future Tense*

As in English, the future tense is used in Spanish to express an action that is to occur some time after the present. The future is not used to express willingness, as it is in English. In Spanish this is expressed with the verb **querer.**

¿Quieres llamar a tus amigos?

The endings **é, -ás, -á, -emos, -éis, -án** are attached to the infinitive of regular verbs.

hablaré	*I will talk*
comerás	*you will eat*
viviremos	*we will live*

The following verbs have irregular stems in the future tense, but the endings remain the same.

Infinitive	Stem	Infinitive	Stem
decir	**dir-**	saber	**sabr-**
hacer	**har-**	salir	**saldr-**
poder	**podr-**	tener	**tendr-**
poner	**pondr-**	venir	**vendr-**
querer	**querr-**		

Complete the following sentences with the appropriate forms of the future tense of the indicated verbs.

1. Yo le (poner) _____ una inyección para que se duerma.
2. Nosotros no (permitir) _____ que te cases con un hombre sin dinero.
3. Él me (reconocer) _____ en seguida.
4. La empleada no (querer) _____ casarse con un roto.
5. Ellos (venir) _____ a la playa la semana entrante.

In Spanish, the future tense is also used to express conjecture or probability in the present.

—¿Qué hora **será?** —**Serán** las seis.
I wonder what time it is. *It is probably about six o'clock.*

Rewrite the following sentences, using the future tense of the italicized verbs to express probability.

1. *Es* por lo mismo que me gusta venir en el auto.
2. ¿*Viene* él a visitarnos?
3. ¿*Es* posible hacerse pasar por una persona de la alta sociedad?
4. ¿Qué *hace* el esposo durante el verano?
5. ¿Qué le *pasa* a la empleada al final?

D. *The Future Perfect Tense*

The future perfect tense is formed with the future of the auxiliary verb **haber** (**habré, habrás, habrá, habremos, habréis, habrán**) plus the past participle of the main verb. It is used to express a future action that is completed prior to another future action, or to express probability.

Yo **habré estudiado** mucho antes del examen.
I will have studied a lot before the exam.

Rewrite the following sentences, using the future perfect tense of the verbs in parentheses.

1. Tú no (nacer) _____ rica, ¿verdad?
2. Ellos (venir) _____ temprano.
3. Alvarito ya (jugar) _____ con la niña.
4. El esposo (regresar) _____ a la casa.
5. Uds. (ir) _____ temprano a la playa.

E. The Conditional Tense

The conditional is used in Spanish to express 1) an action in the future as viewed from a time in the past, 2) courtesy, or 3) probability in the past. The endings **-ía, -ías, -ía, -íamos, -íais, -ían** are attached to the infinitive of regular verbs. Verbs that have irregular stems in the future (see *Section C* above) use the same stems in the conditional.

hablar ⟶ **hablaría**
venir ⟶ **vendría**

Rewrite the following sentences, using the conditional tense of the verbs in parentheses.

1. La empleada me dijo que no (leer) _____ más fotonovelas.
2. La señora pensó que no (poder) _____ vivir en una pocilga.
3. ¿Qué le (decir) _____ el conde Lamarquina a su hija?
4. ¿Te (gustar) _____ bañarte conmigo?
5. ¿(Querer) _____ ponerte mis anteojos para el sol?

F. The Conditional Perfect Tense

The conditional perfect tense is formed with the conditional of the auxiliary verb **haber** (**habría, habrías, habría, habríamos, habríais, habrían**) plus the past participle of the main verb. It is used to express 1) what would have taken place had something else not happened, or 2) probability in the past.

Ella **se habría puesto** un vestido de baño, pero no tenía uno.
She would have put on a swimming suit, but she did not have one.

Translate the italicized words.

1. Cualquiera *se habría equivocado.*
2. Más de un jovencito *te habría hecho* la corte.
3. La señora no *se habría* puesto un vestido de baño arrendado.
4. El marido *habría venido,* pero estaba ocupado.
5. Nosotros *se lo habríamos preparado,* pero no vino a comer.

WRITING PRACTICE

Write a composition about a situation similar to the one in the play, *El delantal blanco,* where an exchange of identities brings out hidden resentments and prejudices. Use the vocabulary and grammar you have learned in this play. Your composition should be at least 120 words in length.

COMMUNICATIVE ACTIVITY

With a classmate, prepare one of the following situations to act out in front of the class. Try to make the dialogue as natural and lively as possible, using the new words and expressions learned in this unit.

1. Una esposa que permite que su hermana gemela se haga pasar por ella.
2. Una alumna que se hace pasar por profesora.
3. Un hombre rico que permite que un mendigo se haga pasar por él para no pagar impuestos.
4. Un hombre que se hace pasar por mujer para conseguir un empleo mejor.

REVIEW EXERCISES

A. Review the vocabulary and grammar studied in this unit. Then rewrite the following sentences, using the proper form of the words in parentheses.

Yo (llamarse) _____ Juan, tengo doce años y soy huérfano. Todos mis amigos tienen padres, pero yo soy el único huérfano del barrio. Mis padres (ser) _____ muy buenos conmigo y me querían mucho. Siempre (creer) _____ todo lo que les decía y nunca me (regañar) _____. Pero un día todo (cambiar) _____.

Recuerdo que les conté que había visto una (*little ball*) _____ que (comer) _____ lagartijas y que se comunicaba conmigo sin decirme nada. Cuando la (*little ball*) _____ se ponía brava (crecer) _____ y (comenzar) _____ a brillar mucho, parecía que (ir) _____ a explotar. Por eso les dije a mis padres que no (deber) _____ subir al desván, que era donde vivía la pelota roja. Mis padres pensaron que estaba loco y esta vez no quisieron creer nada de lo que les decía. Ellos (subir) _____ al desván para demostrarme que yo (ser) _____ un mentiroso. Yo (quedarse) _____ abajo lleno de miedo porque (saber) _____ que la pelota roja no quería ver a nadie de este mundo. De pronto (sentir) _____ un ruido muy fuerte y un olor penetrante. Comprendí que algo malo (haber) _____ pasado.

Ahora estoy aquí sentado en esta silla, (*waiting*) _____ con mucho miedo la llegada de las compañeras de la bola roja. Sé que van a venir, pero nadie me cree. ¿Qué debo hacer?

B. *Vocabulary puzzle.* Provide the appropriate words, according to the cues given below.

1. Un adjetivo que comienza con **t** y significa lo opuesto de **pálido.**
2. Un verbo que comienza con **a** y significa lo opuesto de **divertirse.**
3. Un verbo que comienza con **d** y significa lo mismo que **echar del trabajo.**
4. Un sinónimo del sustantivo **uniforme.**
5. Un sinónimo del verbo **alquilar.**
6. Un sinónimo del verbo **regañar.**
7. Un sinónimo del sustantivo **pelea.**
8. Un sinónimo del adjetivo **horrible.**

C. Give the Spanish equivalent of the phrases in parentheses.

1. En el escenario se ve a dos mujeres y un niño, y (*in the background*) _____ se ve una carpa.
2. Alvarito, (*get into the water*) _____.
3. Juanito, (*do not give it to him*) _____.
4. En mi opinión, tienes que (*to take advantage of*) _____ las vacaciones.
5. Alvarito, (*do not look down when I'm talking to you*) _____.
6. (*That hairdo*) _____ es espantoso.
7. Señorita, ¿(*have you thought about getting married*) _____?
8. Bueno, (*something very interesting has now happened to me*) _____.
9. —Señora, ¿(*I wonder what time it is*) _____?
   —(It must be 2:00 p.m.) _____.
10. Creo que esa niña (*went crazy*) _____.
11. Esas constelaciones y estrellas en el cielo (*make me nervous*) _____.

12. (*I get angry when*) _____ veo a una mujer tan prejuiciada.
13. —(*Who'll that be?*) _____.
    —No tengo ni la más remota idea.
14. Me gusta que la gente (*see me in my car with my uniformed maid*) _____.
15. La empleada le dijo que (*she would not read*) _____ más ese tipo de fotonovelas.
16. (*Would you like to take a bath with me?*) ¿_____?
17. (*She would have done it*) _____, pero no sabía dónde tenía que ir.
18. (*I hope you will do it*) _____ con deleite.
19. (*Take off those glasses!*) ¡_____!
20. Dijo que (*wouldn't unfasten*) _____ su delantal blanco.

Part Four

Part Four presents the popular legend *Sangre en el umbral,* by the Argentinian writer Gustavo Martínez Zuviría (1883–1962), better known by his pseudonym Hugo Wast; *El Evangelio según Marcos,* by the Argentinian master of extended metaphors and universal themes, Jorge Luis Borges (1899–1986); and *El hombre de la rosa,* by Manuel Rojas (1896–1972), one of Chile's outstanding contemporary short-story writers.

Sangre en el umbral is based on popular legends that rural Argentinians have preserved about the bandit-hero Roque Carpio. While creating suspense around the elusive figure of Roque Carpio, this story is also a powerful drama of feminine determination.

Borges, the author who has created infinite labyrinths and complicated literary puzzles, manipulates a theme taken from the Bible to construct the plot of *El Evangelio según Marcos.* Even though in this story readers are plunged into a world of direct, recognizable allusions, the outcome of the plot and final destiny of the protagonist, given his skepticism in matters of religion, is quite ironic. *El Evangelio según Marcos* is one of eleven narratives that comprise *El informe de Brodie,* written in 1970.

El hombre de la rosa is an adapted version of a story by Manuel Rojas. His narrative is characterized by a vigorous and clear style that reveals the author's deep understanding of his characters' inner conflicts and emotions. *El hombre de la rosa* deals with a sorcerer's struggle to confess his magical powers to a priest who grants him the opportunity to prove his awesome faculties.

STUDY GUIDE

The following suggestions will facilitate your reading of the selections and prepare you for class activities.

1. Begin with the Prereading Activities, paying particular attention to the Vocabulary exercises and to the Association and Anticipating the Story sections.
2. Review the future tense, irregular comparative and superlative forms of adjectives, absolute superlatives, the imperfect subjunctive tense, formal commands, the conditional tense, the present participle with reflexive and object pronouns, the present subjunctive tense, uses of indicative versus subjunctive, *if*-clauses, and the perfect tenses of the subjunctive before reading the stories selected for this unit.
3. If you have problems, read the story a second time with the aid of the footnotes when necessary. Close the book and try to recall the main ideas in each story.
4. Prepare in advance for the Communicative Activity. Write down your thoughts on the topics chosen for discussion and practice saying them aloud several times in order to improve your oral proficiency.

Sangre en el umbral

HUGO WAST

Prereading Activities

Basic Vocabulary

Nouns

el **agujero** hole
el **alba** dawn
la **alpargata** sandal (*with canvas and hemp sole*)
el **anochecer** nightfall
el **arroyo** stream, small river
la **caña** reed
el **cañaveral** cane field
el **catre** cot, small bed
el **destierro** exile, banishment
el **elogio** praise, compliment
la **estancia** farm, estate, ranch
las **facciones** features
la **herradura** horseshoe
el **hogar** fireplace, hearth
la **huella** footprint
el **huésped** guest
la **leña** firewood
el **lindero** boundary, landmark
el **lujo** luxury
la **montura** saddle; trappings
la **mueca** grimace, wry face
la **oveja** sheep
el **paisaje** landscape
la **paja** straw
el **pozo** well
el **rastro** track; trace
el **solterón** old bachelor
la **solterona** old maid
la **suegra** mother-in-law
el **suegro** father-in-law
el **tallo** stem, stalk
el **techo** roof
las **tijeras** scissors
el **umbral** threshold

(*continued*)

Verbs

alejar to keep away from
amparar to protect
apearse to get off
cercar to fence in, to enclose
cosechar to harvest
desmayarse to pass out, to faint
empeñarse to be determined to
enfurecerse (zc) to rage; to get furious
ensillar to saddle
estremecerse (zc) to shiver, to shudder
guiñar to wink
halagar to gratify; to flatter
herir (ie, i) to wound
manejar to manage; to run
pisar to step on
resbalarse to slip; to skid
rezar to pray
ruborizarse to blush

Adjectives

agrio(-a) sour
amargo(-a) bitter
apacible peaceful
cuarentón(-a) in his/her forties
débil weak
deleitoso(-a) delightful
maduro(-a) ripe
moreno(-a) brunette, dark
ojeroso(-a) with dark circles under the eyes
triturado(-a) crushed
umbrío(-a) shady

Useful Expressions

a carcajadas heartily
  carcajada loud laughter
a medida que as; in proportion as
así que as soon as
cabeza hueca empty-headed
con tal de que provided that
de puntillas on tiptoe
dueña de casa housekeeper; mistress of the house
en el fondo at heart
en fin de cuentas after all
en mi vida never
hacerse el sordo to turn a deaf ear
ni más ni menos just like
patas arriba upside down
por el estilo like that
se me hace it seems to me
socorro help, aid, assistance
tener el derecho to have the right
variar el tema to change the subject

VOCABULARY USAGE

A. Select the appropriate word or expression from the Basic Vocabulary above to complete each of the following sentences. Make any necessary changes.

1. En la época de mis padres, si una mujer no se había casado a los treinta y cinco años se consideraba una _____. ¡Qué barbaridad!
2. —Oye, Midas, ¿cómo se llamaba la madre de tu mujer?
   —Mi _____ se llamaba Claudia.
3. Hay un _____ en el techo de paja y por eso entra tanta agua cuando llueve.
4. Me encanta la vida en el campo. A la hora de la siesta pongo mi catre cerca de un _____ de agua fresca y duermo como un rey.
5. —¿Es verdad que Pedro Pablo tiene una _____ en la Argentina?
   —Sí, y allí tiene miles de cabezas de _____.
6. No uso zapatos en el verano. Me gusta estar cómodo y ponerme unas _____.
7. Es mi tipo ideal: apacible, alta, bonita, de tez _____ y pelo negro.
8. Tienes que pisar con mucho cuidado. El suelo está mojado y puedes _____ y darte un golpe.
9. —Cuando me halagas diciéndome cosas bonitas y me guiñas el ojo, me _____ .
   —Es que eres muy tímida e inocente.
10. El caballo había perdido una _____ y no podía galopar más.
11. Ese arroyo es el _____ norte de mi propiedad. Al sur está completamente cercada.
12. ¿Quién habrá pisado ayer tarde en esta arena que ha dejado tan linda _____?
13. Como no tenía un cuchillo, María Juana le hería el pie con las _____ que le había dado su abuela.

B. Circle the word that does not belong to each group.

1. leña, hogar, quemar, umbral
2. tallo, caballo, caña, cañaveral
3. ojeroso, lindero, cercar, estancia, campo
4. manejar, montura, ensillar, herradura, galopar
5. arena, catre, pie, huella, rastro
6. madura, morena, rubia, negra, trigueña
7. amargo, agrio, dulce, triturado

C. Rewrite the following sentences, using the Spanish equivalents of the words in parentheses.

1. María Juana cocinaba y limpiaba la casa todos los días. Sólo a la hora de la siesta descansaba de las rudas tareas de (*mistress of the house*) ____.
2. María Juana, mi casa antes era una pocilga. Sólo tú la has puesto en orden. Antes andaba (*upside down*) ____ en manos de Leopolda.
3. Tus ojos denotan un alma ilusionada y profunda, pero (*it seems to me*) ____ que tú no eres capaz de hacer las cosas que yo pensaba.
4. Cuando Midas se quedó sin empleo en la ciudad, les dijo a sus amigos que estaba contento y que se iba para el campo. (*After all*) ____ en la ciudad nunca había tenido suerte, y en el campo podría hacer negocios y salir adelante.
5. María Juana no quería despertarlo. Se levantó con cuidado y, andando (*on tiptoe*) ____, salió hasta el patio.
6. Dice que está pensando en un negocio completamente nuevo. Yo sé, no obstante, que es algo (*like that*) ____ de lo que hizo la última vez.
7. Midas estaba empeñado en un negocio que, según sus cálculos, iba a tener gran éxito, (*provided*) ____ el viejo le ayudara económicamente.
8. —¡Señor Dios de los ejércitos! ¡Necesitamos ayuda!
   —(*Help*)! ¡____!

COGNATES AND WORD FORMATION

Carefully read the following excerpts from *Sangre en el umbral* and circle all the Spanish cognates you recognize.

1. Y en el espíritu poético de María Juana, que leyó la carta del viejo en un ardoroso día de verano, Inti-Huasi, con su higuera y su pozo de agua, apareció como un sitio deleitoso y umbrío.
2. Midas echaba una mirada de experto sobre las cosas, y se emocionaba, porque iba a tener que comenzar a poner sus ideas en contacto con las rudas realidades.
3. Por la ventana penetraba durante la noche el ardiente perfume del campo.
4. La abuelita vivía atormentada por el reumatismo, sentada en un confortable sillón mirando los animales del campo.
5. Pareció conmovido, como si aquella huella removiera sus sentimientos y sus memorias.

ASSOCIATIONS

Which words do you associate with the following statements?

¡Santo, santo, santo, Señor Dios de los ejércitos! ¡Jesús nos ampare!

Empujó con todas sus fuerzas, pero la puerta se abría más cuando el presidiario se apoyaba en ella. Oyó de nuevo su risa diabólica de hombre experimentado que está seguro de triunfar, pero que guarda la violencia para lo último. —¡No se canse, niña! ¡Si es inútil! Con un solo dedo la puedo vencer. ¡Mire!

Al llegar al bosque, se apeó y con un cuchillo le quitó las herraduras a su caballo. Como buen criollo, había pensado ya que podían seguirlo en la sierra, a causa de que sus huellas eran distintas a las de los demás.

Tenía un pozo de agua que era un hielo de fría, y una higuera que cubría el patio y lo protegía del sol de la tarde. A la hora de la siesta ponía su catre cerca del pozo y dormía como un rey.

Tuvo necesidad de esconder la emoción que le producía la vista de aquella hermosa muchacha. Ella se fue sin mirarlo y él quedó envenenado para siempre con una pasión tan fuerte como la muerte.

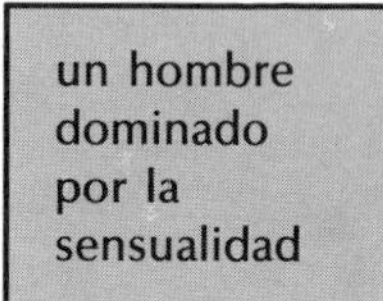

un lugar umbrío y apacible

una situación difícil para una mujer sola

una persona que no quiere que la rastreen

una persona religiosa pidiendo socorro

ANTICIPATING THE STORY

Answer the following questions, trying to anticipate aspects of the story you are about to read.

1. ¿Qué le sugiere el título *Sangre en el umbral?*
2. ¿Qué le sugiere el dibujo que acompaña al cuento? Describa el aspecto físico del hombre y trate de anticipar rasgos de su personalidad.
3. ¿Dónde cree Ud. que toma lugar la acción del cuento? ¿Por qué?
4. ¿Con qué asocia los nombres siguientes?
   a) Midas
   b) Roque Carpio
   c) María Juana
   d) Aquiles
   e) Héctor

Sangre en el umbral

HUGO WAST

I

Cuando Midas Ontiveros se quedó sin empleo, ni medio alguno de ganarse la vida en la ciudad, recorrió las casas de sus amigos para decirles lo contento que estaba.

—En fin de cuentas me han hecho un bien. En la ciudad 5 nunca he salido de pobre,[1] porque un empleado no tiene tiempo de hacer negocios. Ahora me voy al campo. Mi cabeza es un hervidero[2] de ideas de negocios.

Los amigos se alegraron de que así fuera.

Midas Ontiveros era viudo y cuarentón. Tenía una hija, María 10 Juana, que había dejado bastante lejos sus quince años[3] y era ya quien manejaba la casa. También tenía dos hijos menores, de seis y siete años, Aquiles y Héctor, y vivía con él su suegra, doña Claudia.

Él mismo dio a su familia la mala noticia.

15 —Nos iremos al campo. Un hermano de mi padre, el más viejo de los Ontiveros —don Pedro Pablo Ontiveros— es un solterón que anda cerca de los cien años, dueño de un establecimiento de campo[4] en la sierra, en Inti-Huasi. No tiene más parientes que nosotros, y será una felicidad para él que un día 20 caigamos en su casa[5] aunque sea haciéndole un agujero al techo.[6]

II

No habría sido difícil hacer un agujero en el techo de paja[7] de la casa de don Pedro Pablo Ontiveros. Pero no fue necesario

---

[1]**salir de pobre** to escape from poverty [2]**hervidero** swarm [3]**había... años** she was much older than fifteen [4]**establecimiento de campo** farm [5]**caigamos en su casa** if we drop in on him [6]**aunque... techo** although it may be through the ceiling (*humorous because of the preceding phrase,* ***caer en su casa***) [7]**techo de paja** thatched roof

entrar así. Desde años atrás, el viejo mismo había escrito a Midas invitándolo a pasar el verano en Inti-Huasi.

«No estarás con tanto lujo como en la villa —le escribía don Pedro Pablo —pero sí cómodo. Tengo un pozo de agua que es un hielo de fría, y una higuera, más vieja que yo, me cubre el patio. A la hora de la siesta pongo mi catre cerca del pozo y duermo como un rey.»

Con la lectura de dos o tres cartas así, germinó en el corazón de Midas Ontiveros la ambición de instalarse allá para administrar o explotar racionalmente aquella posesión que él llamaba «el establecimiento» de mi tío, sin animarse aún a llamarla «estancia».

Y en el espíritu poético de María Juana, que leyó la carta del viejo en un ardoroso día de verano, Inti-Huasi, con su higuera y su pozo de agua, que era un hielo, apareció como un sitio deleitoso y umbrío, en que por lo menos a la hora de la siesta, descansaría de las rudas tareas de dueña de casa.

III

El *break*[8] que los llevó desde Canteros hasta el patio mismo de Inti-Huasi penetró por una puerta de la rústica pared de piedra que cercaba el campo. Se apearon los viajeros bajo la sombra de la higuera.

—¡Hijos míos! —exclamó el viejo, abriendo los brazos para que se echaran en ellos Midas, María Juana y los chicos. Y cuando se apeó la abuela, se sacó el sombrero y dijo:

—No tardará mi higuera en tener higos. ¡Verá qué higos, señora!

Midas Ontiveros echaba una mirada de experto sobre las cosas, y se emocionaba, porque iba a tener que empezar a poner sus ideas en contacto con las rudas realidades. El viejo le dijo al oído:[9]

—He metido en el pozo, para que se refresque, una

---

[8]**break** a high, four-wheeled carriage [9]**al oído** confidentially

damajuana[10] de un vino que cosecha un amigo mío... ¡Verás qué vino!

El mediodía no estaba lejos, y Midas tenía sed, por lo cual respondió brevemente, como hombre ya preocupado por los negocios:

—¡Probemos ese vino!

Don Pedro Pablo vio que Leopolda, una criada vieja que le servía, se había encargado de hacer los honores a las mujeres, y que los chicos andaban en el corral, y que podían él y su sobrino llegar hasta el pozo sin ser vistos de nadie.

—¡Ven! —le dijo, haciéndole una guiñada inteligente.

Midas lo siguió, sin miedo a los perros, que le olían las botas.

Había comprado en la ciudad un traje de gaucho completo, creyéndolo más adecuado al lugar en que iba a vivir, y le sorprendía que su tío anduviera de pantalones y alpargatas, sin medias y con un saco de brin.[11]

El pozo estaba en medio de un cañaveral fresquísimo y verde, entre cuyos tallos profusos podía esconderse un hombre a caballo.

—Cuando no me lo comen las vacas en el invierno, este cañaveral es muy lindo —dijo don Pedro, levantando con exquisito cuidado la damajuana.

—¡Pero tío! —exclamó Midas. —¡Este cañaveral es una fortuna! En la ciudad, por una caña, cobran dos y tres pesos. Y usted debe tener aquí cuatro mil o cinco mil cañas. ¡Diez mil pesos!

—¿Cómo dices? —preguntó el viejo, sin suspender la interesante operación de acercar la damajuana.

—Tiene usted aquí diez mil pesos, por lo menos.

—¿Diez mil pesos?

—¡Por lo menos!

El viejo hizo una mueca desinteresada, porque en ese instante la damajuana aparecía arriba del brocal.

—¡Esta agua —dijo el viejo —es un puro hielo! ¿Qué te parece si nos sentamos aquí? En la casa andarán las mujeres de un lado a otro.[12]

---

[10]**damajuana** demijohn (*a large, narrow-necked bottle of glass or stone that holds from one to ten gallons of wine*) [11]**brin** coarse linen fabric [12]**en... otro** in the house the women must be all over the place

—Como quiera, tío —respondió Midas, que estaba haciendo números en una libreta.

Con la damajuana en la mano, se internó don Pedro Pablo en el cañaveral y se sentó en la tierra.

—Pero yo no tengo vaso aquí. A ti, ¿no te importará beber sin vaso? 5

—No, tío.

—No es muy pesada la damajuana —exclamó el viejo, empezando a beber.

¡Glu, glu, glu! cantó el vino por un largo rato, mientras Midas hacía números. 10

Cuando terminó de beber, bajó don Pedro la damajuana y se la entregó a su sobrino con esta filosófica observación:

—Así es mucho mejor, porque no se asusta uno mismo de lo que bebe.... 15

IV

El primer día, María Juana, que había dormido en un cuarto por cuya ventana penetraba durante la noche el ardiente perfume del campo, se despertó al canto de los pájaros.

—¿Tienen muchas jaulas de pájaros aquí? —preguntó a doña Leopolda, que preparaba el fogón[13] para encender fuego. 20

—No, niña; no tenemos ninguna.

—¿Y ésos que cantan?

—Son los pájaros de la higuera. Van a comerse los higos.

María Juana adquirió la costumbre de ir a la higuera en cuanto se levantaba, para recoger los higos maduros. Ponía los mejores en un plato y se los llevaba a la abuela. 25

Una mañana, cuando la niña recogía los higos, llegó don Pedro Pablo y le dijo:

—¿Qué pájaro tan grande y tan lindo me anda comiendo los higos? 30

María Juana se rió y besó la mano de su tío.

—Tu padre —le dijo don Pedro Pablo —se ha levantado

[13]**fogón** kitchen range, hearth, fireplace

haciendo números. Me parece que no quiere salir conmigo al campo. ¿Quieres venir tú?

—¿A pie?

—A caballo, en el caballo y con la montura de Midas.

A la puerta del corral estaban dos caballos ensillados. Uno tenía la simple y rústica montura de don Pedro Pablo; el otro tenía una lujosa montura mexicana; era el de Midas.

María Juana montó en ese caballo y siguió a su tío. Llegaron hasta lo más alto de las lomas.

—Tu padre es muy fantástico —iba diciendo a María Juana don Pedro Pablo. —Al principio yo le creí. En mi vida había vendido yo una caña; pero tantos cálculos me hizo, que le dejé cortar el cañaveral y hasta le di dinero para llevar la cosecha a Córdoba, donde le iban a pagar, según decía, dos pesos por cada caña.

—¿Y cuánto sacó? —preguntó María Juana.

—Creo que logró vender dos docenas de cañas. Las otras las mandó tirar. Ha perdido. Mejor dicho, he perdido yo muchos pesos.

—Se los ha de pagar, tío Pedro Pablo...

—¡Qué me ha de pagar, hijita! Ni me importa, si eso ha de servir para curarlo de fantasías. Aunque me parece que anda pensando en otro negocio por el estilo.

—En algo tiene que ocuparse.

—Mejor sería que no se ocupara de nada. ¿No le doy yo casa y comida? Y a ti quería hablarte de esto, hijita, porque eres más cuerda[14] que tu padre, según me va pareciendo. Tú sola has puesto en orden lo de adentro de mi casa, que andaba patas arriba en manos de Leopolda. Tal vez podrás también administrar un día lo de afuera.

—¿Un día?

—Sí, mi hijita, cuando yo me muera.

—¡Qué ideas se le ocurren, tío, en una mañana tan linda!

Estaban junto a una piedra plantada en lo más alto de la loma.

—Éste es el lindero de mis campos, que llegan hasta el arroyo. Allí hay otro lindero que forma cruz con éste.

---

[14]**eres más cuerda** you have more sense

Calló un momento el viejo y contempló a su sobrina, que desde su caballo miraba el paisaje.

María Juana tenía ojos azules, apacibles y purísimos, y aunque su tipo era más de morena que de rubia, ellos denotaban un alma ilusionada y profunda, pero dulce y tranquila. 5

Un chico, a pie, iba por el camino de la loma, detrás de unos burros cargados de leña.

Don Pedro se enfurecía cada vez que tropezaba con ese cuadro, porque la industria de la leña había desnudado los montes de la región, volviéndola más pobre y estéril. 10

Iba a decir algo, pero se quedó encantado viendo a su sobrina que, acercándose al muchacho, se puso a conversar con él.

—Si yo hubiera encontrado una mujercita como tú, hace sesenta años, ahora tendría biznietos.[15]

María Juana se ruborizó como si el elogio viniera de un joven. 15

Luego don Pedro Pablo dijo con tristeza:

—Pero se me hace que tú no eres capaz de hacer las cosas que yo pensaba.

—¿Por qué, tío?

—Has de tener menos energía que el cabeza hueca de tu 20 padre.

—Yo no sé cómo es mi padre —respondió melancólicamente María Juana, que empezaba a dudar de la capacidad de su padre para hacer negocios —pero ¿por qué piensa que yo no tengo energía? 25

—Tus ojos azules te denuncian, hijita. Una persona con ojos así, me parece que no es capaz sino de enamorarse y de llorar.

María Juana se echó a reír a carcajadas, y el viejo varió el tema.

—¿Ves aquella abra[16] en las montañas? Cuando el sol se 30 pone,[17] por esa abra pasa una gavilla[18] de rayos que van a caer justamente sobre aquellas casas blancas. ¿Las ves?

—Sí, tío. Canteros, ¿no?

—Canteros. Y ese rayo de sol, en diciembre, va siguiendo el lindero de mi campo. Si se perdieran los mojones[19] y se quemaran 35

---

[15]**biznieto** great-grandson [16]**abra** mountain gap, gorge [17]**cuando el sol se pone** when the sun sets [18]**gavilla** sheaf; **gavilla de rayos** beam of light [19]**mojón** landmark

todos mis papeles, con ese rayo de sol podría medir de nuevo la propiedad.

María Juana miró las cosas que le mostraba, y don Pedro Pablo sacudió de nuevo la cabeza:

5 —¡No, no, hijita! Con esos ojos azules no puedes tener energías para matar una mosca.

V

Estaban a la mitad del segundo verano en Inti-Huasi.

La abuelita vivía atormentada por el reumatismo, sentada en un sillón mirando las gallinas; don Pedro Pablo, haciendo viajes 10 al pozo, cuando imaginaba que nadie lo veía, para visitar la damajuana de aquel vino que estaba en el cañaveral, y tomar a su gusto.

Y era María Juana la que, poco a poco, iba poniendo en orden todas las cosas y haciéndolas rendir mejores productos. 15 Ella mandaba recoger los huevos del gallinero,[20] y al anochecer contaba las cabras,[21] que volvían a dormir en el corral.

Un día, Tiburcio, el criado, entró en el comedor, con el sombrero en la mano, y contó lo que había oído en la villa, de donde volvía con su burro.

20 —Dicen que ha venido al pueblo don Roque Carpio.

El viejo Ontiveros levantó la cabeza con un vivo movimiento de curiosidad, y murmuró:

—¿Pero ya han pasado los veinte años? ¡Bendito sea Dios! Y para explicar a sus huéspedes su disgusto, dijo:

25 —Ese hombre vuelve del presidio. Mató a su mujer por celos, de tan mala manera que sólo porque era un caudillo político muy querido no lo fusilaron. ¡Qué buen mozo[22] era entonces! No debía tener más de veintidós años, y se le creía capaz de tumbar[23] un toro bravo cogiéndolo por los cuernos.[24]

30 —¡Jesús nos ampare! —murmuró la vieja.

---

[20]**gallinero** chicken coop [21]**cabra** goat [22]**¡qué buen mozo!** what a handsome lad! [23]**tumbar** to knock down [24]**cuerno** horn

—No tenga miedo, señora. Es noble en el fondo. Yo conocí a su padre. Me debió algunos servicios, y él se ha de acordar.

Aquiles y Héctor se acostaron imaginándose aventuras en que tomaba parte aquel sombrío personaje.

Por los ojos azules de María Juana apenas pasó una leve sombra del miedo de su abuela, pero tuvo en la memoria el nombre de Roque Carpio.

VI

En la noche del 20 de diciembre se oyó ladrar a los perros, hacia el corral donde se encerraban las cabras.

—¡Tal vez sea el león! —dijo doña Leopolda asomándose a la puerta de su cuarto.

Don Pedro Pablo dormía como un tronco sobre su colchón nuevo, y no se movió. María Juana se levantó, y andando de puntillas salió hasta el patio.

—No es tarde todavía —pensó, mirando las sombras que la luz de la luna formaba en la tierra amarilla del patio. Dio algunos pasos, mas no logró saber por qué ladraban los perros.

VII

Aquella mañana, tres días antes de Navidad, un hombre, que parecía haber dormido bajo un árbol junto al arroyo, ensillaba tranquilamente su caballo.

Era un hombre en el vigor de la edad,[25] con una barba negrísima que le daba un aspecto inquietante, a pesar de que sus facciones eran finas y de que los detalles de su traje y de su montura no revelaban nada sospechoso. Las casas de don Pedro Pablo estaban a unos doscientos metros de allí, y él miraba a menudo hacia ellas, viendo el humo de su hogar levantarse en el aire, más allá del cañaveral.

---

[25]**en... edad** in the prime of life

Podía notarse su indecisión. ¿Llegaría? ¿Se iría sin saludar al dueño, a quién conoció años atrás?

—Éste era un lugar bueno para bañarse en los días calurosos —pensó Roque Carpio, contemplando el arroyo.

5 Una marca en la arena le llamó la atención. Se acercó un poco más y miró con curiosidad.

Era la huella de un pie, una huella fina, nítidamente[26] impresa en la arena.

—No es el pie de un niño —se dijo, —pero es un pie de-
10 licado; es un pie de mujer.

Pareció conmovido,[27] como si aquella marca removiera sus sentimientos y sus memorias.

No podía apartar los ojos de la arena del arroyo, y no oyó el ruido de unas cañas que se rompían, dando paso a un mu-
15 chacho; tampoco oyó el ruido de una piedra que, arrojada por el muchacho, se perdió en el bosque.

Sólo cuando el muchacho estuvo cerca dejó de mirar la huella del pie, y se acercó a su caballo.

Era Aquiles, que andaba persiguiendo loros, y que se le acercó
20 sin miedo, sin imaginarse quién fuera.

—Buenos días, chico. ¿Son éstas las casas del viejo Ontiveros?

—Ésas son. ¿Qué se le ofrece?

—Nada. Iba cruzando el camino, y como el caballo tenía sed, me acerqué al arroyo.

25 —Pero esto está cercado. ¿Cómo pudo entrar?

—Hay un portillo[28] en la cerca.

—¡Ah! Es cierto —exclamó Aquiles. —¿Quién es usted? Roque Carpio contestó con otra pregunta:

—¿Vive todavía don Pedro Pablo Ontiveros?

30 —Sí.

—Debe estar viejito.

—Así es.

—Yo lo conocí bien y fui su amigo.

Se callaron un instante. Roque Carpio volvió a mirar la huella
35 de aquel pie y no fue capaz de dominar su curiosidad.

—¿Quién habrá pisado ayer tarde en esta arena que ha dejado tan linda huella?

---

[26]**nítidamente** clearly [27]**conmovido** moved (*with emotion*) [28]**portillo** gate

—Mi hermana se bañó aquí ayer tarde.
—¿El pie será de ella, entonces?
—Así parece.
—¡Lindo pie!—exclamó Roque Carpio. —Su hermana ¿qué viene a ser de don Pedro Pablo?[29] 5
—Sobrina nieta.
—El viejo, cuando yo lo conocí, no tenía más que un sobrino, Midas Ontiveros.
—Es mi padre.
—Será entonces muy joven la dueña de este pie. 10
—Veinte años dicen que tiene.

Roque Carpio se quedó pensativo, contemplando siempre la huella.

Se oyó de nuevo ruido de cañas, y apareció Héctor por el medio del cañaveral, porque aquellos bandidos no sabían andar 15 sino por donde no había caminos, para mejor sorprender a los pájaros.

El ex presidiario montó a caballo y dijo:

—Más tarde pasaré a visitar a don Pedro Pablo. ¿Quieren decirle, chicos, que Roque Carpio le manda saludos? 20

Aquiles y Héctor casi se cayeron de espaldas. Esperaron hasta que la figura de aquel hombre desapareciera, y corrieron a las casas con la noticia.

VIII

Dos días después, la víspera de Navidad, los habitantes de la Sierra Alta, que descendían hacia Canteros para oír la misa del 25 gallo[30] a la media noche, vieron en el camino las huellas de un caballo herrado, y pensaron que el que andaba en él[31] no era de esos lugares, donde nadie se atreve a andar sino en mulas o en caballos sin herrar, para que no se resbalen.

—¡Va solo! —se dijeron los paisanos. —¿Cómo se habrá 30 animado a llegar hasta aquí sin un guía?[32]

---

[29]**¿qué... Pablo?** What (*relation*) is she to Don Pedro Pablo? [30]**misa del gallo** midnight Mass [31]**el que andaba en él** the person who was riding it [32]**¿cómo... guía?** how do you suppose he dared come this far without a guide?

Y se lo imaginaban perdido en aquel desierto de piedras amarillas, donde no se oye nada más que el ruido del viento, y de cuando en cuando el grito de algún animal hambriento.

Pensaban también que tardarían en ver que los cóndores 5 volaban en círculos, señal de que había un cadáver. Podía ser el hombre del caballo herrado, muerto de hambre en las soledades de la sierra.

Se equivocaban, sin embargo, porque Roque Carpio conocía perfectamente los senderos de aquellas sierras, y en el tiempo de 10 neblinas,[33] cuando el sol no se ve ni hay manera de encontrar los senderos borrados, sabía caminar por las montañas sin perderse.

Los veinte años pasados en la prisión no le habían hecho perder la memoria, y si montaba un caballo no nacido en aquellos 15 lugares, era porque no tenía otro, y no habría podido obtenerlo sin explicaciones.

Su intención fue cruzar la sierra para llegar a la pampa de San Luis, leguas y leguas de pastos, buenos para criar ovejas.

Llenó sus alforjas[34] de víveres y partió la noche del mismo 20 día que visitó a don Pedro Pablo.

Cuando anunció su visita, no lo esperó el dueño de la casa en la sala, ni siquiera en el corredor. Pusieron dos sillas a la sombra de la higuera y allí lo recibió, como si se tratara de alejarlo de la familia.

25 Roque Carpio notó el desdén[35] del viejo amigo de su padre, y no lo creyó injusto, porque un hombre que ha pasado veinte años en presidio no tiene derecho a ser recibido con los brazos abiertos.

Pero le dolió. Había ido como empujado por una fuerza 30 superior, con la ilusión de conocer a la que había dejado la huella en la arena del arroyo.

¿Cómo entró esa loca idea en su cabeza? Era su destino, seguramente, enamorarse de un modo incomprensible para los otros hombres. Así fue antes. Así volvía a ser ahora.

35 Poco faltó para que terminara su visita[36] sin lograr el propósito que lo llevó a la casa de Ontiveros. Mas el viejo notó que

---

[33]**neblina** fog, mist [34]**alforjas** saddlebags [35]**desdén** disdain, contempt
[36]**poco... visita** he almost finished his visit

su visitante parecía resentido, y quiso halagarlo ofreciéndole algunos higos, y llamó a María Juana, que los trajo en un plato.

Roque Carpio tuvo necesidad de apelar a toda su energía para no denotar la emoción que le produjo la vista de aquella muchacha. 5

Ella se alejó al momento, sin mirarlo, y él quedó envenenado para siempre con una pasión tan fuerte como la muerte.

—Me desprecian —se dijo al montar a caballo para no volver más a la casa de Ontiveros. —Y, sin embargo, si yo quisiera venir una noche, cuando el padre anda en el pueblo y el viejo duerme... 10 ¿Quien la defendería? ¿Sus perros? Me han dejado anoche dormir junto al corral de las cabras, y si quisiera entrar no ladrarían. Y ella, ¿qué podría decirme? Tiene ojos azules, como los de la Virgen. Se desmayaría no bien la tocara,[37] y yo podría llevarla donde nadie nos encontraría nunca. ¿Quién conoce mejor que 15 yo los caminos de la sierra?

Al alejarse de Inti-Huasi se fue debilitando la tentación. ¡Qué locura! A los cuarenta años, con la amarga experiencia de lo que cuesta un solo momento de extravío[38] no debía proceder como un muchacho. Ésa era la clara verdad, y puesto que en los pueblos 20 lo aislaban, buscaría otros lugares donde ganarse la vida.

La soledad sería buena amiga de su alma oscura, hecha al destierro.

Dio de comer a su caballo, mientras llenaba sus alforjas de víveres y tomaba en el último almacén del pueblo un vaso de 25 vino.

Cuando iba a salir del almacén, un hombre entró, y él se quedó, retenido por la curiosidad, hasta que supo que era Midas Ontiveros, y lo vio tomar un vaso de vino igual al suyo, ni más ni menos que los otros paisanos. 30

¿Por qué, pues, se creían con derecho a recibirle debajo de la higuera en aquella casa donde fue como amigo?

Recogió sus alforjas, ensilló su caballo y salió, sin dar a nadie noticias de su destino.

En dos días de buena marcha hubiera podido llegar al sitio 35 que imaginaba bueno para quedarse, criando ovejas, sin miedo

---

[37]**se... tocara** she'd faint the minute I touched her [38]**extravío** misconduct

al desierto, pero a medida que se alejaba se debilitaba su propósito.

Caminó por senderos poco conocidos, buscando las quebradas,[39] donde hallaría un poco de pasto para su caballo. A la hora en que el sol de diciembre estaba más alto, comió y descansó un poco. Por la noche durmió en las cuevas de los animales. De modo que no encontró a nadie en su marcha, pero estuvo más solo con sus pensamientos y la tentación.

¡Cosa increíble! Apenas conocía la voz de aquella muchacha, apenas la había visto junto al viejo, trayéndole un plato lleno de higos. Y si la viera de nuevo, no la reconocería, porque en su memoria no había quedado nada de ella, nada, sino la luz cobarde de sus ojos azules que no querían mirarlo. Solamente conocía bien la huella de su pie. Se estremecía al acordarse de aquella marca en la arena, y su sangre impetuosa hinchaba su corazón como un torrente. ¿Para qué le servía su fuerza?

Había en la sierra quebradas perdidas en el desierto de piedra, adonde no llegaban los hombres en busca de sus animales. Allí un hombre valiente podía vivir diez años sin que nadie turbara su paz. ¿Cuánto tiempo necesitaría para hacerse amar de una mujer que no tuviera otro amparo que su brazo, ni otra casa que la que él le hiciera en la quebrada?

Al tercer día se volvió, azotado[40] por aquellos pensamientos.

IX

Don Pedro Pablo pasó la tarde lavando con el agua de su pozo unas cuantas damajuanas que había tenido llenas de vino, y que ahora estaban vacías.

Midas lo ayudaba humildemente, no sólo porque eso era lo justo, ya que le había ayudado a vaciarlas, sino también porque andaba empeñado en un negocio que, según sus cálculos, iba a resultar en mucho oro, con tal que el viejo le ayudara con un poco de dinero para empezar.

---

[39]**quebrada** ravine [40]**azotado(-a)** whipped

Don Pedro Pablo se hacía sordo a los números, y volvía a su tema:

—Un amigo mío me va a vender vino, si hoy mismo le llevo las damajuanas. Esta noche iremos a la misa del gallo con la familia, y aprovecharemos el viaje para llevar las damajuanas en los burros.

El viejo estaba alegre, con la perspectiva de comprar el vino un poco más barato. Después de cenar mandó ensillar los caballos para ellos, los dos sobrinos y María Juana, y preparar los burros con las damajuanas.

La señora Claudia se quedó rezando en la casa, esperando la luna, acompañada de doña Leopolda.

—No me acostaré hasta que vuelvas —dijo a su nieta —La noche será clara, aunque la luna saldrá tarde.

En el camino encontraron muchos grupos de paisanos que iban al pueblo. No era posible reconocerlos en la oscuridad, y los saludaban sin nombrarlos.

La misa fue alegre, especialmente para María Juana, que tenía el espíritu infantil y a la vez religioso.

Cuando salió de la iglesia no halló en la plaza más que su caballo y los de sus hermanos.

Un viejo se le acercó y le dijo:

—Me encargó don Pedro Pablo que le dijera que podía volver sola, ya que conoce el camino, porque él iba con los burros y don Midas hasta la tienda de su amigo para comprar el vino.

María Juana vaciló un momento, pero al considerar las muchas personas que irían con ella por el camino, bajo una luna clara, montó en su caballo y partió al galope, acompañada de los muchachos.

Su abuela no se acostaría hasta que ella volviera. Quién sabe lo que su padre y su tío tardarían.

María Juana pensaba con tristeza que su padre iba perdiendo día a día su dignidad. Más de una vez había vuelto del pueblo al alba, y se había metido en la cama para dormir hasta después de la siesta.

Un hombre, desde la sombra de las acacias vio salir a María Juana y no tuvo necesidad de acercarse para escuchar lo que el paisano le decía; ya lo sabía.

Así que ella partió, montó él a caballo y salió al trote. En una quebrada, donde había un bosque, se apeó y con su cuchillo le quitó las herraduras a su caballo. Como buen criollo había pensado ya que un rastreador podía seguirlo en la sierra, a causa de que su rastro era distinto al de los demás.

Y volvió a montar.

X

María Juana llegó a Inti-Huasi sola con los muchachos. La abuela exclamó al verlos:

—¡Gracias a Dios! No dejaba de estar inquieta. Pero ellos, ¿se han quedado?

Contó María Juana lo ocurrido, mientras quitaba las monturas a los caballos.

Aquiles y Héctor se fueron a su cuarto, que estaba separado de los cuartos donde dormían los mayores.[41] Doña Leopolda se había retirado antes, y María Juana, que se caía de sueño, refería sin ganas a doña Claudia lo que vio en la iglesia.

Se acostaron luego las dos, y para que tío y sobrino pudieran entrar cuando llegaran, la joven no atrancó por dentro[42] la puerta de su cuarto, sino que la dejó entornada[43] y apuntalada con el travesaño.[44]

La luna se filtraba por aquella abertura, pintando en el piso del cuarto una estrecha banda que iba cambiando de posición.

La niña se durmió, pero los ojos de la abuela no se apartaron de aquella banda luminosa.

Todos los rumores de una noche clara y serena llegaban a ella por la abertura de la puerta. Estaba inquieta y no hubiera sabido explicar por qué.

De pronto, en el campo abierto, resonó el agrio chillido[45] de una lechuza.[46]

La vieja aguzó el oído.[47]

—Son ellos, que vuelven —murmuró.

---

[41]**los mayores** the grown-ups, the adults [42]**atrancar por dentro** to bolt from the inside [43]**entornado(-a)** ajar; slightly open [44]**apuntalada con el travesaño** propped with the crossbar [45]**chillido** shriek [46]**lechuza** screech owl [47]**aguzar el oído** to prick up one's ears

Casi en seguida ladraron los dos perritos que no habían querido seguir a don Pedro Pablo.

—Sí, son ellos —repitió la señora Claudia, y aguzó más el oído, esperando oír el ruido de los burros que llegaban al trote. Pero no oyó más que el ladrido de los perros, y, de pronto, el quejido de uno de ellos, que calló.

—Alguien ha errado el camino[48] —se dijo la vieja, —pero ¿por qué se han callado los dos perros?

De pronto se apagó en el suelo del cuarto la banda de luz que entraba por la abertura de la puerta.

—Es una nube que pasa —dijo la vieja, levantándose, —o es alguien que se ha detenido frente a la puerta.

La vieja se acercó a la cama de su nieta, y la halló despierta, con el corazón agitado.

—¿Ha sentido, mamita? Se han callado los perros, pero uno se está quejando.

Se sintió distintamente el rumor de una mano que trataba de quitar el travesaño.

—¡Jesús nos ampare! —exclamó la muchacha, saltando de la cama. —¡Cerremos la puerta, mamita!

Y se echó sobre la puerta con tal violencia que la mano, introducida por alguien, se retiró; se oyó un quejido y luego una voz que trataba de ser amable:

—¡Abra, niña! No me tenga miedo. Ahí vienen su papá y su tío.

Reconoció María Juana la voz de Roque Carpio, y se apoyó con todo el cuerpo sobre la puerta. En cuanto ella lograra cerrarla y meter una cuña[49] en un agujero que había a propósito en el umbral, no existiría fuerza humana que pudiera abrirla.

No retiró el travesaño que en ese momento servía de puntal,[50] y dijo con voz tranquila:

—Mamita, deme la cuña y ayúdeme a cerrar.

Se oyó una risa irónica.

—Pero no tenga miedo, niña, y ábrame.

La abuela, más muerta que viva, se arrastró, y dio a la niña una gruesa cuña de madera.

---

[48]**errar el camino** to take the wrong road [49]**cuña** wedge [50]**puntal** prop, support

—Si puedo meterla en el agujero —pensó María Juana —nos habremos salvado.

Empujó con más fuerza, pero la puerta obedecía cuando Carpio se apoyaba con fuerza en ella.

Oyó de nuevo su risa de hombre que está seguro de vencer, pero que guarda la violencia para el último extremo.

—¡Pero no se canse, niña! ¡Si es inútil! Con un solo dedo la puedo vencer. ¡Mire!

La abuela dio un grito de terror, porque de nuevo entró en la pieza el rayo de luna.

Se despertaron en eso[51] los muchachos y comenzaron a llorar, y su llanto se juntó al de doña Leopolda, que, comprendiendo que los asaltaban, se defendía en su cuarto.

Eso puso de mal humor a Roque Carpio, que hizo un potente esfuerzo y metió el pie en la abertura de la puerta.

María Juana se echó con desesperación sobre el puntal y lo clavó tan fuertemente en el piso de tierra, que pudo resistir un violento empujón del ex presidiario.

—¡Canejo con la muchacha![52] —murmuró entre dientes.[53] —¡Ábrame la puerta, o entro por la ventana!

La pobre muchacha tuvo un instante de desaliento[54] al ver entornada aquella ventana, que no tenía más reja[55] que unos débiles barrotes[56] de madera.

Su salvación estaba, no sólo en impedir que la puerta cediera, sino también en evitar que el bandido retirase el pie.

Tenía que mantenerlo preso.[57] Echóse con todas sus fuerzas sobre el puntal y oyó que el gaucho empezaba a quejarse de dolor y trataba de librar el pie.

La vieja rezaba, hincada,[58] con los brazos en cruz.

—¡Mamita! —le dijo en voz baja María Juana —¿No tiene un arma?

—Nada, hijita.

—¿Ni un cuchillo?

—Cuchillo de mesa, hija. ¡Santo Dios!

---

[51]**en eso** at that moment [52]**¡canejo con la muchacha!** great guns, that girl! [53]**murmurar entre dientes** to mumble, to mutter [54]**desaliento** discouragement [55]**reja** grating [56]**barrote** bar [57]**mantener preso(-a)** to keep prisoner (*she had to prevent him from going away*) [58]**hincado(-a)** kneeling

—Mamita: deme las tijeras. Venga, échese contra el puntal. Si pudiéramos meter la cuña en ese agujero del umbral, usted sola podría sostenerlo mientras yo hacía otra cosa.

Se acercó temblando doña Claudia, entregó las tijeras a María Juana y cayó como un cuerpo muerto sobre el puntal. 5

—¡Un poco más, un poco más, mamita!

Roque Carpio sufrió un horrible dolor en el pie, triturado por la firmísima puerta, y dio tan tremendo empujón que la sacudió, pero sin lograr que cediera.

—¡Ábrame, canejo! —exclamó con ira, y en ese mismo ins- 10 tante sintió que una hoja agudísima[59] se le hundía en el pie.

Lanzó un espantoso rugido y empezó a luchar desesperadamente por abrir la puerta, para librar el pie que María Juana le estaba hiriendo con las tijeras. Pero la puerta era como un tornillo[60] de hierro que parecía apretarse[61] más conforme[62] se le 15 iba hinchando el pie y llenándosele de sangre la bota.

A cada blasfemia de él, acompañada de empujones que sacudían hasta el techo de la pieza, María Juana daba una puñalada en aquel pie y contestaba en voz alta y firme a los rezos de la abuela. 20

—¡Señor, a mi socorro pronto atiende!

—¡Santo, santo, santo, Señor Dios de los ejércitos!

Ya no se oía el llanto de los muchachos y doña Leopolda, apagado por los rugidos de león del bandido martirizado de tan espantosa manera. Y eso duró toda la noche. 25

Ni don Pedro Pablo ni Midas volvían.

Habían dejado los caballos a la entrada del almacén, cuidados por Tiburcio, el peón, y bebían copa tras copa. El uno, sin apartarse de su costumbre, bebía vino; el otro, de cuanto[63] bebían los demás paisanos,[64] que lo estimulaban oyendo con una atención 30 no exenta de ironía sus magnos proyectos.

El alba tendió una bandera de púrpura[65] sobre la negra montaña.

Hacía largo rato ya que Roque Carpio había dejado de lamentarse. Su cuerpo yacía[66] junto al umbral cubierto de sangre. 35 Y todavía su pie estaba metido en la abertura de aquella puerta.

---

[59]**una hoja agudísima** a very sharp blade [60]**tornillo** vise, clamp [61]**apretarse** to tighten [62]**conforme** as, while [63]**de cuanto** of as many things as [64]**paisano** fellow countryman; peasant [65]**púrpura** crimson [66]**yacer** to lie

XI

Cuando, ya de día, llegaron a Inti-Huasi los burros cargados de damajuanas y tras ellos los dos Ontiveros echado el sombrero sobre los ojos para ocultar[67] la borrachera,[68] Tiburcio, con su vista de campesino, exclamó:

—¡Allá, bajo la higuera, está el caballo de don Roque Carpio!

Despertó el viejo y se apresuró, y junto con él galopó Midas. Viendo aquel cuerpo frente a la puerta del cuarto de María Juana, se miraron con pavor.[69]

Al rumor de los caballos salió Leopolda y luego los muchachos, y, por fin, se abrió la invencible puerta, apareciendo María Juana, ojerosa y amarilla, como quien no ha dormido; pero sañuda al ver a los dos hombres que la habían abandonado.

La abuela yacía desvanecida[70] al pie de la cama, y en un charco[71] de sangre estaban las tijeras abiertas.

XII

Tiempos después, una tarde, don Pedro Pablo cruzaba la plaza frente a la iglesia de Canteros. El cura, que cortaba las granadas[72] en el jardín de la casa parroquial, lo llamó.

—Justamente había pensado ir a su casa hoy.

—Mi casa y todo lo mío es suyo, señor cura. ¿En qué quiere que yo lo sirva?

—Un mozo ha visto a María Juana en la misa de los domingos y se ha enamorado de sus ojos azules, y me atormenta porque vaya a presentarlo a ustedes.

—¡Hum! —hizo el viejo. —¿Se ha enamorado de sus ojos azules? Y ¿qué piensa él que hay detrás de esos ojos? ¿Pensará lo mismo que yo pensé? ¿Le ha contado la aventura de Roque Carpio?

—Se la he contado.

—Pues desde ese día ella manda en casa. Vale más que todos nosotros juntos y las cosas van mejor.

---

[67]**ocultar** to hide [68]**borrachera** drunkenness [69]**pavor** terror, dread
[70]**desvanecido(-a)** in a faint [71]**charco** pool, puddle [72]**granada** pomegranate

—También lo sabía y se lo he dicho.
—Entonces, puede llevarlo cuando quiera.
—Mañana iremos.
—Está bien, señor cura. Le diré a ella que temprano corte los últimos higos de la higuera y haga unos quesos.[73] Yo pondré a refrescar un vino que compré durante la Navidad. 5

El cura, que reprobaba el vicio de don Pedro Pablo,[74] lo miró severamente. El viejo bajó la cabeza y dijo:

—Si yo hubiera encontrado hace muchos años una mujercita como ésa, hoy tendría biznietos... y no sería lo que soy. 10

El cura escogió las más hermosas granadas, llenó una canasta[75] y se la dio a Ontiveros.

—Llévesela en nombre del que mañana irá conmigo.

Y don Pedro Pablo, alegre con la noticia, partió al galope en su caballo. 15

POSTREADING ACTIVITIES

I-IV

READING COMPREHENSION

A. Answer the following questions based on the reading.

1. ¿Por qué estaba contento Midas Ontiveros?
2. ¿Cómo es Midas Ontiveros? Descríbalo.
3. ¿Quién es María Juana?
4. ¿Quién es don Pedro Pablo Ontiveros?
5. Haga una descripción de Inti-Huasi.
6. ¿Por que se emocionó Midas cuando llegó al «establecimiento»?
7. ¿Qué tenía el tío dentro del pozo? ¿Qué sugiere esto?
8. ¿Qué ideas se le ocurren a Midas cuando ve el cañaveral de su tío?
9. ¿Cómo es el traje de montar de Midas? Compare el traje de

---

[73]**queso** cheese (**de higos** fig paste) [74]**el vicio... Pablo** Don Pedro Pablo's addiction to wine [75]**canasta** basket

Midas con la ropa de don Pedro Pablo. ¿Podemos deducir algo de la personalidad de Midas a través de su ropa? ¿Por qué?
10. ¿Qué era lo primero que hacía María Juana por la mañana?
11. ¿Qué tipo de negocio hace Midas con el cañaveral? ¿Qué piensa don Pedro Pablo de Midas?
12. ¿Por qué cree don Pedro Pablo que María Juana es capaz de administrar la estancia? ¿Por qué cambia de opinión?
13. Describa a María Juana.

B. Change the statements that are incorrect to make them agree with the story.

1. María Juana, Midas y la familia entraron por un agujero en el techo de la casa de don Pedro Pablo.
2. María Juana acababa de cumplir quince años.
3. María Juana pensaba que Inti-Huasi iba a ser desagradable y caliente.
4. Don Pedro Pablo estaba muy interesado en los negocios que le proponía su sobrino.
5. El primer negocio de Midas tuvo mucho éxito.
6. La industria de la leña había hecho los campos más pobres.
7. Don Pedro Pablo podía medir los linderos de su propiedad siguiendo el recorrido de los rayos del sol.

STRUCTURES

A. *The Future Tense*

Rewrite the following sentences, using the future tense of the verbs in parentheses.

1. Tú no (estar) _____ con tanto lujo aquí como en la villa.
2. Nosotros nos (ir) _____ al campo a casa del tío Ontiveros.
3. Tú (ver) _____ qué vino más bueno tengo en esta damajuana.
4. Creo que ella (salir) _____ a coger más higos.
5. María Juana (ser) _____ una buena administradora.
6. Roque Carpio (venir) _____ hoy por la noche.
7. Los nietos no le (decir) _____ la verdad a su abuela.

Rewrite the following sentences, using the future tense to express doubt or probability.

EXAMPLE: ¿Cuándo viene?
¿Cuándo vendrá?

1. En la casa las mujeres andan de un lado a otro.
2. ¿Qué edad tiene María Juana?
3. ¿No te importa beber sin vaso?
4. Los muchachos corren por el corral.
5. ¿Puedes hacer las cosas que pienso?
6. Es muy joven entonces la dueña de este pie.
7. ¿Dónde están los higos maduros que dejé aquí?

After each statement, make a conjecture based on the cue.

EXAMPLE: Midas no tiene éxito en los negocios. (no es muy inteligente)
*No **será** muy inteligente.*

1. Toma mucho vino. (está muy triste)
2. Los muchachos andan jugando en los corrales. (no tienen nada que hacer)
3. La abuela no quiere levantarse temprano. (está enferma)
4. Roque Carpio quiere llevarse a María Juana. (no tiene escrúpulos)

B. Comparisons

The following adjectives have irregular comparative and superlative forms.

bueno ⟶ **mejor** **pequeño** ⟶ **menor**
malo ⟶ **peor** **grande** ⟶ **mayor**

Juan es **mejor** que Héctor.
Héctor es **peor** que Juan.

Mayor and **menor** denote age, while **grande** and **pequeño** convey size.

Age

Héctor es **menor** que Juan.	*Héctor is **younger** than Juan.*
Juan es **mayor** que Héctor.	*Juan is **older** than Héctor.*

Size

Héctor es **más grande** que Juan.	*Héctor is **bigger** than Juan.*
Juan es **más pequeño** que Héctor.	*Juan is **smaller** than Héctor.*

Rewrite the following sentences, using the appropriate irregular comparative or superlative.

1. Roque Carpio es el (*worst*) _____ hombre de esa región.
2. Midas tenía dos hijos (*younger*) _____.
3. Aquiles tenía seis años. Héctor tenía siete. Héctor era (*older*) _____ que Aquiles.
4. María Juana recogía los (*best*) _____ higos en un plato y se los llevaba a su abuela.
5. La hija era (*better*) _____ que el padre.
6. María Juana era la (*oldest*) _____ de la familia.
7. Aquiles era el (*smallest*) _____ de todos.
8. Héctor era (*bigger*) _____ que Aquiles.

Comparisons of inequality are used to indicate that two items being compared have unequal characteristics. The pattern in Spanish is **más** (or **menos**) + *adjective or noun* + **que.**

Héctor es guapo. Aquiles es feo.
Héctor es **más guapo que** Aquiles.

Combine the following pairs of sentences, using the first sentence as your basis for comparison, as in the example above.

1. María Juana es muy cuerda. Su padre es muy cabeza dura.
2. Don Pedro Pablo tiene mucha tierra. Midas no tiene nada.
3. Midas toma dos copas de vino. Don Pedro Pablo toma ocho.
4. María Juana recoge una docena de higos. Su hermano recoge sólo diez.

C. *Absolute Superlatives*

To form the absolute superlative of an adjective, drop the final vowel and add **-ísimo, -ísima, -ísimos,** or **-ísimas.** The absolute superlative means *most* or *very* and indicates the extreme in any category.

Ella es bella.
Ella es **bellísima.**

Rewrite the following sentences, changing the form of each italicized adjective to the absolute superlative.

1. La barba de Roque Carpio es *negra*.
2. Tenía una montura *lujosa*.
3. Sufrió un horrible dolor en el pie, triturado por la *firme* puerta.
4. También sintió que una hoja *aguda* se le hundía en el pie.
5. Ese lugar donde la llevó su tío era *muy alto*.
6. María Juana estaba *linda*.
7. El cañaveral era *muy fresco*.
8. María Juana tenía unos ojos *muy puros*.

D. *The Imperfect Subjunctive Tense*

To form the imperfect subjunctive tense, drop the **-ron** ending from the third-person plural of the preterit indicative and add the appropriate imperfect subjunctive endings. There are two different sets of endings for the imperfect subjunctive: **-ra, -ras, -ra, ′-ramos, -rais, -ran,** and **-se, -ses, -se, ′-semos, -seis, -sen.** The **-ra** ending is more common in Spanish America. The **nosotros** form requires a written accent: **comiéramos.**

hablaron ⟶ **habla + ra = hablara**
comieron ⟶ **comie + ra = comiera**
vivieron ⟶ **vivie + ra = viviera**

Don Pedro Pablo feels the need to talk to María Juana about what he has been planning to do with his property. Complete his statements, using the **-ra** form of the imperfect subjunctive tense of the verbs in parentheses.

Te traje de paseo por la estancia para que (ver) _____ hasta donde llegan los linderos de esta propiedad y para hablar contigo, porque he observado que eres mucho más cuerda que tu padre. Pensaba hablar con él, pero me pidió que no lo (molestar) _____ porque anda preocupado con otro de sus fantásticos negocios. ¡No pensaba que (ser) _____ tan cabeza hueca! Hace una semana me pidió que le (permitir) _____ hacer un negocio con el cañaveral y el resultado fue un desastre total. Siempre habla como si (poder) _____ convertir lo que toca en oro; vive en un mundo de fantasías y por eso (querer) _____ que tú te (ocupar) _____ de mis negocios de ahora en adelante.

V-VIII

Reading Comprehension

Answer the following questions based on the reading.

1. ¿Quién es Roque Carpio? Explique algo de su personalidad.
2. ¿De dónde vuelve Roque Carpio? ¿Por qué?
3. Haga una descripción del físico de Roque Carpio.
4. ¿Qué vio Roque en la arena? ¿Por qué le llama esto la atención?
5. ¿Cómo saben los habitantes de la Sierra Alta que hay un forastero en esos lugares?
6. ¿Cómo son los alrededores de Canteros?
7. ¿Qué intenciones tenía Roque cuando salió de la cárcel?
8. ¿Cuál era su destino?
9. ¿Cómo quiso halagar don Pedro Pablo a Roque?
10. ¿Qué reacción causa en Roque la presencia de María Juana? Explique el cambio efectuado en Roque.

Structures

A. *Commands*

Answer the following questions with affirmative formal commands.

EXAMPLE: —¿Entro? —*Sí, entre Ud.* —¿Se lo digo? —*Sí, dígaselo.*

1. ¿Abro?
2. ¿Le abro a Ud.?
3. ¿Se la doy a ella?
4. ¿La cierro?
5. ¿Traigo los higos?
6. ¿Me caso?
7. ¿Me echo contra él?
8. ¿La atiendo?
9. ¿La ayudo a Ud.?
10. ¿Se la llevo?

To express the idea of *let's . . .*, use the first-person plural form of the present subjunctive tense. The only exception is the affirmative **vamos** (*let's go*).

Comamos. *Let's eat.*

The idea of *let's . . .* can also be expressed by using **vamos a** + *infinitive.*

Vamos a comer. *Let's eat.*

Give the Spanish equivalent of the following sentences.

EXAMPLE: Let's close the door. Let's close it.
Cerremos la puerta. *Cerrémosla.*

1. Let's try that wine.
2. Let's give it to him.
3. Let's tell it.
4. Let's go.

Give the Spanish equivalent of the following sentences, using the **vamos a** + *infinitive* construction.

EXAMPLE: Let's help María Juana.
Vamos a ayudar a María Juana.

1. Let's listen.
2. Let's go to bed.
3. Let's go shopping with her mother-in-law.

B. The Conditional Tense

Rewrite the following sentences, using the conditional tense of the verbs in parentheses.

1. Él me dijo que (ir) _____ mañana al cañaveral.
2. Mi padre nos dijo que no (haber) _____ sido difícil hacer un agujero en el techo de paja de la casa del tío.
3. Mejor (ser) _____ que se ocupara de otras cosas.
4. Puesto que lo aislaban en el pueblo, (buscar) _____ otro lugar donde ganarse la vida.
5. La soledad (ser) _____ buena amiga de su alma oscura, hecha al destierro.
6. Estaba seguro que el negocio (resultar) _____ en mucho oro.

Rewrite the following sentences, using the conditional tense to express probability in the past.

EXAMPLE: Puso a refrescar un vino.
***Pondría** a refrescar un vino.*

1. Se fue sin saludar al dueño.
2. ¿Llegó hasta la casa?

3. ¿Por qué no ladraron los perros?
4. ¿Cuánto tiempo necesitó para hacerse amar de esa mujer?

Rewrite the following sentences, using the conditional tense to express a certain degree of courtesy.

EXAMPLE: Yo no hago eso.
*Yo no **haría** eso.*

1. ¿Quieres vivir en la sierra conmigo?
2. ¿Me permites bailar contigo en la fiesta?
3. Yo no le digo eso. No me parece prudente.
4. ¿Viene Ud. a mi casa?
5. ¿No puede Ud. ayudarme un poco?

C. *The Present Participle with Reflexive and Object Pronouns*

Reflexive and object pronouns follow and are attached to the present participle. An accent is required in this case so that the same syllable of the present participle is consistently stressed.

haciéndoselo
hablándoles

Supply the present participle of the verbs indicated in parentheses, placing the pronouns in their proper position.

1. Pedro Pablo Ontiveros le había escrito a Midas (lo—invitar) _____ a pasar el verano en Inti-Huasi.
2. ¡Ven!—le dijo el tío al sobrino, (le—hacer) _____ una guiñada inteligente.
3. Midas había comprado en la ciudad un traje de gaucho completo, (lo—creer) _____ más adecuado para el campo.
4. Don Pedro culpaba la industria de la leña por haber desnudado los montes de la región, (la—volver) _____ más pobre y estéril.
5. María Juana iba poniendo poco a poco las cosas en orden, (las—hacer) _____ rendir mejores productos.
6. Roque Carpio era capaz de tumbar un toro bravo (lo—coger) _____ por los cuernos.
7. Aquiles y Héctor se acostaron (se—imaginar) _____ aventuras en que tomaba parte Roque Carpio.

8. Doña Leopolda se levantó (se—asomar) ____ a la puerta de su cuarto.
9. Roque Carpio se quedó pensativo (nos—contemplar) ____ con cuidado.

IX-XII

Reading Comprehension

Answer the following questions based on the reading.

1. ¿Por qué estaba tan alegre don Pedro Pablo?
2. ¿Qué le dijo el viejo a María Juana?
3. ¿Quién escuchó la conversación? ¿Qué hizo después de que se apeó del caballo? ¿Por qué?
4. ¿Por qué dejaron las mujeres la puerta entornada?
5. ¿Qué sonidos escuchó la abuela? ¿Por qué son significativos?
6. ¿Cómo supo la abuela que algo o alguien se había detenido frente a la puerta?
7. ¿Por qué se echó María Juana sobre la puerta? ¿Qué se oyó inmediatamente después?
8. ¿Qué le pidió la joven a la abuela? ¿Con qué propósito?
9. ¿Por qué se puso Roque Carpio de mal humor?
10. ¿Por qué comprendió María Juana que su salvación estaba en no dejar que Roque Carpio retirara el pie?
11. ¿Qué utilizó María Juana para herir a Roque Carpio?
12. ¿Qué vieron don Pedro Pablo y Midas frente a la puerta?
13. Explique ahora el título del cuento.
14. ¿Qué le dijo el cura a don Pedro Pablo? ¿Qué le contestó éste?
15. ¿Cómo termina el cuento?

Structures

A. *The Present Subjunctive Tense*

Rewrite the following sentences, using the present subjunctive tense of the verbs in parentheses.

1. Será una felicidad que (Ud.—caer) ____ en su casa.
2. ¿En qué quiere Ud. que le (yo—servir) ____ ?

3. Le diré a María Juana que (hacer) ____ unos quesos.
4. He metido una damajuana en el pozo para que se (refrescar) ____ un poco.
5. Cuando (yo—morirse) ____ tú te encargarás de administrar los negocios.
6. Cuando el sol (ponerse) ____ regresaremos a la casa.
7. Hijita, espero que Jesús nos (amparar) ____.
8. Tal vez (ser) ____ el león.
9. No me acostaré hasta que (tú—volver) ____.
10. El mozo quiere que el cura (ir) ____ a presentarlo a María Juana.

B. The Imperfect Subjunctive Tense

Rewrite the following sentences, using the imperfect subjunctive tense of the verbs in parentheses. Use the **-ra** endings.

EXAMPLE: Su abuela se acostaría en paz si ella (volver) ____ temprano.
Su abuela se acostaría en paz si ella volviera temprano.

1. Don Pedro Pablo me encargó que le (decir) ____ que podía volver sola a la casa.
2. La salvación de María Juana estaba en impedir que la puerta (ceder) ____ y en evitar que el bandido (retirar) ____ el pie.
3. Si nosotras (poder) ____ meter la cuña en ese agujero del umbral, Ud. sola podría mantenerlo preso.
4. Si yo (haber) ____ encontrado una mujer como María Juana, hoy tendría biznietos.
5. Le sorprendía que su tío (andar) ____ de pantalones y alpargatas.
6. Mejor sería que no se (ocupar) ____ en nada.
7. María Juana se ruborizó como si el elogio (venir) ____ de un joven.
8. Si se (perder) ____ los mojones y se (quemar) ____ todos mis papeles, con ese rayo de sol podría medir de nuevo la propiedad.
9. Lo recibió debajo de la higuera como si (tratar) ____ de alejarlo de la familia.
10. Si la (ver) ____ de nuevo, no la reconocería.

C. *Indicative versus Subjunctive*

After reviewing the uses of both the present and the imperfect subjunctive, decide whether to use a form of the subjunctive or the indicative in the following sentences. Explain your choice briefly.

1. María Juana se defendió del hombre como si (era / fuera / sea) _____ una leona.
2. Creo que don Pedro Pablo (partió / partiera / parta) _____ al galope en su caballo.
3. Es probable que Roque Carpio (esté / está) _____ en prisión.
4. Es importante que Midas (venga / viene) _____ temprano a su casa.
5. Todos temían porque habían visto a Roque Carpio que (volviera / volvía /vuelva) _____ del presidio.

D. *If-Clauses*

When a clause introduced by **si** (*if*) expresses something that is hypothetical or contrary-to-fact, **si** is always followed by the imperfect subjunctive. The verb in the main clause is usually in the conditional.

Si tuviera dinero, no sería empleada.
If I had money, I would not be a maid.

However, when the *if*-clause makes a simple assumption or expresses a true or definite situation, **si** is always followed by a verb in the indicative.

Si Ana va a Santiago, yo voy también.
If Ana goes to Santiago, I will go too.

Como si (*as if, as though*) is *always* followed by the imperfect subjunctive because it indicates a contrary-to-fact situation.

Habla como si tuviera mucho dinero.
She speaks as though she had a lot of money.

Rewrite the following sentences, using the imperfect subjunctive or the present indicative tense of the verbs in parentheses.

1. Si tú (estar) _____ enamorada, no actuarías de esa manera.
2. Si Roque (tratar) _____ de atacarla, ella se defendería.

3. María Juana actúa como si (ser) _____ una mujer muy cuerda.
4. Héctor, si tú (sentarse) _____ en esa roca, te puedes caer.
5. Si tú (ponerse) _____ a trabajar en los campos de tu tío, ganarás mucho dinero.

E. The Perfect Tenses of the Subjunctive

The present perfect subjunctive tense is formed with the present subjunctive of the auxiliary verb **haber (haya, hayas, haya, hayamos, hayáis, hayan)** plus the past participle of the main verb. It is used when a present or future verb in the main clause controls a subjunctive verb that refers to a past action.

Es posible que haya comido ya.
It is possible that he has eaten already.

The pluperfect subjunctive tense is formed with the imperfect subjunctive of the auxiliary verb **haber (hubiera, hubieras, hubiera, hubiéramos, hubiérais, hubieran)** plus the past participle of the main verb. It is used when the action of the verb in the dependent clause was completed prior to the action of the verb in the main clause.

Ella no creía que la empleada lo hubiera hecho.
She didn't believe that the maid had done it.

Rewrite the following sentences, giving the Spanish equivalent of the words in parentheses. Use the present perfect subjunctive or the pluperfect subjunctive. Explain your choices.

1. La empleada explota en grandes carcajadas como si (*had heard*) _____ algo chistoso.
2. La empleada se tiende en la arena como si nada (*had happened*) _____.
3. Ojalá que él (*has done it*) _____.
4. No habría salido del agua si no (*had rained*) _____.
5. No creerá que nosotros (*have gone*) _____ a la playa.

Rewrite the following sentences, changing the verbs in italics to the present perfect subjunctive or the pluperfect subjunctive, as needed.

1. Es dudoso que Roque Carpio *comprenda* a María Juana.
2. El tío no sabrá nada hasta que no *vuelva*.
3. Era probable que el viejo *regresara* antes.
4. Ella nunca había creído que Roque hiciera tal cosa.

Complete the following sentences with your own ideas. Pay special attention to the verb in the **si** clause.

1. Si Roque Carpio no ____ no estaría ahora en la cárcel.
2. Si Midas Ontiveros no hubiera perdido el empleo ____.
3. Si don Pedro Pablo no hubiera ido a comprar el vino después de la misa de gallo ____.
4. Si tienes sed ____.
5. Si estudio mucho ____.

WRITING PRACTICE

Write a short essay of about 125 words describing María Juana's personality. Use some of the following words and expressions.

cuerda	valiente	lo de afuera
buena administradora	tímida	lo de adentro
ser capaz	muy trabajadora	cabeza hueca
tener energía	femenina	apacible
enamorarse	joven	purísimo
llorar	ojos azules	alegre
fuerte	valer mucho	

Communicative Activity

Prepare one of the questions listed below to discuss in class with two classmates. Once the topic has been thoroughly analyzed, your group should present a summary of the discussion to the class.

1. **La actitud de la sociedad hacia los ex presidiarios.** ¿Cree Ud. que un ex presidiario se puede reformar? ¿Le daría Ud. empleo a un ex presidiario? ¿Por qué? ¿Qué puede hacer la sociedad para ayudar a estos individuos?
2. **El simbolismo de los nombres en el cuento.** ¿Cree Ud. que es demasiado evidente? Explique.
3. **La manera de actuar de Midas.** Haga un análisis de la personalidad de Midas. ¿Ha conocido a alguien parecido a él?
4. **La valentía de María Juana.** ¿Qué pensaban de María Juana los personajes masculinos del cuento? ¿Creía Ud. que ella iba a actuar como actuó?
5. **Diferencias entre la vida del campo y la ciudad.** ¿Cuáles son las diferencias más notables entre la vida del campo y la vida de la ciudad? ¿Nota algunos estereotipos?

El Evangelio según Marcos

JORGE LUIS BORGES

PREREADING ACTIVITIES

BASIC VOCABULARY

Nouns

el **alivio** relief
el **analfabeto** illiterate person
el **ánima** soul
el **arca** ark
la **baldosa** tile
la **bondad** kindness
el **coraje** courage
el **cordero** lamb
la **creciente** flood
la **cruz** cross
el **Diluvio** Flood (*biblical*)
el **evangelio** gospel
el **Evangelio según Marcos** the Gospel according to St. Mark
el **firmamento** sky
el **forastero** stranger
la **gotera** leak
el **hecho** event
la **ira** anger
el **martillazo** blow with a hammer
la **mudanza** move
la **operación** business deal
el **Padrenuestro** Lord's prayer
el **puñetazo** punch, blow with the fist
el **rasgo** characteristic, feature
el **riesgo** risk
la **sobremesa** after-dinner conversation
el **temporal** storm
el **trueno** thunder
la **viga** beam

(*continued*)

Verbs

ahogar to drown
arder to burn
arrancar to tear out, to yank
asombrarse to be astonished
ausentarse to be away; to leave for
averiguar to look into, to ascertain
carecer de (zc) to lack
clavar to nail
clavo nail
desagradar to displease
desbordarse to overflow
desconfiar to distrust
equiparar to equate
escupir to spit
extrañar to miss
maldecir (*conj. like* **decir**) to curse
menospreciar to look down on
mimar to baby, to spoil
perdurar to persist
predicar to preach
quebrar (ie) to break
rezar to pray
soler (ue) to be accustomed to, to be in the habit of

Adjectives

abierto(-a) clear, broad
aindiado(-a) Indian-like
anegado(-a) flooded
descalzo(-a) barefoot
digno(-a) worthy
discutible questionable
huesudo(-a) bony
perezoso(-a) lazy
tosco(-a) coarse, uncouth

Useful Expressions

a lo sumo at the most
al fondo in the background
carecer de to lack
dar con to come across
estar harto(-a) to be fed up
exigir cuentas to demand an explanation
por las dudas just in case
tener en poco to think little of, not to think much of
venir de golpe to come up suddenly

Vocabulary Usage

A. Select the word that does not belong to each of the following groups.

1. anegado, ahogado, mojado, aindiado
2. viga, techo, baldosa, cordero, corredor
3. maldecir, desagradar, menospreciar, escupir, mimar
4. creciente, diluvio, sobremesa, temporal, tormenta
5. Padrenuestro, ánima, evangelio, estancia, cruz

B. Select the appropriate word or expression from the Basic Vocabulary to complete each of the following sentences. Make any necessary changes.

1. En la Biblia hay cuatro _____ que relatan la vida y la doctrina de Jesucristo.
2. Sus _____ más dignos fueron su facultad oratoria y su casi ilimitada bondad.
3. Los _____ más importantes de esta historia sucedieron en la estancia Los Álamos en los últimos días del mes de marzo de 1928.
4. Todas las noches rezaba el _____ y hacía la señal de la cruz.
5. No carecía de _____ cuando era necesario; una mañana había cambiado dos o tres puñetazos con un grupo de compañeros que querían obligarlo a hacer algo que no quería.
6. La conversación después de la comida es _____.
7. Una noche soñó con el diluvio bíblico, lo cual no era de extrañar. Los _____ de la fabricación del arca de madera lo despertaron y pensó que acaso eran truenos.
8. Como había un pequeño hueco en el techo, cuando llovía caía una _____ constante.
9. Como sabía algo de veterinaria, curó al _____ de la chica con unos antibióticos.
10. Debido a que eran _____, le pedían que les leyera el evangelio para así aprender sobre la vida de Jesucristo.

C. Find the verbs from the Basic Vocabulary list that may be substituted for the italicized expressions below. Make all necessary changes.

EXAMPLE: Baltasar era un mal jugador porque *no le gustaba* ganar.
Baltasar era un mal jugador porque ***le desagradaba*** *ganar.*

1. A lo largo de los años no *había roto* su promesa de rezar el Padrenuestro.
2. No *le faltaba* coraje; se defendía si era necesario.
3. Nunca *le gustaron* los franceses.
4. A los pocos días, Daniel tuvo que *irse* para cerrar una operación de animales.
5. Esa tarde el río *cubrió de agua las regiones cercanas.*
6. Cuando vio los campos anegados, pensó que la metáfora que *compara* la pampa con el mar no era del todo falsa.
7. Los gauchos *acostumbraban a* ignorar el año en que nacieron y el nombre del padre.
8. Los Gutre carecían de fe, pero en su sangre *persistía* la superstición de la pampa.
9. A Espinosa le encantaba *pronunciar un sermón* todos los domingos.
10. La muchacha lo *trataba con mucho cariño y condescendencia.*
11. La gratitud que esa curación despertó no dejó de *sorprenderlo.*
12. Espinosa se sorprendió tanto que no trató de *enterarse* por qué lo habían hecho.
13. El infierno era un lugar bajo tierra donde las ánimas *se consumían en el fuego eterno.*
14. En esos tiempos era costumbre *fijarle con clavos* las extremidades.
15. Después de *echarle maldiciones,* lo escupieron y lo empujaron hasta el fondo.

D. Rewrite the following sentences, using the Spanish equivalents of the words in parentheses.

1. (*He looked down on*) _____ a los americanos, pero aprobaba el hecho de que hubiera rascacielos en Buenos Aires.
2. Baltasar (*was fed up*) _____ de los cuentos de su primo.
3. Temía que el capataz (*would demand from him an explanation*) _____ de lo ocurrido la noche anterior con su hija.
4. (*At most*) _____, el negocio de animales le tomaría una semana.
5. El jueves por la noche lo despertó un golpecito suave en la puerta que, (*just in case*) _____, él siempre cerraba con llave.
6. Explorando la casa, siempre cercada por las aguas, (*he came across*) _____ una Biblia en inglés.

Cognates and Word Formation

Becoming familiar with Spanish prefixes can help you guess the meaning of words. The prefix **des-,** for example, is used to express the opposite or negative of its root word.

agradar ⟶ **des**agradar
confiar ⟶ **des**confiar

Guess the meaning of the following words.

1. desclavar
2. descontento
3. deshacer
4. descalzar
5. desanimar
6. descolgar

The prefix **in-** and its variants (**im-** before **b** or **p, i-** before **l,** and **ir-** before **r**) are also added to words to signify the opposite of the root word.

digno ⟶ **in**digno
posible ⟶ **im**posible
responsable ⟶ **ir**responsable

Guess the meaning of the following words.

1. injusto
2. inmoral
3. incierto
4. ilegible
5. irreligioso
6. ilimitado
7. incorpóreo
8. inadecuado
9. ilegítimo

ASSOCIATIONS

Which expressions do you associate with the following descriptions?

En el alba, los truenos lo despertaron. Oyó las primeras gotas y dio gracias a Dios. El aire frío vino de golpe. Esa tarde el río se desbordó y todo quedó anegado.

¿Por qué lo hizo? ¿Quién le dio el derecho? Ella lloró toda la noche mientras Ud. dormía. Dígame, ¿se cree mejor que nosotros?

No le gustaba discutir y prefería que el interlocutor tuviera razón y no él. Cuando lo invitaron a veranear dijo que sí, no porque le gustara el sol y el campo sino porque no quería buscar razones válidas para decir que no.

Sus rasgos faciales delataban que sus abuelos se habían cruzado con indios. Eran analfabetos y casi nunca hablaban.

una persona abúlica y de inteligencia perezosa

unos individuos aindiados y toscos

alguien exigiéndole cuentas a otra persona

el comienzo de un temporal

ANTICIPATING THE STORY

Answer the following questions, trying to anticipate aspects of the story you are about to read.

1. ¿Qué le sugiere el título *El Evangelio según Marcos?*
2. Estudie el dibujo que acompaña al cuento. Escriba cinco oraciones sobre los personajes que ve en esta ilustración.
3. ¿Cómo actúan los fanáticos? ¿Cree Ud. que la superstición puede llegar al fanatismo? Explique e ilustre su respuesta con ejemplos específicos.
4. Según los Evangelios, ¿cómo era Jesucristo? ¿A que edad murió? ¿Cómo murió? ¿Cómo imagina Ud. el aspecto físico de Jesucristo?
5. ¿Qué asocia Ud. con las siguientes expresiones?
   a) una cruz
   b) un diluvio
   c) la pampa
   d) la Biblia
   e) una persona con barba
   f) un corderito
   g) unos martillazos
   h) el infierno
   i) las parábolas

El Evangelio según Marcos

JORGE LUIS BORGES

El hecho sucedió en la estancia Los Álamos, en el partido[1] de Junín, hacia el sur, en los últimos días del mes de marzo de 1928. Su protagonista fue un estudiante de medicina, Baltasar Espinosa. Podemos definirlo por ahora como uno de tantos muchachos porteños,[2] sin otros rasgos dignos de nota que esa facultad oratoria que le había hecho merecer más de un premio en el colegio inglés de Ramos Mejía y que una casi ilimitada bondad. No le gustaba discutir; prefería que el interlocutor tuviera razón y no él. Aunque los azares del juego[3] le interesaban, era un mal jugador, porque le desagradaba ganar. Su abierta inteligencia era perezosa; a los treinta y tres años le faltaba rendir una materia[4] para graduarse, la que más lo atraía. Su padre, que era librepensador, como todos los señores de su época, lo había instruido en la doctrina de Herbert Spencer,[5] pero su madre, antes de un viaje a Montevideo,[6] le pidió que todas las noches rezara el Padrenuestro e hiciera la señal de la cruz. A lo largo de los años no había quebrado nunca esa promesa. No carecía de coraje; una mañana había cambiado, con más indiferencia que ira, dos o tres puñetazos con un grupo de compañeros que querían forzarlo a participar en una huelga[7] universitaria. Abundaba, por espíritu de aquiescencia,[8] en opiniones o hábitos discutibles: el país le importaba menos que el riesgo de que en otras partes creyeran que usamos plumas; veneraba a Francia pero menospreciaba a los franceses; tenía en poco a los americanos, pero aprobaba el hecho de que hubiera rascacielos[9] en Buenos Aires; creía que los gauchos de la llanura son mejores jinetes que los de las cuchillas o los cerros.[10] Cuando Daniel, su primo, le propuso veranear en Los Álamos, dijo inmediatamente que sí, no porque le gustara el campo sino por natural complacencia y porque no buscó razones válidas para decir que no.

---

[1]**partido** district [2]**porteño(-a)** native of Buenos Aires, Argentina [3]**los azares del juego** risks in gambling [4]**le faltaba... materia** he needed to pass a course [5]**Herbert Spencer** English philosopher (1820–1903) who considered God unknowable [6]**Montevideo** capital of Uruguay [7]**huelga** strike [8]**aquiescencia** acceptance [9]**rascacielos** skyscraper [10]**cuchillas o los cerros** mountains or hills

El casco[11] de la estancia era grande y un poco abandonado; las dependencias del capataz,[12] que se llamaba Gutre, estaban muy cerca. Los Gutres eran tres: el padre, el hijo, que era singularmente tosco, y una muchacha de incierta paternidad. Eran altos, fuertes, huesudos, de pelo que tiraba a rojizo[13] y de caras aindiadas. Casi no hablaban. La mujer del capataz había muerto hace años.

Espinosa, en el campo, fue aprendiendo cosas que no sabía y que no sospechaba. Por ejemplo, que no hay que galopar cuando uno se está acercando a las casas y que nadie sale a andar a caballo sino para cumplir con una tarea. Con el tiempo llegaría a distinguir los pájaros por el grito.

A los pocos días, Daniel tuvo que ausentarse a la capital para cerrar una operación de animales. A lo sumo, el negocio le tomaría una semana. Espinosa, que ya estaba un poco harto de las *bonnes fortunes* de su primo y de su infatigable interés por las variaciones de la sastrería,[14] prefirió quedarse en la estancia, con sus libros de texto. El calor apretaba y ni siquiera la noche traía un alivio. En el alba, los truenos lo despertaron. El viento zamarreaba las casuarinas.[15] Espinosa oyó las primeras gotas y dio gracias a Dios. El aire frío vino de golpe. Esa tarde, el Salado se desbordó.

Al otro día, Baltasar Espinosa, mirando desde la galería los campos anegados, pensó que la metáfora que equipara la pampa con el mar no era, por lo menos esa mañana, del todo falsa, aunque Hudson había dejado escrito que el mar nos parece más grande, porque lo vemos desde la cubierta del barco y no desde el caballo o desde nuestra altura. La lluvia no cejaba,[16] los Gutres, ayudados o incomodados por el pueblero,[17] salvaron buena parte de la hacienda,[18] aunque hubo muchos animales ahogados. Los caminos para llegar a la estancia eran cuatro: a todos los cubrieron las aguas. Al tercer día, una gotera amenazó la casa del capataz; Espinoza les dio una habitación que quedaba en el fondo, al lado del galpón de las herramientas.[19] La mudanza los fue acercando;

---

[11]**casco** main building, headquarters [12]**dependencias del capataz** foreman's quarters [13]**que... rojizo** which tended to be reddish [14]**sastrería** tailoring [15]**el viento... casuarinas** the wind shook the ironwood trees [16]**cejar** to let up [17]**pueblero** city or town dweller [18]**hacienda** cattle (*Amer.*) [19]**galpón... herramientas** tool shed

comían juntos en el gran comedor. El diálogo resultaba difícil; los Gutres, que sabían tantas cosas en materia de campo, no sabían explicarlas. Una noche, Espinosa les preguntó si la gente guardaba algún recuerdo de los malones,[20] cuando la comandancia[21] estaba en Junín.[22] Le dijeron que sí, pero lo mismo hubieran contestado a una pregunta sobre la ejecución de Carlos Primero. Espinosa recordó que su padre solía decir que casi todos los casos de longevidad que se dan en el campo,[23] son casos de mala memoria o de un concepto vago de las fechas. Los gauchos suelen ignorar por igual el año en que nacieron y el nombre de quien los engendró.[24]

En toda la casa no había otros libros que una serie de la revista *La Chacra,* un manual de veterinaria, un ejemplar de lujo del *Tabaré,*[25] una *Historia del Shorthorn en la Argentina,* unos cuantos relatos eróticos o policiales y una novela reciente: *Don Segundo Sombra.*[26] Espinosa, para distraer de algún modo la sobremesa inevitable, leyó un par de capítulos a los Gutres, que eran analfabetos. Desgraciadamente, el capataz había sido tropero[27] y no le podían importar las andanzas[28] de otro. Dijo que ese trabajo era liviano, que llevaban siempre un carguero con todo lo que se precisa[29] y que, de no haber sido[30] tropero, no habría llegado nunca hasta la Laguna de Gómez, hasta el Bragado y hasta los campos de los Núñez en Chacabuco. En la cocina había una guitarra; los peones, antes de los hechos que narro, se sentaban en rueda;[31] alguien la templaba[32] y no llegaba nunca a tocar. Esto se llamaba una guitarreada.

Espinosa, que se había dejado crecer la barba, solía demorarse ante el espejo para mirar su cara cambiada y sonreía al pensar que en Buenos Aires aburriría a los muchachos con el relato de la inundación del Salado. Curiosamente, extrañaba lugares a los que no iba nunca y no iría: una esquina de la calle Cabrera en

---

[20]**malones** surprise attacks by Pampa Indians [21]**comandancia** military headquarters [22]**Junín** City in Argentina [23]**que se... campo** that occur in the rural areas [24]**engendrar** to parent [25]***Tabaré*** epic poem about the battles between Spaniards and Indians, written by Zorilla de San Martín (1855–1931) [26]***Don Segundo Sombra*** novel about gaucho life, written by Ricardo Güiraldes (1886–1927) [27]**tropero** trail boss on a cattle drive [28]**andanzas** adventures [29]**un carguero... precisa** a beast of burden with everything needed [30]**de... sido** if he hadn't been [31]**en rueda** in a circle [32]**templar** to tune

la que hay un buzón, unos leones de mampostería[33] en un portón de la calle Jujuy, a unas cuadras del Once, un almacén con piso de baldosa que no sabía muy bien donde estaba. En cuanto a sus hermanos y a su padre, ya sabrían por Daniel que estaba aislado— 5 la palabra, etimológicamente, era justa— por la creciente.

Explorando la casa, siempre cercada por las aguas, dio con una Biblia en inglés. En las páginas finales los Guthrie —tal era su nombre genuino— habían dejado escrita su historia. Eran oriundos de Inverness,[34] habían arribado a este continente, sin 10 duda como peones, a principios del siglo diecinueve, y se habían cruzado con indios. La crónica cesaba hacia mil ochocientos setenta y tantos; ya no sabían escribir. Al cabo de unas pocas generaciones habían olvidado el inglés; el castellano, cuando Espinosa los conoció, les daba trabajo. Carecían de fe, pero en su 15 sangre perduraban, como rastros oscuros, el duro fanatismo del calvinista y las supersticiones de la pampa. Espinosa les habló de su hallazgo[35] y casi no escucharon.

Hojeó el volumen y sus dedos lo abrieron en el comienzo del Evangelio según Marcos. Para ejercitarse en la traducción y acaso 20 para ver si entendían algo, decidió leerles ese texto después de la comida. Le sorprendió que lo escucharan con atención y luego con callado interés. Acaso la presencia de las letras de oro en la tapa[36] le diera más autoridad. Lo llevan en la sangre, pensó. También se le ocurrió que los hombres, a lo largo del tiempo, 25 han repetido siempre dos historias: la de un bajel[37] perdido que busca por los mares mediterráneos una isla querida, y la de un dios que se hace crucificar en el Gólgata.[38] Recordó las clases de elocución en Ramos Mejía y se ponía de pie para predicar las parábolas.

30 Los Gutres despachaban[39] la carne asada y las sardinas para no demorar el Evangelio.

Una corderita que la muchacha mimaba y adornaba con una cintita celeste se lastimó con un alambrado de púas.[40] Para parar la sangre, querían ponerle una telaraña:[41] Espinosa la curó con 35 unas pastillas.[42] La gratitud que esa curación despertó no dejó

[33]**mampostería** cement and stones [34]**oriundos de Inverness** natives of Inverness, a port city in Scotland [35]**hallazgo** find, discovery [36]**tapa** cover [37]**bajel** ship [38]**Gólgota** Golgotha, the place where Jesus was crucified; Calvary [39]**despachar** to finish quickly [40]**alambrado de púas** barbed wire [41]**telaraña** spider web [42]**pastilla** pill

de asombrarlo. Al principio, había desconfiado de los Gutres y había escondido en uno de sus libros los doscientos cuarenta pesos que llevaba consigo; ahora, ausente el patrón, él había tomado su lugar y daba órdenes tímidas, que eran inmediatamente acatadas.[43] Los Gutres lo seguían por las piezas y por el corredor, 5 como si anduvieran perdidos. Mientras leía, notó que le retiraban las migas[44] que él había dejado sobre la mesa. Una tarde los sorprendió hablando de él con respeto y pocas palabras. Concluido el Evangelio según Marcos, quiso leer otro de los tres que faltaban; el padre le pidió que repitiera el que ya había leído, 10 para entenderlo bien. Espinosa sintió que eran como niños, a quienes la repetición les agrada más que la variación o la novedad. Una noche soñó con el Diluvio, lo cual no es de extrañar; los martillazos de la fabricación del arca lo despertaron y pensó que acaso eran truenos. En efecto, la lluvia, que había amainado,[45] 15 volvió a recrudecer.[46] El frío era intenso. Le dijeron que el temporal había roto el techo del galpón de las herramientas y que iban a mostrárselo cuando estuvieran arregladas las vigas. Ya no era un forastero y todos lo trataban con atención y casi lo mimaban. A ninguno le gustaba el café, pero había siempre una tacita para él, que colmaban de azúcar.[47]

El temporal ocurrió un martes. El jueves por la noche lo despertó un golpecito suave en la puerta que, por las dudas, él siempre cerraba con llave. Se levantó y abrió: era la muchacha. En la oscuridad no la vio, pero por los pasos notó que estaba 25 descalza y después, en el lecho, que había venido desde el fondo, desnuda. No lo abrazó, no dijo una sola palabra; se tendió junto a él y estaba temblando. Era la primera vez que conocía a un hombre. Cuando se fue, no le dio un beso: Espinosa pensó que ni siquiera sabía cómo se llamaba. Urgido[48] por una íntima razón 30 que no trató de averiguar, juró que en Buenos Aires no le contaría a nadie esa historia.

El día siguiente comenzó como los anteriores, salvo[49] que el padre habló con Espinosa y le preguntó si Cristo se dejó matar para salvar a todos los hombres. Espinosa, que era librepensador 35 pero que se vio obligado a justificar lo que les había leído, le contestó:

---

[43]**acatar** to obey [44]**migas** crumbs [45]**amainar** to let up [46]**recrudecer** to grow worse [47] **que... azúcar** that they filled with sugar [48]**urgido(-a)** motivated, impelled [49]**salvo** except

—Sí. Para salvar a todos del infierno.

Gutre le dijo entonces:

—¿Qué es el infierno?

—Un lugar bajo tierra donde las ánimas arderán y arderán.

—¿Y también se salvaron los que le clavaron los clavos?

—Sí —replicó Espinosa, cuya teología era incierta.

Había temido que el capataz le exigiera cuentas de lo ocurrido anoche con su hija. Después del almuerzo, le pidieron que releyera los últimos capítulos.

Espinosa durmió una siesta larga, un leve sueño interrumpido por persistentes martillos y por vagas premoniciones. Hacia el atardecer se levantó y salió al corredor. Dijo como si pensara en voz alta:

—Las aguas están bajas. Ya falta poco.

—Ya falta poco —repitió Gutre, como un eco.

Los tres lo habían seguido. Hincados en el piso de piedra le pidieron la bendición. Después lo maldijeron, lo escupieron y lo empujaron hasta el fondo. La muchacha lloraba. Espinosa entendió lo que le esperaba del otro lado de la puerta. Cuando la abrieron, vio el firmamento. Un pájaro gritó; pensó: Es un jilguero.[50] El galpón estaba sin techo; habían arrancado las vigas para construir la Cruz.

POSTREADING ACTIVITIES

READING COMPREHENSION

Answer the following questions based on the reading.

1. ¿Cuándo tiene lugar la acción? ¿Qué celebran los cristianos en esta época del año?
2. ¿Quién es el protagonista? ¿Qué significa su apellido «Espinosa»?

---

[50]**jilguero** goldfinch

3. ¿Cómo es Baltasar Espinosa? Haga una descripción detallada.
4. Describa a los padres de Baltasar Espinosa. ¿Qué influencia tienen en la vida de su hijo?
5. ¿Quiénes son los Gutre?
6. Describa cómo quedó la hacienda después de la lluvia.
7. ¿Por qué se mudan los Gutre a la casa de Espinosa?
8. ¿Qué libros había en la casa de Espinosa?
9. ¿Por qué no se interesa el capataz por libros que narran las aventuras de los gauchos?
10. ¿Por qué es importante el hallazgo de la Biblia en inglés?
11. ¿Les gusta a los Gutre escuchar las enseñanzas de la Biblia? ¿Por qué?
12. ¿Cuáles son las dos historias que, según Espinosa, se han repetido a través del tiempo? ¿Tiene esto algún significado importante en el relato?
13. Después de encontrarse aislado en el casco, la fisionomía de Espinosa comienza a cambiar. Explique cómo cambia y qué importancia tiene esto.
14. ¿Cómo cambia la actitud de los Gutre hacia Espinosa? Dé ejemplos específicos tomados de la lectura.
15. ¿Que sucede el jueves por la noche? ¿Tiene esto importancia?
16. ¿Qué eventos tienen lugar el viernes? ¿Por qué es necesario que sucedan en un viernes?
17. Haga un resumen de las imágenes que inducen al lector a asociar la pasión de Jesucristo con el destino de Espinosa en manos de los Gutre.

STRUCTURES

A. *Imperfect Subjunctive Tense*

Complete each sentence below with the appropriate form of the imperfect subjunctive tense of the verb in parentheses.

1. Su madre le pidió que (rezar) _____ el Padrenuestro todas las noches.
2. El padre de los Gutre les pidió que (repetir) _____ el último Evangelio.
3. Los Gutre querían que tú (releer) _____ lo que ya les habías leído.
4. No les importaba que tú (creer) _____ que temían lo desconocido.

5. Temía que el capataz le (exigir) _____ cuentas de lo ocurrido la noche anterior con su hija.
6. Hablábamos lentamente como si (pensar) _____ en voz alta.

B. Subjunctive versus Indicative

After reviewing the uses of both the present and imperfect subjunctive, decide whether to use a form of the subjunctive or the indicative in the following sentences. Explain your choice briefly.

1. No le gustaba discutir; prefería que el interlocutor (tenga, tiene, tenía, tuviera) razón y no él.
2. Su abierta inteligencia era perezosa; a los treinta y tres años le (faltara, falte, faltaba, falta) rendir su materia favorita.
3. El país le importaba menos que el riesgo de que en otras partes (creen, crean, creyeran, creyeron) que usamos plumas.
4. Los Gutre, ayudados o incomodados por el pueblero, salvaron buena parte de la hacienda, aunque (hay, hubo, hubiera, hubieron) muchos animales muertos.
5. Casi todos los casos de longevidad que se (dan, dieran, den) en el campo son casos de mala memoria.
6. Le sorprendió que lo (escuchaban, escucharan, escucharon) con atención.
7. Espinosa sintió que (eran, fueran, son) como niños, a quienes la repetición les agrada más que la variación o la novedad.
8. Acaso la presencia de las letras de oro en la tapa le (dio, de, diera, daba) más autoridad.

Writing Practice

Write an essay of about 155 words describing the events that took place in Los Álamos and considering what might happen to the Gutres as a result of their actions. Your composition will be evaluated for grammatical accuracy and vocabulary usage.

COMMUNICATIVE ACTIVITY

Prepare one of the topics listed below to discuss in class with two classmates. Once the topic has been thoroughly analyzed, present a summary of the discussion to the class.

1. **El fanatismo.** Haga una lista de ejemplos de comportamiento fanático. ¿Recuerda algún evento reciente? ¿Cuál? Descríbalo. ¿Qué opina Ud. de este celo excesivo de los fanáticos?
2. **La ignorancia.** ¿Qué relación hay entre educación e ignorancia? ¿Es más inteligente una persona educada que una analfabeta? ¿Cómo puede la educación influir en las evaluaciones que hacemos o decisiones que tomamos en ciertas circunstancias?

El hombre de la rosa

MANUEL ROJAS

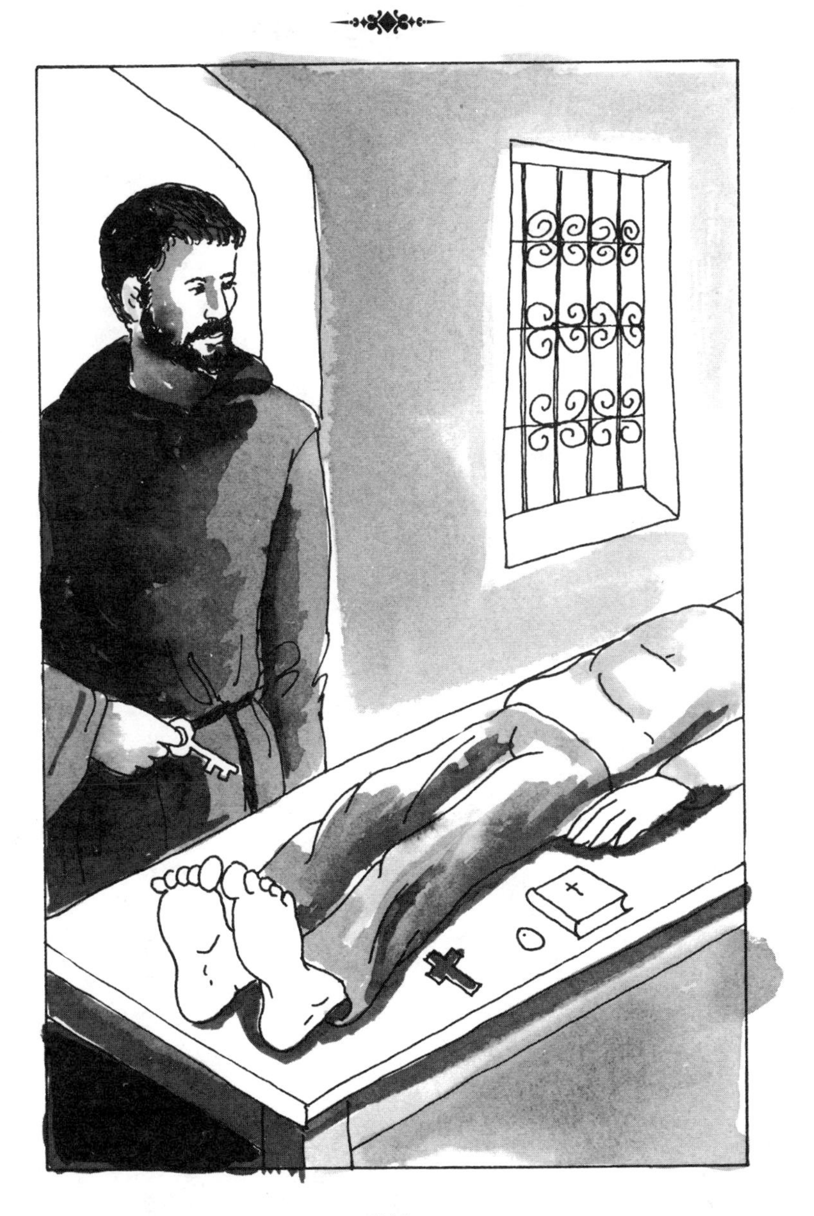

PREREADING ACTIVITIES

BASIC VOCABULARY

Nouns

el **alfiler** pin
la **apostura** bearing
la **armadura** armor, suit of armor
el **brujo** sorcerer
el **catecúmeno** catechumen (*person receiving instruction in the fundamentals of Christianity before baptism*)
el **catequista** catechist, missionary
la **celda** cell
la **cerradura** lock
la **cicatriz** scar
el **desaliento** discouragement
el **desenfado** openness, frankness
el **desfile** procession, march
la **desgarradura** rip, tear
el **fraile** monk
  los **frailes barbudos** bearded monks
la **grosería** coarseness
el **hechicero** wizard
la **hilera** line
el **indicio** sign
la **inquietud** anxiety
el **jardín** garden
el **lecho** bed
la **liviandad** frivolity
el **llano** plain
el **maderero** lumber dealer
la **muchedumbre** crowd
la **muralla** wall
la **partida** group, band
la **patraña** hoax
el **pecado** sin
la **pieza** room
la **planta** sole (*of the foot*)
el **plazo** period; time limit
la **prenda** garment
el **rastro** trace
la **reja** iron grill, grate, railing
  la **reja de fierro forjado** wrought iron grill
el **sacerdote** priest
el **sudor** sweat
la **superchería** fraud

(*continued*)

Verbs

acortar to shorten
advertir (ie) to notice
amontonar to pile up, to heap up
  amontonarse to crowd together
apilar to pile up, to heap up
  apilarse to crowd together
arrodillarse to kneel down
avanzar to move forward
catequizar to catechize, to preach
cercenar to cut away
clavar to stick; to nail
derramar to spill
despachar to deal with
encaramarse to climb
estirar to stretch
hundir to sink
pinchar to prick
rechazar to reject
repartir to distribute
tornarse to become
ubicar to locate; to place

Adjectives

acompasado(-a) rhythmic; calm, steady
bondadoso(-a) good-natured, kindhearted
crecido(-a) large
desarrapado(-a) shabby
desenvuelto(-a) natural; assured
errante nomadic, wandering
escondido(-a) concealed, hidden
pueril childish
revuelto(-a) disarranged
silencioso(-a) silent
sobrio(-a) sober

Useful Expressions

apenas hardly, scarcely
dar cuenta to account for; to inform
dar hacia to face
dar una ojeada to cast a glance
fijar un plazo to set a time limit
marchar bien to go well; to move right along
que así sea so be it
sacar algo en limpio to arrive at some conclusion
tener empaque to have bearing, presence

VOCABULARY USAGE

A. Circle the word that does not belong to each group.

1. pinchar, mimar, hundir, herir
2. brujo, fraile, diablo, hechicero
3. cuarto, celda, chabola, habitación
4. pueril, inocente, errante, infantil, juvenil
5. catequizar, cercenar, rezar, bautizar, predicar
6. planta, pie, zapato, reja, cojo

B. Select the word in *Column B* opposite in meaning to each term in *Column A*.

A	B
1. _____ errante	a. presentarse
2. _____ encaramarse	b. bendecir
3. _____ arrancar	c. aceptar
4. _____ maldecir	d. bajarse
5. _____ arrodillarse	e. clavar
6. _____ avanzar	f. recoger
7. _____ ausentarse	g. levantarse
8. _____ derramar	h. retroceder
9. _____ rechazar	i. ubicado

C. Select the appropriate word from the Basic Vocabulary to complete each of the following sentences. Make any necessary changes.

1. Los _____ habían llegado a enseñarles a los indios los fundamentos de la religión cristiana.
2. Los _____ barbudos habían perdido ese aire de religiosidad que siempre tienen aquéllos que viven confinados en un convento.
3. Los sacerdotes acostumbraban a repartir ropa a los más _____ y hambrientos.
4. Después del aprendizaje de las nociones elementales de la doctrina cristiana, comenzaban las confesiones de los indios. Los penitentes se ponían a esperar su turno en una _____ silenciosa que iba desde el patio hasta el confesionario.
5. Aunque no tengo grandes _____, quiero confesarme con Ud.
6. La religion católica condena las prácticas y creencias de los _____ y los hechiceros que practican la magia negra.
7. Alrededor del cuello se veía una línea roja, como una _____ reciente.
8. Ese sacerdote es muy elegante; tiene _____ de conquistador.

D. Rewrite each of the following sentences, providing the Spanish equivalent of the words in parentheses. Make all necessary changes.

1. Hemos hablado por muchos minutos, pero no he podido entender nada ni (*to arrive at some conclusion*) _____.
2. El padre Espinoza (*to cast a quick glance*) _____ a su alrededor, buscando algo que le dejara adivinar lo que había sucedido.
3. El religioso no quería (*to give account of*) _____ a nadie de lo sucedido.
4. Miró el rosal plantado junto a la muralla que (*to face*) _____ la alameda.

E. The following excerpts adapted from *El hombre de la rosa* contain some new words that you should be able to figure out from context. Practice your reading skills by selecting the meaning that best fits each italicized word from the possibilities given at the end of each excerpt.

1. Solamente *un desequilibrado* o un tonto puede creer en semejante patraña.
   a) un cabeza hueca b) una persona cuerda
   c) una persona loca
2. Algunas ideas eran demasiado comunes, otras pueriles y otras muy escondidas; era necesario seleccionar una que, siendo casi única, fuera también *asequible*.
   a) posible b) diferente c) admirable
3. Se acercó a la puerta y pegó su oído a la cerradura. El mismo silencio. *Prosiguió* su paseo, pero casi inmediatamente aumentaron su inquietud y sobresalto.
   a) Persiguió b) Continuó c) Revolvió
4. El padre Espinoza no contestó; miraba al hombre. Éste estaba un poco pálido y *demacrado*. Alrededor de su cuello se veía una línea roja, como una cicatriz reciente.
   a) desalentado b) enfermo c) desarrapado
5. Se veían las arterias y los músculos, palpitantes, rojos; los huesos blancos, limpios; la sangre *bullía* allí, caliente y roja, sin derramarse, retenida por una fuerza desconocida.
   a) salía b) se revolvía c) palpitaba

COGNATES AND WORD FORMATION

You have already learned to examine unfamiliar Spanish words to see if they have cognates in English. The chart that follows will help you review some of the major equivalencies studied in Parts 1–3.

Spanish		English	
-ante	ignorante	*-ant*	ignorant
	durante	*-ing*	during
-ar	separar	*-ate*	separate
-cia	importancia	*-ce*	importance
	democracia	*-cy*	democracy
-ción	constitución	*-tion*	constitution
-ente	persistente	*-ent*	persistent
-ia	historia	*-y*	history
-izar	dramatizar	*-ize*	dramatize
-osa(-o)	generosa	*-ous*	generous
-tad	libertad	*-ty*	liberty

Remember that Spanish words ending in **-sión** usually correspond to English words ending in *-sion* or *-ssion.* Words ending in **-sión** are feminine.

la mansión	*mansion*
la pasión	*passion*

Carefully read the following edited excerpts from *El hombre de la rosa* and circle all the Spanish cognates you recognize.

1. A través del hábito se adivinaba el cuerpo ágil y musculoso.
2. Era un hombre con una fe ardiente y dinámica y un espíritu religioso entusiasta.
3. La mayoría de los que el padre confesaba en las misiones eran

seres vulgares, groseros, que solamente le comunicaban pecados generales, comunes, de grosería, sin interés espiritual.

4. Muchos hombres me han confesado lo mismo, pero forzados a poner en evidencia su creencia oculta resultaron impostores ignorantes.
5. Sólo una gran impresión lo dominaba, y un sentimiento de confusión y desilusión inundaba su corazón.

ASSOCIATIONS

Which expressions do you associate with each of the following descriptions?

Pídame Ud. que le traiga lo que Ud. quiera. Algo que esté muy lejos, tan lejos que sea imposible ir allá y regresar en un día. Yo se lo traeré en una hora, sin moverme de aquí.

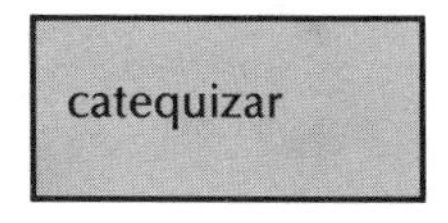

Se destacaba entre ellos el padre Espinoza, veterano ya en las misiones del Sur. Tenía unos cuarenta y cinco años y era alto de estatura, vigoroso, semejante a un hombre de acción. Era uno de esos frailes que encantan a algunas mujeres y que gustan a todos los hombres.

fijar un plazo

Debajo de los árboles o en los rincones del patio se apilaban los hombres, contestando como podían, o como se les enseñaba, las preguntas inocentes del catequismo:

—¿Dónde está Dios?

—En el cielo, en la tierra y en todo lugar —respondían en coro.

dar cuenta de algo

¿Qué estará haciendo? Algo estaría haciendo el hombre, algo intentaría. Pero ¿qué? La inquietud aumentó. Se acercó a la puerta y la abrió rápida y silenciosamente para ver qué estaba haciendo.

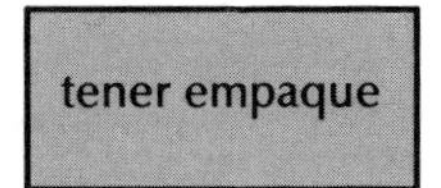

Durante los diez minutos siguientes el religioso se paseó nerviosamente a lo largo del corredor. No quería decirle a nadie nada de lo sucedido, pero si el hombre permanecía en el mismo estado tendría que comunicarles a los demás sacerdotes lo que había pasado.

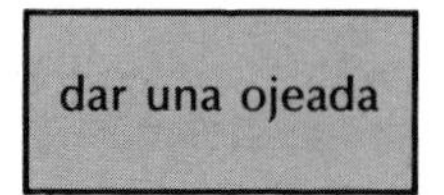

ANTICIPATING THE STORY

Answer the following questions, trying to anticipate aspects of the story you are about to read.

1. Escriba cinco oraciones describiendo la ilustración que acompaña al cuento.
2. ¿Qué tipo de personajes espera encontrar en este cuento? ¿Por qué?
3. ¿Qué es la magia negra? Dé algunos ejemplos. ¿Quiénes cree Ud. que la practican? ¿Tiene esta creencia alguna relación con algunas culturas más que con otras? ¿Con cuáles?

El hombre de la rosa

MANUEL ROJAS

En el atardecer de un día de noviembre, hace ya algunos años, llegó a Osorno,[1] en misión catequista, una partida de misioneros capuchinos.[2]

Eran seis frailes barbudos, de complexión recia,[3] rostros enérgicos y ademanes desenvueltos. 5

La vida errante que llevaban les había diferenciado profundamente de los individuos de las demás órdenes religiosas. En contacto continuo con la naturaleza bravía de las regiones australes,[4] hechos sus cuerpos a las largas marchas a través de las selvas,[5] expuestos siempre a los ramalazos del viento y de la 10 lluvia,[6] estos seis frailes barbudos habían perdido ese aire de religiosidad inmóvil que tienen aquéllos que viven confinados en el calorcillo de los patios del convento.

Reunidos casualmente en Valdivia,[7] llegados unos de las reducciones indígenas[8] de Angol, otros de La Imperial, otros de 15 Temuco,[9] hicieron juntos el viaje hasta Osorno, ciudad en que realizarían una semana misionera y desde la cual se repartirían luego, por los caminos de la selva, en cumplimiento de su misión evangelizadora.

Eran seis frailes de una pieza y con toda la barba.[10] 20

Se destacaba entre ellos el padre Espinoza, veterano ya en las misiones del Sur, hombre de unos cuarenta y cinco años, alto de estatura, vigoroso, con empaque de hombre de acción y aire de bondad y de finura.

Era uno de esos frailes que encantan a algunas mujeres y 25 que gustan a todos los hombres.

---

[1]**Osorno** a city in central Chile [2]**capuchinos** Capuchins (*monks belonging to the Franciscan order of the Catholic church*) [3]**complexión recia** vigorous disposition [4]**regiones australes** southern regions [5]**hechos... selvas** their bodies accustomed to the long marches through the jungle [6]**ramalazos del viento** gusts of wind; **ramalazos de la lluvia** lashes of rain [7]**Valdivia** a city in south central Chile [8]**llegados... indígenas** some of them had come from Indian villages converted to Christianity [9]**Angol... La Imperial... Temuco** Chilean towns [10]**de una pieza... barba** straightforward and in full possession of their faculties

Tenía una sobria cabeza de renegrido cabello, que de negro azuleaba a veces como el plumaje de los tordos.[11] La cara de tez morena pálida, cubierta profusamente por la barba y el bigote capuchinos. La nariz, un poco ancha; la boca, fresca; los ojos, negros y brillantes. A través del hábito se adivinaba el cuerpo ágil y musculoso.

La vida del padre Espinoza era tan interesante como la de cualquier hombre de acción, como la de un conquistador, como la de un capitán de bandidos, como la de un guerrillero. Y un poco de cada uno de ellos parecía tener en su apostura, y no le hubieran sentado mal la armadura del primero, la manta y el caballo fino de boca[12] del segundo y el traje liviano y las armas rápidas del último. Pero, pareciendo y pudiendo ser cada uno de aquellos hombres, era otro muy distinto. Era un hombre sencillo, comprensivo, penetrante, con una fe ardiente y dinámica y un espíritu religioso entusiasta y acogedor, despojado de toda cosa frívola.

Quince años llevaba recorriendo la región araucana.[13] Los indios que habían sido catequizados por el padre Espinoza lo adoraban. Sonreía al preguntar y al responder. Parecía estar siempre hablando con almas sencillas como la suya.

Tal era el padre Espinoza, fraile misionero, hombre de una pieza y con toda la barba.

Al día siguiente, anunciada ya la semana misionera una heterogénea muchedumbre de catecúmenos llenó el primer patio del convento en que ella se realizaría.

Chilotes,[14] trabajadores del campo y de las industrias, indios, vagabundos, madereros, se fueron amontonando allí lentamente, en busca y espera de la palabra evangelizadora de los misioneros. Pobremente vestidos, la mayor parte descalzos, algunos llevando nada más que camiseta y pantalón, sucias y destrozadas ambas prendas por el largo uso.

[11]**tordo** thrush, blackbird [12]**caballo fino de boca** the well-trained horse [13]**región araucana** Araucanian region, in central Chile [14]**chilotes** inhabitants of the island of Chiloe, off the southern coast of Chile

Los misioneros estaban ya acostumbrados a ese auditorio y no ignoraban que muchos de aquellos infelices venían, más que en busca de una verdad, en demanda de su generosidad, pues los religiosos, durante las misiones, acostumbraban repartir comida y ropa a los más hambrientos y desarrapados.

Todo el día trabajaron los capuchinos. Debajo de los árboles o en los rincones del patio se apilaban los hombres, contestando como podían, o como se les enseñaba, las preguntas inocentes del catecismo:

—¿Dónde está Dios?

—En el cielo, en la tierra y en todo lugar—respondían en coro, con una monotonía desesperante.

El padre Espinoza, que era el que mejor dominaba la lengua indígena, catequizaba a los indios, tarea terrible, capaz de cansar a cualquier varón fuerte, pues el indio tiene dificultades en el lenguaje.

Pero todo fue marchando, y al cabo de tres días, terminado el aprendizaje de las nociones elementales de la doctrina cristiana, empezaron las confesiones. Con esto disminuyó considerablemente el grupo de catecúmenos, especialmente el de aquellos que ya habían conseguido ropas o alimentos; pero el número siguió siendo crecido.

A las nueve de la mañana, día de sol fuerte y cielo claro, empezó el desfile de los penitentes, desde el patio a los confesionarios, en hilera acompasada y silenciosa.

Despachados ya la mayor parte de los fieles, mediada la tarde, el padre Espinoza, en un momento de descanso, dio unas vueltas alrededor del patio. Y volvía ya hacia su puesto, cuando un hombre lo detuvo, diciéndole:

—Padre, yo quisiera confesarme con usted.

—¿Conmigo especialmente? —preguntó el religioso.

—Sí, con usted.

—¿Y por qué?

—No sé; tal vez porque usted es el de más edad entre los misioneros, y quizá, por eso mismo, el más bondadoso.

El padre Espinoza sonrió.

—Bueno, hijo; si así lo deseas y así lo crees, que así sea. Vamos.

Hizo pasar adelante al hombre y él fue detrás, observándolo.

El padre Espinoza no se había fijado antes en él. Era un hombre alto, esbelto, nervioso en sus movimientos, moreno, de corta barba negra terminada en punta; los ojos negros y ardientes, la nariz fina, los labios delgados. Hablaba correctamente y sus ropas eran limpias; sus pies desnudos parecían cuidados.

Llegados al confesionario, el hombre se arrodilló ante el padre Espinoza y le dijo:

—Le he pedido que me confiese porque estoy seguro de que usted es un hombre de mucha sabiduría y de gran entendimiento. Yo no tengo grandes pecados; relativamente, soy un hombre de conciencia limpia. Pero tengo en mi corazón y en mi cabeza un secreto terrible, un peso enorme. Necesito que me ayude a deshacerme de él. Créame lo que voy a confiarle y, por favor se lo pido, no se ría de mí. Varias veces he querido confesarme con otros misioneros, pero apenas han oído mis primeras palabras me han rechazado como a un loco y se han reído de mí. He sufrido mucho a causa de esto. Esta será la última tentativa que hago.[15] Si me pasa lo mismo ahora, me convenceré de que no tengo salvación y me abandonaré a mi infierno.

El individuo aquel hablaba nerviosamente, pero con seguridad. Pocas veces el padre Espinoza había oído hablar así a un hombre. La mayoría de los que confesaba en las misiones eran seres vulgares, groseros, sin relieve alguno,[16] que solamente le comunicaban pecados generales, comunes, de grosería o de liviandad, sin interés espiritual. Contestó, poniéndose en el tono con que le hablaban:

—Dime lo que tengas necesidad de decir y yo haré todo lo posible por ayudarte. Confía en mí como en un hermano.

El hombre demoró algunos instantes en empezar su confesión; parecía temer confesar el gran secreto que decía tener en su corazón.

—Habla.

El hombre palideció y miró fijamente al padre Espinoza. En la obscuridad, sus ojos negros brillaban como los de un preso o como los de un loco. Por fin, bajando la cabeza, dijo entre dientes:

—Yo he practicado y conozco los secretos de la magia negra.

---

[15]**esta... hago** this will be my last attempt [16]**sin relieve alguno** without any character

Al oír estas extraordinarias palabras, el padre Espinoza hizo un movimiento de sorpresa, mirando con curiosidad y temor al hombre; pero el hombre había levantado la cabeza y espiaba la cara del religioso, buscando en ella la impresión que sus palabras producirían. La sorpresa del misionero duró un brevísimo tiempo. Se tranquilizó en seguida. No era la primera vez que escuchaba palabras iguales o parecidas. En ese tiempo los llanos de Osorno y las islas chilotas[17] estaban plagados de brujos, «machis»[18] y hechiceros. Contestó:

—Hijo mío: no es raro que los sacerdotes que le han oído a usted lo que acaba de decir, lo hayan tomado por loco rehusando oír más. Nuestra religión condena terminantemente[19] tales prácticas y tales creencias. Yo, como sacerdote, debo decirle que eso es grave pecado; pero, como hombre, le digo que eso es una estupidez y una mentira. No existe tal magia negra, ni hay hombre alguno[20] que pueda hacer algo que esté fuera de las leyes de la naturaleza y de la voluntad divina. Muchos hombres me han confesado lo mismo, pero, emplazados para que pusieran en evidencia[21] su ciencia oculta resultaron impostores groseros e ignorantes. Solamente un desequilibrado o un tonto puede creer en semejante patraña.

El discurso era fuerte y hubiera bastado para que cualquier hombre de buena fe desistiera de sus propósitos; pero, con gran sorpresa del padre Espinoza, su discurso animó al hombre, que se puso de pie y exclamó con voz contenida:

—¡Yo sólo le pido a usted que me permita demostrarle lo que le confieso! Demostrándoselo, usted se convencerá y yo estaré salvado. Si yo le propusiera hacer una prueba, ¿aceptaría usted, padre? —preguntó el hombre.

—Sé que perdería mi tiempo lamentablemente, pero aceptaría.

—Muy bien —dijo el hombre—. ¿Qué quiere usted que haga?

—Hijo mío, yo ignoro tus habilidades mágicas. Propón tú.

---

[17]**islas chilotas** small islands near the island of Chiloe [18]**«machis»** medicine men [19]**terminantemente** categorically; strictly [20]**ni... alguno** nor is there any man [21]**emplazados evidencia** when I challenged them to show evidence of

El hombre guardó silencio un momento, reflexionando. Luego dijo:

—Pídame usted que le traiga algo que esté lejos, tan lejos que sea imposible ir allá y volver en el plazo de un día o dos. Yo se lo traeré en una hora, sin moverme de aquí.

Una gran sonrisa de incredulidad dilató la fresca boca del fraile Espinoza.

—Déjame pensarlo —respondió—, y Dios me perdone el pecado y la tontería que cometo.

El religioso tardó mucho rato en encontrar lo que se le proponía. No era tarea fácil hallarlo. Primeramente ubicó en Santiago[22] la residencia de lo que iba a pedir y luego se dio a elegir.[23] Muchas cosas acudieron a su recuerdo y a su imaginación, pero ninguna le servía para el caso. Unas eran demasiado comunes, otras pueriles y otras muy escondidas, y era necesario elegir una que, siendo casi única, fuera asequible. Recordó y recorrió su lejano convento; anduvo por sus patios, por sus celdas, por sus corredores y por su jardín; pero no encontró nada especial. Pasó después a recordar lugares que conocía en Santiago. ¿Qué pediría? Y cuando, ya cansado, iba a decidirse por cualquiera de los objetos entrevistos por sus recuerdos, brotó en su memoria, como una flor que era, fresca, pura, con un hermoso color rojo, una rosa del jardín de las monjas[24] Claras.

Una vez, hacía poco tiempo, en un rincón de ese jardín vio un rosal que florecía en rosas de un color único. En ninguna parte había vuelto a ver rosas iguales o parecidas, y no era fácil que las hubiera en Osorno. Además, el hombre aseguraba que traería lo que él pidiera, sin moverse de allí. Tanto daba[25] pedirle una cosa como otra. De todos modos, no traería nada.

—Mira —dijo al fin—, en el jardín del convento de las monjas Claras de Santiago, plantado junto a la muralla que da hacia la Alameda, hay un rosal que da rosas de un color granate muy lindo. Es el único rosal de esa especie que hay allí... Una de esas rosas es lo que quiero que me traigas.

El supuesto hechicero no hizo objeción alguna, ni por el sitio

---

[22]**Santiago** the capital of Chile, about 500 miles to the north of Osorno [23]**se dio a elegir** set about choosing [24]**monja** nun [25]**tanto daba** it was just the same

en que se hallaba la rosa ni por la distancia a que se encontraba. Preguntó únicamente:

—Encaramándose por la muralla, ¿es fácil tomarla?

—Muy fácil. Estiras el brazo y ya la tienes.

—Muy bien. Ahora, dígame: ¿hay en este convento una pieza que tenga una sola puerta?

—Hay muchas.

—Lléveme usted a alguna de ellas.

El padre Espinoza se levantó de su asiento. Sonreía. La aventura era ahora un juego extraño y divertido y, en cierto modo, le recordaba los de su infancia. Salió acompañado del hombre y lo guió hacia el segundo patio, en el cual estaban las celdas de los religiosos. Lo llevó a la que él ocupaba. Era una habitación de medianas proporciones, de sólidas paredes; tenía una ventana y una puerta. La ventana estaba asegurada con una gruesa reja de fierro forjado y la puerta tenía una cerradura muy firme. Allí había un lecho, una mesa grande, dos imágenes y un crucifijo, ropas y objetos.

—Entra.

Entró el hombre. Se movía con confianza y desenvoltura; parecía muy seguro de sí mismo.

—¿Te sirve esta pieza?

—Me sirve.

—Tú dirás lo que hay que hacer.

—En primer lugar, ¿qué hora es?

—Las tres y media.

El hombre meditó un instante, y dijo luego:

—Me ha pedido usted que le traiga una rosa del jardín de las monjas Claras de Santiago y yo se la voy a traer en el plazo de una hora. Para ello es necesario que yo me quede solo aquí y que usted se vaya, cerrando la puerta con llave y llevándose la llave. No vuelva hasta dentro de una hora justa. A las cuatro y media, cuando usted abra la puerta, yo le entregaré lo que me ha pedido.

El fraile Espinoza asintió en silencio, moviendo la cabeza. Empezaba a preocuparse. El juego iba tornándose interesante y misterioso, y la seguridad con que hablaba y obraba aquel hombre le comunicaba a él cierta intimidación respetuosa.

Antes de salir, dio una mirada detenida por toda la pieza. Cerrando con llave la puerta era difícil salir de allí. Y aunque aquel hombre lograra salir, ¿qué conseguiría con ello? No se puede hacer, artificialmente, una rosa cuyo color y forma no se han visto nunca. Y, por otra parte, él rondaría toda esa hora por los alrededores de su celda. Cualquier superchería era imposible.

El hombre, de pie ante la puerta, sonriendo, esperaba que el religioso se retirara.

Salió el padre Espinoza, echó llave a la puerta, se aseguró que quedaba bien cerrada y guardándose la llave en sus bolsillos echó a andar tranquilamente.

Dio una vuelta alrededor del patio, y otra, y otra. Empezaron a transcurrir lentamente los minutos, muy lentamente; nunca habían transcurrido tan lentos los sesenta minutos de una hora. Al principio, el padre Espinoza estaba tranquilo. No sucedería nada. Pasado el tiempo que el hombre fijara como plazo, el abriría la puerta y lo encontraría tal como lo dejara. No tendría en sus manos ni la rosa pedida ni nada que se le pareciera. Pretendería disculparse con algún pretexto fútil, y él, entonces, le largaría un breve discurso, y el asunto terminaría ahí. Estaba seguro. Pero, mientras paseaba, se le ocurrió preguntarse:

—¿Qué estará haciendo?

La pregunta lo sobresaltó. Algo estaría haciendo el hombre, algo intentaría. Pero ¿qué? La inquietud aumentó. ¿Y si el hombre lo hubiera engañado y fueran otras sus intenciones? Interrumpió su paseo y durante un momento procuró sacar algo en limpio, recordando al hombre y sus palabras. ¿Si se tratara de un loco? Los ojos ardientes y brillantes de aquel hombre, su desenfado.

Atravesó lentamente el patio y paseó a lo largo del corredor en que estaba su celda. Pasó varias veces delante de aquella puerta cerrada. ¿Qué estaría haciendo el hombre? En una de sus pasadas se detuvo ante la puerta. No se oía nada, ni voces, ni pasos, ningún ruido. Se acercó a la puerta y pegó su oído a la cerradura. El mismo silencio. Prosiguió sus paseos, pero a poco su inquietud y su sobresalto aumentaban. Sus paseos se fueron acortando y, al final, apenas llegaban a cinco o seis pasos de distancia de la puerta. Por fin, se inmovilizó ante ella. Se sentía incapaz de alejarse de allí. Era necesario que esa tensión nerviosa terminara pronto. Si el hombre no hablaba, ni se quejaba, ni andaba, era señal de que no hacía nada, y no haciendo nada, nada conseguiría. Se decidió a abrir antes de la hora estipulada. Sorprendería al hombre y su triunfo sería completo. Miró su reloj: faltaban aún veinticinco minutos para las cuatro y media. Antes de abrir pegó nuevamente su oído a la cerradura: ni un rumor. Buscó la llave en sus bolsillos y colocándola en la cerradura la hizo girar sin ruido. La puerta se abrió silenciosamente.

Miró el fraile Espinoza hacia adentro y vio que el hombre no estaba sentado ni estaba de pie: estaba extendido sobre la mesa, con los pies hacia la puerta, inmóvil.

Esa actitud inesperada lo sorprendió. ¿Qué haría el hombre en aquella posición? Avanzó un paso, mirando con curiosidad y temor el cuerpo extendido sobre la mesa. Ni un movimiento. Seguramente su presencia no habría sido advertida; tal vez el hombre dormía; quizá estaba muerto... Avanzó otro paso y entonces vio algo que lo dejó tan inmóvil como aquel cuerpo. El hombre no tenía cabeza.

Pálido, sintiéndose invadido por la angustia, lleno de un sudor helado todo el cuerpo, el padre Espinoza miraba, miraba sin comprender. Hizo un esfuerzo y avanzó hasta colocarse frente a la parte superior del cuerpo del individuo. Miró hacia el suelo, buscando en él la desaparecida cabeza, pero en el suelo no había nada, ni siquiera una mancha de sangre. Se acercó al cercenado cuello. Estaba cortado sin esfuerzo, sin desgarraduras, finamente. Se veían las arterias y los músculos, palpitantes, rojos; los huesos blancos, limpios; la sangre bullía[26] allí, caliente y roja, sin derramarse, retenida por una fuerza desconocida.

El padre Espinoza se irguió.[27] Dio una rápida ojeada a su alrededor, buscando un rastro, un indicio, algo que le dejara adivinar lo que había sucedido. Pero la habitación estaba como él la había dejado al salir; todo en el mismo orden, nada revuelto[28] y nada manchado de sangre.

Miró su reloj. Faltaban solamente diez minutos para las cuatro y media. Era necesario salir. Pero, antes de hacerlo, juzgó que era indispensable dejar allí un testimonio de su estada. Pero ¿qué? Tuvo una idea; buscó entre sus ropas y sacó de entre ellas un alfiler grande, de cabeza negra, y al pasar junto al cuerpo, para dirigirse hacia la puerta, lo hundió integro en la planta de uno de los pies del hombre.

---

[26]**bullir** to boil, to bubble [27]**el padre... irguió** Father Espinoza straightened up
[28]**nada revuelto** nothing was disarranged

Luego cerró la puerta con llave y se alejó.

Durante los diez minutos siguientes el religioso se paseó nerviosamente a lo largo del corredor, intranquilo, sobresaltado; no quería dar cuenta a nadie de lo sucedido; esperaría los diez minutos, y, transcurridos éstos, entraría de nuevo a la celda y si el hombre permanecía en el mismo estado comunicaría a los demás religiosos lo sucedido.

¿Estaría él soñando o se encontraría bajo el influjo de una alucinación o de una poderosa sugestión? No, no lo estaba. Lo que había acontecido hasta ese momento era sencillo: un hombre se había suicidado de una manera misteriosa... Sí, pero ¿dónde estaba la cabeza del individuo? Esta pregunta lo desconcertó. ¿Y por qué no había manchas de sangre? Prefirió no pensar más en ello; después se aclararía todo.

Las cuatro y media. Esperó aún cinco minutos más. Quería darle tiempo al hombre. Pero ¿tiempo para qué, si estaba muerto? No lo sabía bien, pero en esos momentos casi deseaba que aquel hombre le demostrara su poder mágico. De otra manera, sería tan estúpido, tan triste todo lo que había pasado...

Cuando el fraile Espinoza abrió la puerta, el hombre no estaba ya extendido sobre la mesa, decapitado, como estaba quince minutos antes. Parado frente a él, tranquilo, con una fina sonrisa en los labios, le tendía, abierta, la morena mano derecha. En la palma de ella, como una pequeña y suave llama, había una fresca rosa: la rosa del jardín de las monjas Claras.

—¿Es ésta la rosa que usted me pidió?

El padre Espinoza no contestó; miraba al hombre. Éste estaba un poco pálido y demacrado.[29] Alrededor de su cuello se veía una línea roja, como una cicatriz reciente.

«Sin duda el Señor quiere hoy jugar con su siervo» pensó.

Estiró la mano y cogió la rosa. Era una de las mismas que él viera florecer en el pequeño jardín del convento santiaguino. El mismo color, la misma forma, el mismo perfume.

Salieron de la celda, silenciosos, el hombre y el religioso. Éste

[29]**demacrado(-a)** emaciated

llevaba la rosa apretada en su mano y sentía en la piel la frescura de los pétalos rojos. Estaba recién cortada. Para el fraile habían terminado los pensamientos, las dudas y la angustia. Sólo una gran impresión lo dominaba, y un sentimiento de confusión y de desaliento inundaba su corazón.

De pronto advirtió que el hombre cojeaba.

—¿Por qué cojeas? —le preguntó.

—La rosa estaba apartada de la muralla. Para tomarla, tuve que afirmar un pie en el rosal, y, al hacerlo, una espina me hirió el talón.

El fraile Espinoza lanzó una exclamación de triunfo:

—¡Ah! ¡Todo es una ilusión! Tú no has ido al jardín de las monjas Claras ni te has pinchado el pie con una espina. Ese dolor que sientes es el producido por un alfiler que yo te clavé en el pie. Levántalo.

El hombre levantó el pie, y el sacerdote, tomando de la cabeza el alfiler, se lo sacó.

—¿No ves? No hay ni espina ni rosal. ¡Todo ha sido una ilusión!

Pero el hombre contestó:

—Y la rosa que lleva usted en la mano, ¿también es ilusión?

Tres días después, terminada la semana misionera, los frailes capuchinos abandonaron Osorno. Seguían su ruta a través de las selvas. Se separaron, abrazándose y besándose. Cada uno tomó por su camino.

El padre Espinoza volvería hacia Valdivia. Pero ya no iba solo. A su lado, montado en un caballo obscuro, silencioso y pálido, iba un hombre alto, nervioso, de ojos negros y brillantes.

Era el hombre de la rosa.

Postreading Activities

Reading Comprehension

Answer the following questions based on the reading.

1. ¿En qué época tiene lugar la historia?
2. ¿En qué se diferenciaban los misioneros capuchinos de los miembros de las demás órdenes religiosas? Explique.
3. ¿Por qué dice el narrador que el padre Espinoza era «Uno de esos frailes que encantan a algunas mujeres y que gustan a todos los hombres»?
4. ¿Por qué razones acudían los indios a los patios del convento?
5. ¿Por qué era tan difícil catequizar a los indios?
6. ¿Por qué disminuía el número de catecúmenos cuando empezaban las confesiones?
7. ¿Por qué quería el hombre confesarse con el padre Espinoza? ¿Cuál era su gran secreto?
8. ¿Cómo reaccionó el padre Espinoza al oír la confesión del hombre?
9. ¿Cómo va a probar el hombre que tiene poderes sobrenaturales?
10. ¿Dónde encerró el padre Espinoza al hechicero? Describa el lugar con detalles.
11. ¿Qué quiere el padre Espinoza que el hechicero le traiga de Santiago?
12. Describa el estado de ánimo del padre Espinoza mientras espera al hechicero.
13. ¿Qué vio el padre Espinoza cuando entró a la celda? Haga una descripción breve.
14. ¿Qué hizo antes de salir del cuarto? ¿Por qué?
15. ¿Qué vio el padre Espinoza al entrar a la celda por segunda vez cuando ya se había vencido el plazo?
16. ¿En qué condiciones estaba el hechicero?
17. ¿Por qué cojeaba el hechicero? ¿Cómo explica el hechicero esto? ¿Y el padre Espinoza?
18. ¿Por qué cree Ud. que el hechicero decide seguir al padre Espinoza en su recorrido por la selva?

Structures

A. *The Imperfect Subjunctive Tense*

In the following paragraph, the sorcerer discusses his dilemma and his desire to share his secret with Father Espinoza. Complete the paragraph by providing the appropriate forms of the imperfect subjunctive tense.

Si yo (encontrar) _____ a un buen confesor, le diría mi secreto. He oído mucho sobre el Padre Espinoza, pero tengo miedo de hablar con él. No (querer) _____ confesarme con una persona limitada; necesito a alguien que esté dispuesto a escucharme y a dejarme demostrar mis poderes sobrenaturales. Muchos me han tratado como si (ser) _____ loco. Muchos se han reído de mí, y yo he sufrido a causa de esto. Si le (pedir) _____ que me (confesar) _____ y si me (ayudar) _____ a resolver mi problema, yo sería un hombre feliz. No quiero abandonarme a este infierno que me consume.

B. *The Conditional Tense*

In the following questions, the sorcerer is pondering Father Espinoza's probable reactions to his predicament. Complete each question by providing the appropriate form of the conditional tense.

1. Si me confesara, ¿(pretender) _____ el fraile disculparse con algún pretexto? ¿Me (largar) _____ un breve discurso o me (escuchar) _____ con atención?
2. ¿Se (sorprender) _____ Espinoza si le dijera que puedo hacer cualquier cosa? ¿Qué me (pedir) _____?
3. ¿Qué (hacer) _____ Espinoza si estuviera en mi lugar? ¿Se (confesar) _____ o (tratar) _____ de resolver el problema sin ninguna ayuda? ¿Cómo (aclarar) _____ el misterio?

C. If-*clauses: Indicative versus Subjunctive*

Rewrite the following sentences, using the appropriate tense of the verbs in parentheses.

1. Si yo le (proponer) _____ hacer una prueba, ¿aceptaría Ud.?
2. Si no (haber) _____ traído la rosa, no estaría herido.

3. Si (tener) _____ tiempo, trabajaría en las regiones australes.
4. Si yo (poder) _____, la tranquilizo.
5. Si Ud. (decir) _____ la verdad, consigo alimentos para los catecúmenos.
6. Si me (pasar) _____ lo mismo ahora, me convenceré de que no tengo salvación.

WRITING PRACTICE

Write a composition of about 170 words describing Espinoza's strange adventure. Use some of the words, expressions, and grammar studied in this unit. Your composition will be evaluated for grammatical accuracy and vocabulary usage.

COMMUNICATIVE ACTIVITY

Interview one or two of your classmates about one of the topics below. Report your findings to the rest of the class.

1. **La reacción del fraile ante el hechicero.** ¿Actuó bien el padre Espinoza? ¿Cómo hubiera actuado el sacerdote (o pastor) de su iglesia? ¿Cómo hubiera actuado Ud.?
2. **Los poderes sobrenaturales.** ¿Cómo sería la vida si todos tuviéramos poderes sobrenaturales? ¿Conoce Ud. a alguien que tenga poderes sobrenaturales? ¿Cómo se manifiestan?
3. **La magia negra.** ¿Cree Ud. en la magia negra? ¿En qué países hispanos se practica? ¿Por qué? ¿Se practica en los Estados Unidos? ¿Hay diferentes tipos de magia negra? ¿Cuál es la actitud de su iglesia ante esta práctica? ¿Es posible la amistad entre un sacerdote y un hechichero?

REVIEW EXERCISES

A. *Vocabulary Review.* Provide the appropriate words or expressions, according to the cues given.

1. Lo que el padre Espinoza le clavó al brujo en la planta del pie.
2. Lo que Espinosa le leía a los Gutre todas las noches.

3. Lo opuesto a sur.
4. Agitado, furioso.
5. Escondida, misteriosa.
6. Habitante de la isla de Chiloe cerca de Chile a quien los misioneros quieren catequizar.
7. Religioso de ciertas órdenes.
8. Cabeza hueca, superficial.
9. Lugar reservado para castigo de los pecadores.
10. Lo que le hizo María Juana a Roque Carpio con las tijeras.
11. Lo opuesto de amor.
12. Irritación, enojo.
13. Tener distinción como el padre Espinoza.
14. Persona que no tiene mucha fuerza.
15. Cama ligera para una persona.
16. Sentido que permite percibir los sonidos.
17. Extensión de terreno que forma un conjunto artístico.
18. Ruido que hacían los Gutre en el techo y que Espinosa podía oír desde su cuarto.
19. Parte de los árboles que sirve para encender el fogón o la chimenea.
20. Persona que no vive en un lugar y que viene de fuera.
21. Persona que no sabe leer ni escribir.
22. Descripción de un camino que indica los lugares por donde se va a pasar.
23. Embarcación grande en que se salvaron del Diluvio Noé y su familia.
24. Organización metódica de las cosas. Grupo de religiosos que viven bajo reglas establecidas por su fundador.
25. Gotas de agua que caen del techo en el interior de un edificio.
26. Lo que construyeron los Gutre con las vigas del techo.
27. Lugar donde don Pedro Pablo colocaba su damajuana.

B. *Grammar Review—Indicative versus Subjunctive.* Complete each sentence with the appropriate tense of the verb in parentheses. Justify your choice.

1. Los Gutre seguían a Espinosa como si él (ser) _____ Jesucristo.
2. Si no (haber) _____ habido un diluvio, Espinosa no habría sido crucificado.
3. Si (tener) _____ suerte, puedes vender las cañas a un buen precio.
4. No creía que ellos (ser) _____ analfabetos.
5. La muchacha quería que Espinosa le (curar) _____ su ovejita.

6. Una de estas rosas es lo que quiero que tú me (traer) _____.
7. Le entregaré lo que me (haber) _____ pedido a las cuatro y media.
8. Ellos creían que Héctor (ser) _____ mayor que su hermano.
9. El tío llevó a María Juana para que (ver) _____ los linderos de su propiedad.
10. Midas pensaba que todo lo que tocaba (convertirse) _____ en oro en el futuro.
11. Roque deseaba que María Juana lo (querer) _____ con toda su intensidad.
12. Será una felicidad para él que nosotros (caer) _____ en su casa.
13. No me acostaré hasta que tú (volver) _____ de la misa de gallo.
14. María Juana se ruborizó como si el elogio (venir) _____ de un joven.
15. Los Gutre esperaban que se (repetir) _____ los sucesos que se describían en el Evangelio según Marcos.

Part Five

Part Five contains three stories: *La casa de azúcar, Nadie a quien matar,* and *Un señor muy viejo con unas alas enormes.* In these stories you will experience an alluring fluctuation between the world of reality and the realm of the unthinkable. Both worlds are skillfully brought together at the end of each story to provide the reader with an unforgettable experience.

The author of *La casa de azúcar* is one of Argentina's better-known writers. Silvina Ocampo (1909) has experimented with the world of the fantastic in nearly all her writings. In 1940 with Jorge Luis Borges and her husband, Adolfo Bioy Casares, she edited the famed *Antología de la literatura fantástica,* which included some of her best stories. In *La casa de azúcar,* we are confronted with the realization that there are mysteries in our own lives that can never be fully explained. Cristina, the protagonist, fears the intrusion of another being in her life. Narrated from her husband's point of view, this story reveals the enigmatic ways in which Cristina's preoccupations and superstitions become a reality.

Lino Novás-Calvo (1905–1983) was born in Spain, but emigrated to Cuba when he was a child. He is the author of *Nadie a quien matar,* a short story alluding to the drastic changes that took place in Cuba after the 1959 Revolution. The story is presented as what at first glance appears to be an objective report. It is narrated in the first person by a witness who knew Dr. Lauro Aranguren and the puzzling events that altered the course of his life after the Revolutionary government takeover. The narration focuses on Dr. Aranguren's frustration at not being able to take revenge on the three informers who were to blame for his imprisonment in Isla de Pinos, the death of his wife, and the destruction of his family.

Un señor muy viejo con unas alas enormes, by the 1982 Nobel laureate Gabriel García Márquez (1928), is a masterful story filled with absurd and humorous events that change forever the lives of the villagers in a small, isolated coastal town in the Caribbean. García Márquez, Colombia's most outstanding teller of tall tales, creates a world in which reality is sometimes beautiful and sometimes bitter, but almost always uncanny.

STUDY GUIDE

The following suggestions will facilitate your reading of the selections and prepare you for class activities.

1. The vocabulary in these stories is more difficult and varied than in the previous ones. Begin, therefore, with the Prereading Activities, paying particular attention to the Vocabulary exercises and to the Association and Anticipating the Story sections.
2. Be sure to review the following grammar points found in this unit: the pluperfect subjunctive tense; the conditional perfect tense; the subjunctive after certain adverbial conjunctions; prepositions; subjunctive versus infinitive; **sino, sino que,** and **pero;** the imperfect subjunctive tense; the reflexive construction; and the impersonal reflexive construction.
3. Prepare in advance for the Communicative Activity. Write down your thoughts on the topics chosen for discussion and practice saying them aloud several times in order to improve your oral proficiency.

La casa de azúcar

SILVINA OCAMPO

Prereading Activities

Basic Vocabulary

Nouns

la **abertura** opening, gap
el **acierto** success; good shot
el **acontecimiento** event
el **arreglo** repair
el **buzón** mailbox
la **creencia** belief
la **crema** cream
crema batida whipped cream
la **dicha** happiness
la **equivocación** mistake
el **escondite** hiding place
la **goma (de borrar)** eraser
el **inquilino** tenant
el, la **lisiado/a** cripple
el **mendigo** beggar
la **panadería** bakery
la **pena** unhappiness, suffering
el **pensionista** boarder
las **persianas** Venetian blinds
los **suburbios** outskirts; residential districts
la **tarjeta** card
tarjeta postal postcard
el **terciopelo** velvet
el **timbre** bell
la **torta** cake
el **transeúnte** passer-by, pedestrian
la **vainilla** vanilla
vainillas vanilla wafers
la **vela** candle
la **vía** road; railroad tracks

(continued)

Verbs

advertir (ie) to notice
afligir to afflict; to worry
alabar to praise
amenazar to threaten
aullar to howl
aventurarse a to dare to
componer to mend; to reconcile
comprobar (ue) to verify
comprometerse to become engaged
curiosear to browse around
desatender (ie) to neglect
descolgar (ue) (el tubo) to leave the phone off the hook
despreciar to despise; to scorn; to feel contempt for
disimular to hide, to conceal
embrujar to bewitch
escurrirse to slip
fastidiar to annoy, to bother
grabar to engrave
habitar to live in
heredar to inherit
infligir to inflict; to impose a punishment
influir to influence
inmutarse to change
no inmutarse not to flinch
inquietar to disturb
oprimir to squeeze; to press
recorrer to travel through; to go through
taparse to cover

Adjectives

apestado(-a) infested, diseased
apostado(-a) parked
aterrador(-a) terrifying
charlatán(-a) talkative
encantador(-a) charming, delightful
escotado(-a) low-necked, low cut (*dress*)
estrujado(-a) crumpled up, torn
intruso(-a) intruding
lúgubre gloomy, dismal
mudo(-a) speechless
pesado(-a) heavy; rich
sellado(-a) sealed

(continued)

Useful Expressions

como un relámpago like a flash

de improviso unexpectedly

disfrazado(-a) de disguised as

enterarse de to find out

enviciar el aire to pollute the air

haber sorprendido to have discovered, to have overheard (*a conversation*)

hacer notar to point out

llevar puesto to wear

para colmo to top it off; to make matters worse

por azar by pure chance

por más que no matter how much

quedarse con to keep

sacar a pasear to take for a walk

tener que ver con to have to do with

VOCABULARY USAGE

A. Circle the word that does not belong to each group.

1. mendigo, inquilino, chabola, pobre
2. persiana, torta, vainillas, cremas batidas
3. lisiado, pena, dicha, aflicción, herido
4. pensionista, inquilino, suburbio, ocupante
5. goma, papel, lápiz, abertura
6. tarjeta postal, vela, buzón, carta

B. Select the appropriate word or expression from the Basic Vocabulary to complete each of the following sentences. Make any necessary changes.

1. Cuando nos conocimos ella _____ un vestido verde.
2. Cuando nos casamos tuvimos que buscar un departamento nuevo, pues según sus creencias, el destino de los ocupantes anteriores influiría en su vida. Recorrimos todos los barrios y llegamos hasta los _____ más apartados de la ciudad, pero no encontramos nada.
3. ¡Qué diferente es esta casa! Aquí se respira olor a limpio. Nadie podrá influir en nuestra vida ni ensuciarla con pensamientos que _____ el aire.

4. Pude escuchar toda la conversación con la muchacha, pero no le confesé a mi esposa que _____ esa visita.
5. El perro salió corriendo _____ y no pude encontrarlo. Al poco rato empezó a _____ en la distancia.
6. De cerca le miré los pies y entonces advertí que era un hombre _____ de mujer.
7. No quiero creer en supersticiones, pero sospecho que estoy _____. Creo que estoy heredando la vida, las penas y las equivocaciones de otra persona.

C. Select the word or expression in *Column B* closest in meaning or related logically to each term in *Column A.*

A	B
1. _____ transeúnte	a. vela
2. _____ vestido	b. suburbio
3. _____ persiana	c. teléfono
4. _____ locomotora	d. felicidad
5. _____ barrio	e. viajar
6. _____ descolgar	f. conversar
7. _____ charlar	g. estrujar
8. _____ dicha	h. vías
9. _____ oprimir	i. escotado
10. _____ torta	j. calle
11. _____ recorrer	k. ventana

D. Write sentences of your own, using the following expressions.

1. por azar
2. por más que
3. hacer notar
4. haber sorprendido
5. para colmo
6. de improviso
7. quedarse con
8. enterarse de
9. tener que ver con
10. llevar puesto(-a)

Cognates and Word Formation

Spanish verbs ending in **-tener** frequently correspond to verbs that end in *-tain* in English.

con**tener** con*tain*

Spanish words ending in **-ico** usually correspond to adjectives that end in *-ic* or *-ical* in English.

hispán**ico** Hispan*ic*
mecán**ico** mechan*ical*

Give the English cognates of the following words. Are there any false cognates?

1. superstición
2. iniciales
3. departamento
4. conveniencia
5. adornar
6. irónico
7. atender
8. nervioso
9. comprometerse
10. ocupante
11. enigmático
12. luminosidad
13. inoportuno
14. mantener
15. hospitalidad
16. pariente

Associations

Which type of person do you associate with the following descriptions?

Los espejos rotos me traen mala suerte. Cruzar ciertas calles o ver la luna a través de ciertos vidrios me produce temor.

Ya no preparaba esos ricos postres, un poco pesados, a base de cremas batidas y de chocolate, que me agradaban, ni adornaba periódicamente la casa. Ya no me esperaba con vainillas a la hora del té.

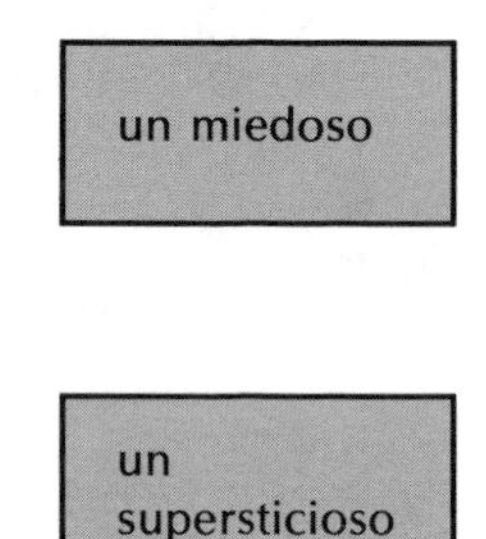

No tendré mi vestido de terciopelo, ella lo tendrá; Bruto, mi perro, será de ella; los hombres no me seguirán a mí sino a ella; perderé la voz que transmitiré a esa garganta indigna. ¡La odio!... ¡Ya lo pagará bien caro!

Mudo, horrorizado y temblando, me alejé de aquella casa, sin revelar mi nombre.

Su manera de ser me parecía encantadora. Era feliz y la quería con locura.

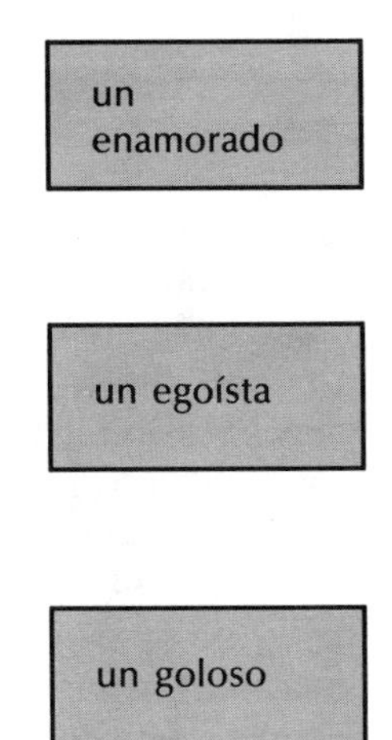

ANTICIPATING THE STORY

Answer the following questions, trying to anticipate aspects of the story you are about to read.

1. ¿Qué le sugiere el título *La casa de azúcar*? ¿Con qué asocia Ud. la palabra *azúcar*? Haga una lista de posibilidades.
2. ¿Es Ud. supersticioso? ¿Tiene temores personales? ¿Cuáles? ¿Se deben respetar las supersticiones de otras personas? ¿Por qué? ¿Qué tipo de suerte (buena o mala) traen las siguientes creencias populares?

   a) pasar por debajo de una escalera
   b) encontrarse una moneda en la calle
   c) romper un espejo
   d) abrir un paraguas dentro de la casa
   e) encontrar un trébol de cuatro hojas
   f) vivir en la casa de una persona que ha muerto violentamente?

   ¿Qué otras supersticiones conoce Ud.? Explíquelas.

La casa de azúcar

Silvina Ocampo

Las supersticiones no dejaban vivir a Cristina. Una moneda con la efigie borrada,[1] una mancha de tinta,[2] la luna vista a través de dos vidrios, las iniciales de su nombre grabadas por azar sobre el tronco de un cedro la enloquecían de temor.[3] Cuando nos 5 conocimos llevaba puesto un vestido verde, que siguió usando hasta que se rompió, pues me dijo que le traía suerte y que en cuanto se ponía otro, azul, que le sentaba mejor,[4] no nos veíamos. Traté de combatir estas manías absurdas. Le hice notar que tenía un espejo roto en su cuarto y que por más que yo le insistiera 10 en la conveniencia de tirar los espejos rotos al agua, en una noche de luna, para quitarse la mala suerte, lo guardaba; que jamás temió que la luz de la casa bruscamente se apagara, y a pesar de que fuera un anuncio seguro de muerte, encendía con tranquilidad cualquier número de velas; que siempre dejaba sobre la 15 cama el sombrero, error en que nadie incurría.[5] Sus temores eran personales. Se infligía verdaderas privaciones; por ejemplo: no podía comprar frutillas en el mes de diciembre, ni oír determinadas músicas, ni adornar la casa con peces rojos, que tanto le gustaban. Había ciertas calles que no podíamos cruzar, ciertas 20 personas, ciertos cinematógrafos que no podíamos frecuentar. Al principio de nuestra relación, estas supersticiones me parecieron encantadoras, pero después empezaron a fastidiarme y a preocuparme seriamente. Cuando nos comprometimos tuvimos que buscar un departamento nuevo, pues según sus creencias, el des-25 tino de los ocupantes anteriores influiría sobre su vida (en ningún momento mencionaba la mía, como si el peligro la amenazara sólo a ella y nuestras vidas no estuvieran unidas por el amor). Recorrimos todos los barrios de la ciudad; llegamos a los suburbios más alejados, en busca de un departamento que nadie 30 hubiera habitado: todos estaban alquilados[6] o vendidos. Por fin encontré una casita en la calle Montes de Oca, que parecía de azúcar. Su blancura brillaba con extraordinaria luminosidad.

---

[1]**efigie borrada** face worn away [2]**tinta** ink [3]**la enloquecían de temor** drove her mad with fear [4]**le sentaba mejor** fit her better; looked better on her [5]**error... incurría** an error that no one would make [6]**alquilado** rented

Tenía teléfono y, en el frente, un diminuto jardín. Pensé que esa casa era recién construida, pero me enteré de que en 1930 la había ocupado una familia, y que después, para alquilarla, el propietario le había hecho algunos arreglos. Tuve que hacer creer a Cristina que nadie había vivido en la casa y que era el lugar ideal: la casa de nuestros sueños. Cuando Cristina la vio, exclamó:

—¡Qué diferente de los departamentos que hemos visto! Aquí se respira olor a limpio. Nadie podrá influir en nuestras vidas y ensuciarlas con pensamientos que envician el aire.

En pocos días nos casamos y nos instalamos allí. Mis suegros nos regalaron los muebles del dormitorio, y mis padres los del comedor. El resto de la casa lo amueblaríamos de a poco. Yo temía que, por los vecinos, Cristina se enterara de mi mentira, pero felizmente hacía sus compras fuera del barrio y jamás conversaba con ellos. Éramos felices, tan felices que a veces me daba miedo. Parecía que la tranquilidad nunca se rompería en aquella casa de azúcar, hasta que un llamado telefónico destruyó mi ilusión. Felizmente Cristina no atendió aquella vez el teléfono, pero quizá lo atendiera en una oportunidad análoga.[7] La persona que llamaba preguntó por la señora Violeta: indudablemente se trataba de la inquilina anterior. Si Cristina se enteraba de que yo la había engañado, nuestra felicidad seguramente concluiría: no me hablaría más, pediría nuestro divorcio, y en el mejor de los casos[8] tendríamos que dejar la casa para irnos a vivir, tal vez, a Villa Urquiza, tal vez a Quilmes,[9] de pensionistas en alguna de las casas donde nos prometieron darnos un lugarcito para construir ¿con qué? (con basura, pues con mejores materiales no me alcanzaría el dinero)[10] un cuarto y una cocina. Durante la noche yo tenía cuidado de descolgar el tubo, para que ningún llamado inoportuno nos despertara. Coloqué un buzón en la puerta de calle; fui el depositario de la llave,[11] el distribuidor de cartas.

Una mañana temprano golpearon a la puerta y alguien dejó un paquete. Desde mi cuarto oí que mi mujer protestaba, luego oí el ruido del papel estrujado. Bajé la escalera y encontré a Cristina con un vestido de terciopelo entre los brazos.

---

[7]**en... análoga** on a similar occasion [8]**en... casos** at best [9]**Villa Urquiza... Quilmes** districts of Buenos Aires [10]**no me... el dinero** I wouldn't have enough money [11]**fui el depositario de la llave** I kept the mailbox key

—Acaban de traerme este vestido —me dijo con entusiasmo.

Subió corriendo las escaleras y se puso el vestido, que era muy escotado.

—¿Cuándo te lo mandaste hacer?

—Hace tiempo. ¿Me queda bien? Lo usaré cuando tengamos que ir al teatro, ¿no te parece?

—¿Con qué dinero lo pagaste?

—Mamá me regaló unos pesos.

Me pareció raro, pero no le dije nada, para no ofenderla. Nos queríamos con locura. Pero mi inquietud comenzó a molestarme, hasta para abrazar a Cristina por la noche. Advertí que su carácter había cambiado: de alegre se convirtió en triste, de comunicativa en reservada, de tranquila en nerviosa. No tenía apetito. Ya no preparaba esos ricos postres, un poco pesados, a base de cremas batidas y de chocolate, que me agradaban, ni adornaba periódicamente la casa. Ya no me esperaba con vainillas a la hora del té, ni tenía ganas de ir al teatro o al cinematógrafo de noche, ni siquiera cuando nos mandaban entradas de regalo. Una tarde entró un perro en el jardín y se acostó frente a la puerta de calle, aullando. Cristina le dio carne y le dio de beber y, después de un baño, que le cambió el color del pelo, declaró que le daría hospitalidad y que lo bautizaría con el nombre de AMOR, porque llegaba a nuestra casa en un momento de verdadero amor. El perro tenía el paladar negro, lo que indica pureza de raza.

Otra tarde llegué de improviso a casa. Me detuve en la entrada porque vi una bicicleta apostada en el jardín. Entré silenciosamente y me escurrí detrás de una puerta y oí la voz de Cristina.

—¿Qué quiere? —repitió dos veces.

—Vengo a buscar a mi perro —decía la voz de una muchacha—. Pasó tantas veces frente a esta casa que se ha encariñado con ella.[12] Esta casa parece de azúcar. Desde que la pintaron, llama la atención de todos los transeúntes. Pero a mí me gustaba más antes, con ese color rosado y romántico de las casas viejas. Esta casa era muy misteriosa para mí. Todo me gustaba en ella: la fuente donde venían a beber los pajaritos; las enre-

---

[12]**se ha encariñado con ella** (the dog) has become very fond of it

daderas[13] con flores, como cornetas amarillas; el naranjo. Desde que tengo ocho años esperaba conocerla a usted, desde aquel día en que hablamos por teléfono, ¿recuerda? Prometió que iba a regalarme un barrilete.[14]

—Los barriletes son juegos de varones. 5

—Los juguetes no tienen sexo. Los barriletes me gustaban porque eran como enormes pájaros: me hacía la ilusión de volar sobre sus alas. Para usted fue un juego prometerme ese barrilete; yo no dormí en toda la noche. Nos encontramos en la panadería, usted estaba de espaldas y no vi su cara. Desde ese día no pensé 10 en otra cosa que en usted, en cómo sería su cara, su alma, sus ademanes de mentirosa.[15] Nunca me regaló aquel barrilete. Los árboles me hablaban de sus mentiras. Luego fuimos a vivir a Morón, con mis padres. Ahora, desde hace una semana estoy de nuevo aquí. 15

—Hace tres meses que vivo en esta casa, y antes jamás frecuenté estos barrios. Usted estará confundida.

—Yo la había imaginado tal como es. ¡La imaginé tantas veces! Para colmo de la casualidad, mi marido estuvo de novio con usted. 20

—No estuve de novia sino con mi marido. ¿Cómo se llama este perro?

—Bruto.

—Llévеselo, por favor, antes que me encariñe con él.

—Violeta, escúcheme. Si llevo el perro a mi casa, se morirá. 25 No lo puedo cuidar. Vivimos en un departamento muy chico. Mi marido y yo trabajamos y no hay nadie que lo saque a pasear.

—No me llamo Violeta. ¿Qué edad tiene?

—¿Bruto? Dos años. ¿Quiere quedarse con él? Yo vendría a visitarlo de vez en cuando, porque lo quiero mucho. 30

—A mi marido no le gustaría recibir desconocidos en su casa, ni que aceptara un perro de regalo.

—No se lo diga, entonces. La esperaré todos los lunes a las siete de la tarde en la plaza Colombia. ¿Sabe dónde es? Frente a la iglesia Santa Felicitas, o si no la esperaré donde usted quiera 35 y a la hora que prefiera; por ejemplo, en el puente de Consti-

---

[13]**enredadera** climbing plant [14]**barrilete** kite (**una cometa**) [15]**ademanes de mentirosa** your lying ways

tución o en el parque Lezama. Me contentaré con ver los ojos de Bruto. ¿Me hará el favor de quedarse con él?

—Bueno. Me quedaré con él.

—Gracias, Violeta.

5 —No me llamo Violeta.

—¿Cambió de nombre? Para nosotros usted es Violeta. Siempre la misma misteriosa Violeta.

Oí el ruido seco de la puerta[16] y el taconeo[17] de Cristina, subiendo la escalera. Tardé un rato en salir de mi escondite y 10 en fingir que acababa de llegar. A pesar de haber comprobado la inocencia del diálogo, no sé por qué, una sorda desconfianza[18] comenzó a devorarme. Me pareció que había presenciado una representación de teatro y que la realidad era otra. No confesé a Cristina que había sorprendido la visita de esa muchacha. Es- 15 peré los acontecimientos, temiendo siempre que Cristina descubriera mi mentira, lamentando que estuviéramos instalados en ese barrio. Yo pasaba todas las tardes por la plaza que queda frente a la iglesia de Santa Felicitas, para comprobar si Cristina había acudido a la cita.[19] Cristina parecía no advertir mi inquie- 20 tud. A veces llegué a creer[20] que yo había soñado. Abrazando al perro, un día Cristina me preguntó:

—¿Te gustaría que me llamara Violeta?

—No me gusta el nombre de las flores.

—Pero Violeta es lindo. Es un color.

25 —Prefiero tu nombre.

Un sábado, al atardecer, la encontré en el punte de Constitución, asomada sobre el parapeto de fierro.[21] Me acerqué y no se inmutó.

—¿Qué haces aquí?

30 —Estoy curioseando. Me gusta ver las vías desde arriba.

—Es un lugar muy lúgubre y no me gusta que andes sola.

—No me parece tan lúgubre. ¿Y por qué no puedo andar sola?

---

[16]**el ruido... puerta** the sharp noise of the door closing [17]**taconeo** heel tapping (*meaning the sound of the heels of Christina's shoes*) [18]**sorda desconfianza** pent-up suspicion [19]**había... cita** had kept the appointment [20]**llegué a creer** I even believed [21]**asomada... fierro** leaning over the iron railing

—¿Te gusta el humo negro de las locomotoras?

—Me gustan los medios de transporte. Soñar con viajes. Irme sin irme.

Volvimos a casa. Enloquecido de celos[22] (¿celos de qué? De todo), durante el trayecto apenas le hablé. 5

—Podríamos tal vez comprar alguna casita en San Isidro o en Olivos, es tan desagradable este barrio—le dije, fingiendo que me era posible adquirir una casa en esos lugares.

—No creas. Tenemos muy cerca de aquí el parque Lezama.

—Es una desolación. Las estatuas están rotas, las fuentes sin 10 agua, los árboles apestados. Mendigos, viejos y lisiados, van con bolsas, para tirar o recoger basuras.

—No me fijo en esas cosas.

—Antes no querías sentarte en un banco donde alguien había comido mandarinas o pan. 15

—He cambiado mucho.

—Por mucho que hayas cambiado, no puede gustarte un parque como ése. Ya sé que tiene un museo con leones de mármol que cuidan la entrada y que jugabas allí en tu infancia, pero eso no quiere decir nada. 20

—No te comprendo —me respondió Cristina. Y sentí que me despreciaba, con un desprecio que podía conducirla al odio.

Durante días, que me parecieron años, la vigilé, tratando de disimular mi ansiedad. Todas las tardes pasaba por la plaza frente a la iglesia y los sábados por el horrible puente negro de Cons- 25 titución. Un día me aventuré a decir a Cristina:

—Si descubriéramos que esta casa fue habitada por otras personas ¿qué harías, Cristina? ¿Te irías de aquí?

—Si una persona hubiera vivido en esta casa, esa persona tendría que ser como esas figuritas de azúcar que hay en los 30 postres o en las tortas de cumpleaños: una persona dulce como el azúcar. Esta casa me inspira confianza, ¿será el jardincito de la entrada que me infunde tranquilidad? ¡No sé! No me iría de aquí por todo el oro del mundo. Además no tendríamos adónde ir. Tú mismo me lo dijiste hace un tiempo. 35

No insistí, porque iba a pura pérdida.[23] Para conformarme pensé que el tiempo compondría las cosas.

---

[22]**enloquecido de celos** madly jealous [23]**pura pérdida** waste of time

Una mañana sonó el timbre de la puerta de calle. Yo estaba afeitándome[24] y oí la voz de Cristina. Cuando concluí de afeitarme, mi mujer ya estaba hablando con la intrusa. Por la abertura de la puerta las espié. La intrusa tenía una voz tan grave y los pies tan grandes que eché a reír.

—Si usted vuelve a ver a Daniel, lo pagará muy caro, Violeta.

—No sé quién es Daniel y no me llamo Violeta —respondió mi mujer.

—Usted está mintiendo.

—No miento. No tengo nada que ver con Daniel.

—Yo quiero que usted sepa las cosas como son.

—No quiero escucharla.

Cristina se tapó las orejas con las manos. Entré en el cuarto y le dije a la intrusa que se fuera. De cerca le miré los pies, las manos y el cuello. Entonces advertí que era un hombre disfrazado de mujer. No me dio tiempo de pensar en lo que debía hacer; como un relámpago desapareció dejando la puerta entreabierta tras de sí.[25]

No comentamos el episodio con Cristina; jamás comprenderé por qué; era como si nuestros labios hubieran estado sellados para todo lo que no fuese besos nerviosos, insatisfechos o palabras inútiles.

En aquellos días, tan tristes para mí, a Cristina le dio por cantar.[26] Su voz era agradable, pero me exasperaba, porque formaba parte de ese mundo secreto, que la alejaba de mí. ¡Por qué, si nunca había cantado, ahora cantaba noche y día mientras se vestía o se bañaba o cocinaba o cerraba las persianas!

Un día en que oí a Cristina exclamar con un aire enigmático: —Sospecho que estoy heredando la vida de alguien, las dichas y las penas, las equivocaciones y los asciertos. Estoy embrujada. —fingí no oír esa frase atormentadora. Sin embargo, no sé por qué empecé a averiguar en el barrio quién era violeta, dónde estaba, todos los detalles de su vida.

A media cuadra de nuestra casa había una tienda donde vendían tarjetas postales, papel, cuadernos, lápices, gomas de

---

[24]**afeitarse** to shave [25]**dejando... sí** leaving the door ajar behind him [26]**le dio por cantar** got it into her head to sing

borrar y juguetes. Para mis averiguaciones, la vendedora de esa tienda me pareció la persona más indicada: era charlatana y curiosa, sensible a las lisonjas.[27] Con el pretexto de comprar un cuaderno y lápices, fui una tarde a conversar con ella. Le alabé los ojos, las manos, el pelo. No me atreví a pronunciar la palabra Violeta. Le expliqué que éramos vecinos. Le pregunté finalmente quién había vivido en nuestra casa. Tímidamente le dije:

—¿No vivía una tal Violeta?

Me contestó cosas muy vagas, que me inquietaron más. Al día siguiente traté de averiguar en el almacén algunos otros detalles. Me dijeron que Violeta estaba en un sanatorio frenopático[28] y me dieron la dirección.

—Canto con una voz que no es mía —me dijo Cristina, renovando su aire misterioso—. Antes me hubiera afligido, pero ahora me deleita. Soy otra persona, tal vez más feliz que yo.

Fingí de nuevo no haberla oído. Yo estaba leyendo el diario.

De tanto averiguar detalles de la vida de Violeta, confieso que desatendía a Cristina.

Fui al sanatorio frenopático, que quedaba en Flores. Ahí pregunté por Violeta y me dieron la dirección de Arsenia López, su profesora de canto.

Tuve que tomar el tren en Retiro, para que me llevara a Olivos. Durante el trayecto una tierrita me entró en un ojo, de modo que en el momento de llegar a la casa de Arsenia López, se me caían las lágrimas como si estuviese llorando. Desde la puerta de calle oí voces de mujeres, que hacían gárgaras con las escalas,[29] acompañadas de un piano, que parecía más bien un organillo.[30]

Alta, delgada, aterradora, apareció en el fondo de un corredor Arsenia López, con un lápiz en la mano. Le dije tímidamente que venía a buscar noticias de Violeta.

—¿Usted es el marido?

—No, soy un pariente —le respondí secándome los ojos con un pañuelo.

---

[27]**sensible a las lisonjas** susceptible to flattery [28]**sanatorio frenopático** insane asylum [29]**hacían gárgaras... escalas** were making gargling noises while singing scales [30]**organillo** barrel organ

—Usted será uno de sus innumerables admiradores —me dijo, entornando los ojos[31] y tomándome la mano—. Vendrá para saber lo que todos quieren saber, ¿cómo fueron los últimos días de Violeta? Siéntese. No hay que imaginar que una persona muerta, forzosamente haya sido pura, fiel, buena.

—Quiere consolarme —le dije.

Ella, oprimiendo mi mano con su mano húmeda, contestó:

—Sí. Quiero consolarlo. Violeta era no sólo mi discípula, sino mi íntima amiga. Si se disgustó conmigo, fue tal vez porque me hizo demasiadas confidencias y porque ya no podía engañarme. Los últimos días que la vi, se lamentó amargamente[32] de su suerte. Murió de envidia. Repetía sin cesar: «Alguien me ha robado la vida, pero lo pagará muy caro. No tendré mi vestido de terciopelo, ella lo tendrá; Bruto será de ella; los hombres no se disfrazarán de mujer para entrar en mi casa sino en la de ella; perderé la voz, que transmitiré a esa garganta indigna; no nos abrazaremos con Daniel en el puente de Constitución, ilusionados con un amor imposible, inclinados como antaño,[33] sobre la baranda de hierro, viendo los trenes alejarse.»

Arsenia López me miró en los ojos y me dijo:

—No se aflija. Encontrará muchas mujeres más leales. Ya sabemos que era hermosa, pero ¿acaso la hermosura es lo único bueno que hay en el mundo?

Mudo, horrorizado, me alejé de aquella casa, sin revelar mi nombre a Arsenia López que, al despedirse de mí, intentó abrazarme, para demostrar su simpatía.

Desde ese día Cristina se transformó, para mí, al menos, en Violeta. Traté de seguirla a todas horas, para descubrirla en los brazos de sus amantes. Me alejé tanto de ella que la vi como a una extraña. Una noche de invierno huyó. La busqué hasta el alba.

Ya no sé quién fue víctima de quién, en esa casa de azúcar, que ahora está deshabitada.

---

[31]**entornar los ojos** to half-close the eyes [32]**amargamente** bitterly [33]**como antaño** like long ago

POSTREADING ACTIVITIES

READING COMPREHENSION

Answer the following questions based on the reading.

1. ¿Qué tipo de persona es Cristina? Dé ejemplos específicos para justificar su respuesta.
2. Según Cristina, ¿cómo debe ser el lugar donde piensan vivir después de casados? ¿Por qué cree ella que esto es importante?
3. ¿Cómo es la casa que encuentra el marido? Haga una descripción.
4. ¿Qué inconveniente tiene la casa? ¿Se justifica el engaño del marido? ¿Cree Ud. que él debe haber respetado las creencias de su esposa?
5. ¿Qué hizo el marido para evitar que Cristina descubriera su engaño?
6. ¿Qué le llegó a Cristina en el paquete? ¿Quién se lo envió? ¿Cómo reacciona el marido?
7. ¿Cómo nota el marido que Cristina está cambiando?
8. ¿Qué función tiene la visita de la muchacha que vino a buscar el perro? Explique con detalles.
9. ¿Por qué comienza el esposo a vigilar a Cristina? ¿Qué teme?
10. Mencione dos o tres acontecimientos extraños que causan celos en el marido.
11. ¿Cómo reacciona Cristina ante la posibilidad de que alguien hubiera habitado su «casa de azúcar»?
12. ¿Por qué no le gustaba al marido que Cristina cantara? ¿Qué temía?
13. ¿Cómo explica Cristina el cambio en su personalidad?
14. ¿Por qué decide el marido ir a la tienda que está en la misma cuadra de su casa?
15. ¿Qué descubre en la tienda?
16. ¿Qué descubre el marido sobre la vida de Violeta cuando visita a Arsenia López?
17. ¿Qué importancia tienen las últimas palabras de Violeta antes de morir? Explique su relación con el cambio de Cristina.

18. ¿Cómo termina el cuento?
19. ¿Después de haber leído el cuento, ¿cómo justificaría Ud. el título?

STRUCTURES

A. *The Pluperfect Subjunctive Tense*

In the following paragraph, Cristina's husband is meditating about the strange circumstances surrounding their lives since they moved to the new house. Complete his thoughts by providing the pluperfect subjunctive tense of the verbs in parentheses.

Me gustó mucho esta casita blanca. Creía que seríamos felices en ella. Recuerdo que por muchos días recorrimos casi todos los barrios en busca de un departamento que nadie (habitar) _____, como lo deseaba Cristina. Nos fue imposible encontrar algo así. Por eso, cuando vi esta casita, pensé que no habría problemas, porque si una persona (vivir) _____ aquí, tendría que ser como Cristina.

Después de mudarnos comenzaron nuestros problemas. Extraños acontecimientos empezaron a suceder, pero no hablábamos de ello. Era como si nuestros labios (estar) _____ sellados; ahora no nos podíamos comunicar. Empezamos a cambiar los dos. Ella se volvía cada día más rara; parecía otra persona. Antes su comportamiento me (afligir) _____, pero ahora me horrizaba pensar que quizás yo había sido el culpable de su cambio. Si le (decir) _____ que la casita no era nueva, tal vez (poder) _____ ser felices en un lugar como el que ella deseaba.

B. *The Conditional Perfect Tense*

Complete the following sentences creatively, using the conditional perfect tense to express what would have taken place had the protagonist acted in a different manner.

EXAMPLE: Si no me hubiera mudado a la casita, *no habría perdido a mi mujer.*

1. Si le hubiera dicho la verdad a Cristina,...
2. Si no hubiéramos estado viviendo en la casita,...

3. Si Cristina no hubiera sido supersticiosa,...
4. Si Bruto no hubiera venido a la casa,...
5. Si yo no hubiera ido a la tienda,...
6. Si yo le hubiera confesado a Cristina lo que Arsenia López me dijo,...
7. Si hubiera sido un esposo más comprensivo,...

C. *The Subjunctive After Certain Adverbial Conjunctions*

The subjunctive always occurs after the following adverbial conjunctions, since they introduce actions or events that are indefinite or uncertain.

a fin de que	*so that*
a menos que	*unless*
a no ser que	*unless*
antes (de) que	*before*
con tal (de) que	*provided (that)*
en caso (de) que	*in case*
para que	*so that*
sin que	*without*

No entro en esa casa **a menos que** no **haya** nadie.
Bésalo, **para que** no se **ofenda.**
Voy a decírtelo todo, **con tal que** no me **dejes.**

Give the Spanish equivalent of the following English sentences.

1. In case the boarder comes, tell him I'm already engaged to be married.
2. Cristina, unless you stop going out at night, I'm going to go crazy.
3. They always kiss without her husband seeing them.
4. Take him away before I become fond of him.
5. I praised her so that she would show me the way to the insane asylum.

Find the answers in *Column B* to the questions in *Column A*.

	A		B
1. ______	¿Vas a sacarlos del escondite?	a.	Te esperaré con tal que me ames con locura.
2. ______	¿Por qué no aceptas mi regalo?	b.	No, ya la había encontrado antes de que me lo preguntaras.
3. ______	¿Me esperas los lunes a las siete de la tarde en el parque?	c.	A mi marido no le gustaría que aceptara un perro a menos que fuera de raza.
4. ______	¿Por qué no querías que hablara con otras personas sobre la casa?	d.	Temía que descubrieras mis mentiras.
5. ______	¿Busca una casa que no esté embrujada?	e.	No, a no ser que tú mismo me la dijeras voluntariamente.
6. ______	¿Te irías de aquí si descubrieras la verdad?	f.	No, pero pienso hacerlo antes de que te vayas al sanatorio.

Writing Practice

La casa de azúcar is narrated mainly from the husband's point of view. Write a summary of the story of about 180 words from Cristina's point of view. Your composition will be evaluated for grammatical accuracy and vocabulary usage.

Communicative Activity

Prepare a brief talk for class about one of the following topics. You may wish to include pertinent information from magazines, newspapers, or books.

1. **La reencarnación.** ¿Es posible? ¿Tiene amistades que crean en la reencarnación? ¿Ha sentido la necesidad de convertirse en otra persona? ¿En quién? ¿Por qué? Ha sentido a veces que ya ha visitado ciertos lugares o conocido con anterioridad a ciertas personas? ¿Cómo se explica esto? ¿Qué religiones tienen la creencia en la reencarnación como base importante de sus dogmas? ¿Ha leído alguna información sobre este tema? ¿Qué ha leído? ¿Dónde?
2. **El engaño.** En *La casa de azúcar,* el esposo engaña a Cristina cuando no le dice que la casa había sido anteriormente habitada. ¿Cree Ud. que un engaño como éste tiene consecuencias en las relaciones entre dos personas? ¿Se deben respetar las creencias de los otros? ¿Por qué comienza a deteriorarse el matrimonio? ¿Cuáles son los cambios más notables en Cristina? ¿Y en el marido? ¿Quién es culpable de la destrucción del matrimonio? ¿Conoce o ha leído sobre algún caso parecido? ¿Cuáles fueron las circunstancias? ¿Qué hubiera hecho Ud. para mejorar la situación?

Nadie a quien matar

LINO NOVÁS-CALVO

PREREADING ACTIVITIES

BASIC VOCABULARY

Nouns

el **cabecilla** leader
la **calavera** skull
la **candela** fire
el **cerco** police cordon; siege
la **consulta** consultation; doctor's office
el **delirio** hallucination
el **disparo** shot
la **ferretería** hardware store
la **ficha** file; police record
la **fuga** escape
el **fulgor** gleam
la **galera** prison
la **guayabera** traditional Cuban shirt
el **intento** attempt
intento dinamitero attempted sabotage

la **loma** hill
la **mecedora** rocking chair
el **ministerio** Ministry; government office
el **paredón** wall (*used for firing squad*)
la **placa** X-ray
la **prenda** item of jewelry
el **puesto** position; job
la **redada** police roundup
la **revuelta** revolt
la **sospecha** suspicion
el **taller** repair shop
la **venganza** revenge, vengeance
el **viejo** old man (*meaning father*)

(continued)

Verbs

ablandar to become soft, to soften
acaparar to monopolize, to command (*attention*)
acudir to go to, to attend
agacharse to stoop, to squat; *fig.* to go along with what is going on
arrastrarse to debase oneself; to humiliate oneself vilely; to crawl
arremeter to charge; to rush
botar to throw out
cabecear to nod one's head
confiar to trust
copar to corner
chillar to shout
desamparar to abandon
disuadir to dissuade
doblegarse to submit
encaramarse to climb
enmudecer to silence; *fig.* to be speechless
envenenarse to poison; *fig.* to grow bitter
extrañar to surprise
frotar to rub
fusilar to execute (*by shooting*)
incautar to confiscate
juntarse to get together
merodear to prowl
platicar to talk
reanimar to cheer up
retorcer to twist
rondar to prowl around
sobrevivir to survive
soltar to set free
tambalearse to stagger

Adjectives

afiebrado(-a) feverish
amargo(-a) bitter
barbudo(-a) bearded (*adjective used as noun to identify Fidel Castro's soldiers*)
carcomido(-a) decayed
cauteloso(-a) cautious
desencajado(-a) distorted (*face*); contorted; disconnected
embebido(-a) absorbed
fiero(-a) fierce
piadoso(-a) compassionate
tieso(-a) stiff

(continued)

Useful Expressions

a gatas crawling
a hurtadillas stealthily, slyly
a la larga in the long run
abrirse paso en la vida to make one's way in life
allá él it's his business; that's up to him
bien que although
dar sepultura to bury
dejar de (+ *infinitive*) to stop (+ *present participle*)
descansar en paz to rest in peace
fuera de sí beside oneself
hacer hueco to make room
levantar el acta to draw up an affidavit; to declare officially
levantar el vuelo to take flight; to clear out
más bien rather
más que nunca more than ever
no quedar (haber) más que to have no other choice but
pegar gritos to shout
poner el cuño *lit.* to put the seal of approval, i.e., to rest assured
salir a flote to keep one's head above water
tocar en lo vivo to hurt to the quick; to touch a very sensitive spot (*nerve*)
vuelto al revés inside out

VOCABULARY USAGE

A. Select the word that does not belong to each of the following groups.

1. placa, consulta, taller, médico
2. galera, cárcel, ferretería, prisión, presidiario
3. policía, ficha, viejo, redada, cerco
4. puesto, ministerio, oficina, trabajo, venganza
5. guayabera, revolución, revuelta, cabecilla, paredón
6. padre, hermano, viejo, marido, mecedora
7. sofá, mueble, catre, loma, cama, silla
8. hablar, chillar, conversar, platicar

B. Find the verbs from the Basic Vocabulary list that may be substituted for the italicized expressions below.

1. He leído por ahí que Lauro Aranguren *se subió* a las lomas para pelear contra los barbudos.
2. Tienes que *tirar* los documentos que te puedan relacionar con el régimen anterior.
3. A Lauro le *parecía raro* el comportamiento de sus amigos.
4. Sus hermanos andaban por ahí, ella *pegando gritos* y él prendiendo gente.
5. Al principio había pensado salir del país. Pero ahora no le quedaba más remedio que *obedecer* y callar.
6. Después de sus consultas, con frecuencia *iba* a casa de Romilio para *hablar* en secreto.
7. Felisa y Servando no acudieron a Romilio cuando se vieron en problemas. Pero se *humillaron* ante Lauro para que éste los ayudara a escaparse del país.
8. Lauro se dejó *convencer* por sus hermanos en un tiempo en que no se podía ser blando.
9. Lauro no estaba seguro. Pero había dos o tres personas que *monopolizaban* sus sospechas.
10. El gobierno revolucionario le *confiscó* la consulta y otras propiedades.
11. Hermano, *tengo fe* en ti. Lo que te voy a decir no lo puedes compartir con nadie.
12. Lo primero que hizo Lauro fue *vigilar* la casa en que había vivido su enemigo.
13. *No pudo decir ni una sola palabra* cuando se dio cuenta de la verdad.
14. Todo lo que le había pasado lo *había dejado lleno de amargura y tristeza.*
15. La verdad es que hasta su mejor amigo lo *había abandonado.*

C. Select the appropriate words or expressions from the Basic Vocabulary list to complete each of the following sentences. Make any necessary changes.

1. Se decía que Lauro estaba encaramado en las _____ peleando en contra de los barbudos.
2. A los que se oponían a la Revolución los mandaban al _____, es decir, los fusilaban.
3. Romilio tenía un _____ donde reparaba carros, y su hermano Lauro una _____ donde curaba a sus pacientes.

4. El que juega con _____ se quema los dedos.
5. A los _____ de la revuelta los metieron en alguna _____ en las afueras de la capital.
6. Romilio, he visto las _____ y los análisis y sé que estoy muy enfermo.
7. Antes de la Revolución, había escondido dinero, _____ y otras cosas de valor para que no se las incautaran.
8. En la _____, la policía había capturado a casi todos los terroristas.
9. Tenía un _____ en los Ministerios, aunque nunca iba a trabajar.

Cognates and Word Formation

Carefully read the following edited excerpts from *Nadie a quien matar* and circle all Spanish cognates you recognize.

1. Por los periódicos, Lauro fue haciéndose una imagen más o menos exacta de lo que había sucedido. Los hombres que se escaparon podían o no ser los traidores que lo denunciaron a la policía.
2. La tercera persona era pariente de Claudia y uno de los más importantes agitadores de los primeros tiempos. Los tres se decían desencantados y eran, en efecto, los líderes del grupo de Lauro.
3. La oficina fue confiscada, lo mismo que otras propiedades valiosas de la familia.
4. Hermano, en ti confío. Traigo un propósito. Lo he incubado en presidio. Pero me tienes que guardar el secreto.
5. El insurgente apareció, cadáver, flotando en una piscina de una residencia lujosa en uno de los suburbios más conocidos de La Habana.
6. Cada vez que Lauro regresaba de una de aquellas exploraciones, parecía más demente. Por los miembros del Comité de Defensa, se iba enterando de que, primero, Sureda se había escapado al norte; segundo, que Rendueles se había metido en una embajada; y tercero, que Rosalba no había regresado del extranjero.

ASSOCIATIONS

Which expressions do you associate with the following descriptions?

Estaba flaco, carcomido, como una rama seca. Se le notaban los huesos por debajo de la guayabera y era casi imposible verle los ojos allá en el fondo de la calavera. Pero de los ojos salía una luz demente.

No me contestaba cuando le hablaba. Lauro estaba completamente sumergido en sus planes de venganza para prestar atención a lo que le decía.

Lauro regresó aturdido. Las palabras no pasaban de su garganta, los ojos se le salían de la cara, caminaba sin dirección.

El intento dinamitero había fracasado. De pronto se vio en un cerco de reflectores. Trató de escapar a gatas por debajo de las luces; cayó en la fuga, fue apresado y enviado a la cárcel.

Se entiesó, giró sobre sí mismo, retorciendo una pierna en la otra, y empezó a caer lentamente. Antes de que acabara de caer, sonaron tres disparos más.

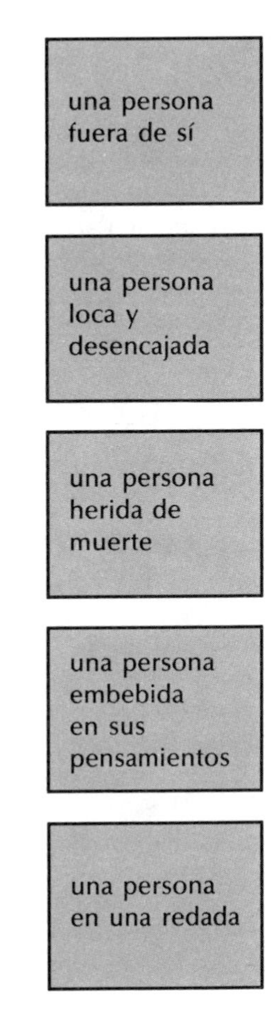

Anticipating the Story

Answer the following questions, trying to anticipate aspects of the story you are about to read.

1. ¿Qué le sugiere el título *Nadie a quien matar*?
2. ¿Qué le sugiere el dibujo que acompaña al cuento? Describa el aspecto físico de los soldados y trate de anticipar el dilema de la pareja que, en medio de la muchedumbre, observa con preocupación lo que sucede.
3. En *Nadie a quien matar,* Lino Novás-Calvo utiliza términos variados para referirse a la Revolución cubana de 1959 contra el régimen dictatorial de Fulgencio Batista. ¿Qué le sugieren a Ud. las palabras siguientes que aparecen en la lectura y que se emplean en lugar de la palabra «Revolución»?
   a) la Agitación
   b) el Huracán
   c) La Candela Grande
   d) Aquéllo
   e) La Gran Revuelta

   ¿Cree Ud. que estos términos definen bien lo que significa «revolución»? ¿Por qué?

   Abundan también expresiones coloquiales y refranes populares que aluden negativamente a la situación postrevolucionaria. ¿En qué contextos cree Ud. que encontrará las expresiones siguientes? ¿Qué significan?
   a) vuelto al revés
   b) salir a flote
   c) pegar gritos
   d) levantar el vuelo
   e) a hurtadillas
   f) tocar en lo vivo

Nadie a quien matar

LINO NOVÁS-CALVO

Ésta es la versión fiel y la historia verdadera de los últimos días de Lauro Aranguren. Perdón: el doctor Lauro Aranguren, con todo respeto.

He leído por ahí, en hojas tiradas en el extranjero,[1] versiones que se apartan absurdamente de los hechos. En una, por ejemplo, se pinta a Lauro Aranguren encaramado en las lomas y mochando[2] cabezas de revolucionarios. Allá ellos con sus delirios. No es mucho más lo que les queda.

Pues bien, a lo de Lauro.[3] Esto que les voy a contar es —pónganle el cuño— lo más exacto que pueda conocer una persona que no sea él mismo. Y él —en paz descanse— ya no está para contarlo.

Lauro había pasado dos años en la Isla.[4] Ya ustedes me entienden. No digo que lo hayan condenado a esa prisión. Nunca fue juzgado. Lo mandaron, simplemente, para allá, y allá estuvo hasta que un buen día que yo jamás creí que llegara, lo trajeron para acá y lo dejaron de patas en los Cuatro Caminos.[5] Así, como suena: sin más proceso ni más papeles. Por qué sucedió así, yo no lo sé. No puedo más que imaginármelo. Quizá hubiese que hacer hueco para otro, porque en aquellos días estaban muy apretados en las circulares.[6] O bien que un doctor dijo —como luego dijo Lauro— que le quedaban tan sólo semanas, a lo más meses, de vida; y alguien (¿el capitán Figueiras?) ordenó botarlo para fuera, como se bota para el monte a un animal moribundo. El hecho es que lo soltaron, y eso basta.

A su regreso de presidio, el doctor Lauro Aranguren no tenía ya casi familiares ni amigos en La Habana. El único que pudiera andar por aquí, pero que el doctor no estaba seguro de que anduviese, era su medio hermano bastardo Romilio Candón. A Lauro le extrañaba no haber tenido noticias de Romilio en los últimos diez meses. Romilio había sido para él —y para su esposa

[1]**hojas... extranjero** leaflets published abroad [2]**mochar** to chop [3]**a lo de Lauro** going back to Lauro's story [4]**la Isla** reference to the Cuban Federal Prison located on an island to the southwest of Cuba [5]**lo dejaron... Cuatro Caminos** they left him standing alone in Cuatro Caminos (*a well-known four-way intersection in Havana*) [6]**circular** prison cell

Claudia— la única alma piadosa en sus primeros catorce meses de prisión. Nunca Lauro le había perdonado a su viejo, don Anselmo, no haber reconocido a aquel muchacho que, venido de Oriente,[7] se había encontrado aquí perdido y desamparado, bien
5 que por la mano de Lauro le había ido dando con qué abrirse paso. Lauro y Romilio siempre se habían tratado de hermanos. Y es decir poco, porque Romilio había sido para Lauro más hermano que sus hermanos enteros, Felisa y Servando, con los cuales, por motivos políticos, siempre estaba en pelea. Felisa era
10 también doctora, pero de las que más bien matan que curan. En cuanto a Servando, bajó capitán de la sierra y con toda la barba.[8]

Lauro Aranguren era hombre de paz, de estudio y de trabajo, y por eso sentía una aversión incontenible por la revuelta. Era como si previera que la Gran Revuelta vendría a quitarle la paz,
15 su estudio y su trabajo. Cuestión de olfato largo,[9] como decían en mi pueblo. Felisa y Servando, en cambio, andaban inquietos, en celo[10] y corcoveando,[11] como buenos. Estaban apuntados[12] —si ustedes me entienden—. Bastaba verlos bracear[13] y oírlos chillar para entender que les había entrado el daño,[14] como aves
20 que sienten venir el huracán, no saben dónde meterse, y creen salvarse añadiéndole el viento de sus alas.[15] ¡Le partían a uno el corazón! Su tiempo había pasado, pero ellos aún no lo sabían. Felisa gritó mucho en los primeros días. ¡Qué linda boca redondeaba ella pidiendo paredón! Servando, por su parte, lució algún
25 tiempo sus barbas, pero al fin otros le pusieron el pie delante[16] y lo hicieron caer. Cuando Felisa y Servando vinieron a darse cuenta, no les quedó más tiempo ni más trapo que para impulsar

---

[7]**Oriente** easternmost province of Cuba [8]**bajó... barba** came down the mountains as a captain, i.e., with a captain's commission and full beard (*reference to the beard worn by Castro's soldiers who fought in the Sierra Maestra Mountains in Oriente province*) [9]**cuestión de olfato largo** a matter of a keen sense of smell (*could sense what was coming*) [10]**en celo** in heat [11]**corcovear** to buck [12]**estaban apuntados** they were on the government list of dissidents or political suspects [13]**bracear** to wave or swing one's arms [14]**les... daño** the illness (*meaning the Revolution*) had contaminated them [15]**añadiéndole... alas** by contributing to it their useless efforts [16]**le pusieron el pie delante** they tripped him (*they put obstacles in his way*)

un barquito robado[17] que los llevó al mismo corazón del Golfo de México.

Lauro, en cambio, sobrevivió, con su esposa Claudia y sus hijos pequeños, Clara y Ricardito. Y sobrevivió, desde luego, su medio hermano Romilio Candón, con el cual más que nunca Lauro se sintió identificado. Extraño: Lauro, hermano rico, y Romilio, hermano pobre, pensaban lo mismo, o bien eso parecía. Si jamás se habían metido en política,[18] era para bramar contra ella, que no dejaba crecer más que las malas hierbas. Lauro era médico y Romilio era mecánico. A la larga, liquidadas las reservas que había dejado el viejo, estaban emparejados.[19] Romilio era buen mecánico. Lauro no era mal médico, pero le había dado, no sé por qué, por echarse pacientes pobres.[20] De modo que no había tanta diferencia. Eso, ya antes del Huracán.[21]

El Huracán —dejen que lo llame de ese modo— sorprendió a Lauro en Oriente (de visita) y a Romilio en La Habana (instalado). Lauro regresó detrás de los barbudos, aturdido, fuera de sí. Las palabras no pasaban de su garganta, los ojos se le salían de la cara, caminaba como el muerto de una *nganga*.[22] Sus hermanos andaban por ahí, ella pegando gritos y él prendiendo gente. La primera noche Lauro no miró a los ojos de Claudia ni abrió la boca —ni para hablar, ni para comer—, pero el día siguiente se presentó en el taller de Romilio en Luyanó y le dijo:

—Hermano, ¿qué tú me dices?

Romilio salía todo engrasado de debajo de un carro. Lo miró pestañeando:

—Lo que tú y yo hemos dicho siempre. Pero ahora esto no hay quien lo pare:[23] Ahora no queda más que agacharse.

Lauro asintió. Él y Romilio siempre habían coincidido en la manera de ver las cosas, no como quisieran que fuesen, sino como eran realmente. Al principio de la Agitación habían dicho

---

[17]**no les... robado** they did not have any more time or resources left except to take off in a stolen boat [18]**si... política** if they had ever bothered with politics [19]**estaban emparejados** they were even [20]**pero... pobres** but he had gotten into the habit of taking on poor patients [21]**Huracán** the Revolution [22]**nganga** Afro-Cuban term for dead person; also, potion to get possession of a dead person's soul [23]**pero... pare** but now there is no way of stopping the Revolution

que aquí la gente estaba jugando con candela, y que si la Candela Grande llegaba, no les quedaría tiempo para escapar. Pero ahora no quedaba más que doblegarse y callar.

—Hermano, ésta es la Candela Grande —dijo Romilio.

5 Lauro se allanó[24] a lo irremediable. Su viejo perdió la ferretería en los primeros días porque diz[25] que había hecho negocios indebidos, y se volvió a su Vasconia.[26] Felisa y Servando, con sus familias aparte, se habían embarcado y... estaban *embarcados.*[27] Lauro no podía ir con ellos en ese viaje. Pero tampoco 10 tenía con quién ir en contra. De modo que después de sus consultas en Santos Suárez y Emergencias, con frecuencia acudía junto a Romilio para charlar en secreto. La mujer de Romilio, Raimunda, les llevaba café a la terraza detrás del taller y frente al traspatio. No hablaban mucho, pero parecían entenderse y 15 entender lo que iba pasando. *Aquello* estaba allí y estaba para quedarse. No había más que tratar de salir a flote.

—Mi hermano —decía Romilio—, lo que importa es no morir. Aquí lo que no hay es que morirse.

Y así, los primeros meses. Luego, cuando la cosa les tocó en 20 lo vivo a los hermanos Felisa y Servando, ni Lauro ni Romilio quisieron tener nada que ver con ellos. ¿Quiénes, si no ellos, y otros como ellos, habían criado aquellos cuervos?[28] Ahora, Felisa y Servando no sabían cómo defender sus ojos. A Romilio no acudieron. No lo conocían bastante para eso. Pero a Lauro se le 25 arrastraron y, a la hora de correr, le pidieron ayuda. Él se la prestó. Él no estaba con ellos, ni antes, cuando corrían delante de Batista, ni ahora, cuando corrían delante de Fidel. Eran los eternos corredores, y Lauro no iba con ellos. Pero, después de todo, eran sus hermanos, y les ayudó a esconderse, y luego a 30 sacar del Almendares[29] aquel yatecito[30] que los llevó al Golfo de México. Mutis.[31] Se acabaron Felisa y Servando.

Aquél fue sin duda el primer error del doctor Aranguren.

---

[24]**allanar** to abide by [25]**diz** *contraction of* **dícese,** it is said [26]**Vasconia Provincias Vascongadas,** northern part of Spain, home of the Basque people [27]**estar embarcado** to be fooled or deceived [28]**criado... cuervos** raised those crows (*from the proverb:* "**cría cuervos y te sacarán los ojos,**" *meaning* "a dog bites the hand that feeds it"). [29]**Almendares** a river near Havana [30]**yatecito** small yacht [31]**mutis** exit

De haber seguido[32] consolando y dando placebos a sus enfermos, sin ocuparse de otras cosas, otro gallo le cantaría.[33] Pero se dejó ablandar por sus hermanos en un tiempo en que no se puede ser blando. Y ése fue su error. Hay tiempos en que no se puede tener tan buen corazón. 5

El caso fue ése: que Lauro fue entonces detenido, y se le hizo la primera ficha. Salió bien. Todavía tuvo tiempo de recoger velas,[34] volver a sus pacientes y hablar con Romilio y estudiar y dejarse de más zarabandas.[35] Pero por algo que vio y algo que le hicieron allá... , en la Quinta Avenida,[36] empezó a envenenarse, 10 y cuando vino a ver estaba envuelto en una pequeña conspiración con otras gentes. Al fin vino lo que tenía que venir: Lauro tardó en comprender cómo habían podido sorprenderlo: si es que realmente llegó jamás a comprender nada de lo que estaba pasando. Se habían juntado para no sé qué intento dinamitero allá por las 15 Alturas de Belén[37] y antes de que empezaran siquiera a platicar se vieron en un cerco de reflectores. Dos de ellos escaparon a tiempo a gatas por debajo de las luces; tres cayeron en la fuga, los demás fueron apresados y envíados, unos al Príncipe[38] y otros a la Isla. 20

Por periódicos que leyó y visitas que recibió, y algunas cartas, fue Lauro haciéndose una imagen, más o menos exacta, de lo que había sucedido. Los dos que escaparon —un tal Floro, un tal Reynaldo —podían, o no, haber jugado a dos barajas. Lauro no estaba seguro. Pero había otros tres que acaparaban sus 25 sospechas.

El primero de estos tres era Rosalba Espallat, su prima lejana, que había sido su novia. Estaba ahora casada con un barbudo pero decía odiarlo, junto con cuanto simbolizaba, y desearle la muerte. La segunda persona era Guarino Sureda, un paciente a 30 quien Lauro había salvado la vida y que parecía estarle eternamente agradecido. La tercera persona era Otilio Rendueles, pariente de Claudia y uno de los más fieros agitadores de los pri-

[32]**de haber seguido** had he continued [33]**otro... cantaría** things would be different [34]**recoger velas** to trim his sails (*meaning to solve his problems*) [35]**zarabanda** commotion [36]**Quinta Avenida** fashionable avenue in a suburb of Havana where the secret police headquarters was located [37]**Alturas de Belén** a suburb near Havana [38]**Príncipe Castillo del Príncipe** a fortress built in the 18th century in Havana

meros tiempos. Los tres se decían amargamente desencantados y eran, en efecto, los cabecillas del grupo de Lauro.

Ninguno de los tres acudió a la reunión en que los coparon, y con el tiempo —el tiempo de presidio— Lauro se hizo de ellos la peor de las imágenes.

Desde la Isla, Lauro se comunicó con Romilio. Éste fue, incluso, a verlo dos o tres veces, pero la última le dijo:

—Hermano, por ti haré lo que pueda, pero no me pidas que vuelva a verte. Tengo que cuidar de Raimunda y de los fiñes...[39]

Lauro le pidió solamente que ayudara a Claudia. Ésta se quedó en La Habana con los niños y sin más nada. La consulta fue incautada, lo mismo que otras propiedades. Le dejaron la casa, allá detrás del Laguito.[40] Claudia fue gastando las reservas y consumiéndose a sí misma por días. A veces, Romilio iba a verla a hurtadillas y conversaba con ella a oscuras en el jardín que tenían al fondo de la casa. Ésta era una casa grande, para señores. Nunca Romilio había estado antes en ella.

Lauro recordó aquellas buenas relaciones de Romilio. Cuando Claudia iba de visita a la Isla, Romilio se encargaba de los niños, hasta que el abuelo don Anselmo vino a buscarlos y se los llevó para España. Romilio siguió ayudando a Claudia. Ésta estaba ya muy enferma, y no tardó en morir (una noche, en la cubierta del barquito que la traía de la Isla).

Esa es la historia. Fue Romilio quien recogió el cadáver de Claudia y le dio sepultura. Con eso cumplía. No podía hacer otra cosa. Escribió a Lauro dándole cuenta de todo, y diciéndole que la casa se la habían confiscado. Luego dejó de escribirle. Lauro llegó a pensar que por su culpa Romilio se había comprometido y que tal vez estuviera también en alguna galera. No supo más hasta su regreso.

—Hermano —le dijo entonces Lauro—, tú eres de los buenos. De los que quedan pocos.

Tan pronto como lo soltaron en Cuatro Caminos, Lauro fue directamente en busca de Romilio. Lo encontró en el mismo taller, pero éste había sido ampliado. Romilio explicó:

---

[39]**fiñe** kid (*Cuba*) [40]**Laguito** small lake in Marianao, a city near Havana

—Han pasado muchas cosas. Y las que faltan... Pero tú y yo siempre hemos pensado lo mismo: hay que vivir. ¿No es verdad, hermano?

Romilio ya no tenía su familia pegada al taller. Pero allí habilitó[41] un cuarto para Lauro. Éste se dio una larga ducha y se fue, con el dinero que le dio Romilio, en busca de un revólver y unas prendas que había escondido, dos años antes, en el hueco de una ceiba[42] allá por Puentes Grandes.[43] Al regreso le dijo a Romilio:

—Hermano, en ti confío. Traigo un propósito. Lo he incubado en presidio. Pero me tienes que guardar el secreto.

Venía flaco, seco, carcomido, como una estaca[44] vieja. Los huesos se le desgonzaban[45] al andar y era casi imposible verle los ojos allá en el fondo de la calavera. Pero de esos ojos manaba una luz demente y homicida.

—Hermano —le dijo a Romilio—, me queda poco de vida. Soy médico y lo sé. He visto las placas y los análisis. Pero antes de morir tengo que realizar una pequeña operación. Sólo así moriré tranquilo. Mejor dicho, tres operaciones.

Romilio le escuchaba callado y tranquilo. Cuando Lauro le preguntó por su esposa y sus niños, Romilio contestó evasivamente:

—Los mandé allá, por Almendares.

La noche siguiente volvieron a conversar. Se hicieron café y tomaron la brisa que venía del arbolado. Desde allí —la terraza del patio— y de noche las cosas no parecían haber cambiado mucho. Solamente que Romilio se mostraba más cauteloso, y explicó:

—Pues... como te iba diciendo, tú no puedes arremeter contra los ciclones. Lo más que puedes hacer es guarecerte.[46] Tú sabes que esa es mi filosofía.

Lauro estaba demasiado embebido en sus pensamientos para prestar mucha atención a lo demás. Su obsesión era realizar aquellas *operaciones* que traía concebidas. Luego le contaría a Romilio el resultado.

---

[41]**habilitar** to set up, to fit out [42]**ceiba** silk-cotton tree [43]**Puentes Grandes** a suburb of Havana [44]**estaca** stake [45]**desgonzar** to unhinge [46]**guarecerse** to take cover

—No me pidas que te diga más por ahora. Ni a ti mismo, mi hermano, debo descubrir el secreto. Porque a lo mejor tratas de disuadirme. Y eso, nunca: nadie podrá disuadirme jamás de hacer lo que me he propuesto. Lo he incubado en presidio.

5 Romilio le dio un catre y le procuró alguna comida.

—Uno se las bandea[47] como puede —explicó Romilio—. La comida escasea, pero tú come y descansa. No te preocupes.

Pero Lauro no venía a descansar. Romilio fue entendiendo, poco a poco, en los días siguientes, lo que Lauro traía tramado. 10 Desde el principio se dio cuenta de que era una venganza. ¿Podía ser contra Floro y Reynaldo? ¿O más bien contra Sureda, Rendueles y Rosalba?

Durante tres días estuvo saliendo Lauro de día y de noche. Romilio lo seguía o lo hacía seguir. Lauro llevaba el revólver y 15 las balas en un cartucho,[48] de modo que nadie podía sospechar. Romilio le regaló un sombrero viejo y una guayabera nueva y unos zapatos usados. Lauro comía poco y a cada paso se llevaba la mano al pecho y se ponía verde.

Lo primero que hizo Lauro el primer día que salió fue rondar 20 la casa en que había vivido Sureda, en Santos Suárez.

El segundo día rondó la casa de Rendueles, en Puentes Grandes.

El tercer día dio vueltas a la de Rosalba en Buena Vista.

Ahora sabía Romilio lo que Lauro se proponía. Era a esos 25 tres a quienes venía a liquidar en lo que le quedara de vida. No había duda: Lauro estaba persuadido de que eran esos tres los que lo habían vendido.

Al principio, había pensado que acaso se habrían retrasado y que por eso no los habían cogido en la redada. Pero luego, 30 Claudia le informó que los tres se habían eclipsado durante unas semanas, que habían vuelto y que tenían puestos en los ministerios. Si la veían en la calle, le volvían la espalda. No tenía dudas de que eran ellos los que habían tramado la conspiración para atraparlo. Los dos que se habían escapado por debajo de los 35 reflectores —Floro y Reynaldo— habían caído más tarde. Uno fue abatido saliendo de un cine en el Vedado. El otro apareció, cadáver, flotando en una piscina de Miramar. Luego, no podía

---

[47]**bandear** to manage [48]**cartucho** paper bag

haber duda —en la cabeza de Lauro Aranguren— de que Rosalba, Sureda y Rendueles eran los judas. Por eso le iban a preceder al más allá.

—Tú sabes, Romi —le dijo a Romilio—, aquí todos fuimos un poco judas. Pero unos más que otros, y esos fueron los peores judas. Por eso tendrán que pagar.

Sin darse cuenta, le estaba revelando su propósito. No dijo, en concreto, que pensaba matarlos, pero Romilio pronto se fue dando cuenta de lo que traía en la cabeza, y lo dejaba —siguiéndolo— a ver hasta dónde llegaba.

Cada vez que Lauro regresaba de una de aquellas exploraciones, parecía más loco y más desencajado. Lo que en cada una había descubierto, le parecía increíble. Por los vecinos, por el bodeguero,[49] por los miembros mismos del Comité,[50] se iba enterando de que, primero, Sureda había escapado al Norte; segundo, que Rendueles se había metido en una embajada, y tercero, que Rosalba, enviada a Europa, no había regresado. Lauro no acababa de entenderlo, y tuvo que volver varias veces a rondar sus casas y hablar con los vecinos para persuadirse. No había querido preguntarle por ellos a Romilio, para no tener que dar más explicaciones, pero al fin le dijo:

—Explícame eso. No lo entiendo. ¿Por qué escaparon?

—¿Por qué escaparon tantos otros? —preguntó a su vez Romilio—. No hagas preguntas tontas. Aquí la candela viene de abajo.

Lauro enmudeció durante una semana. Guardó el revólver en un hueco del muro, y salía a caminar por las calles como un fantasma. Se le veía tambalearse, cabecear, mover los labios como si hablara solo. Al fin, una noche, se dejó caer en la mecedora de la terraza del traspatio y le dijo a Romilio:

—Esto se acabó. Ya no hay más qué hacer. Cuando me soltaron, creí que aún podía practicar esas operaciones... Pensé que habría alguien a quien también yo pudiera matar. Porque, óyeme esto: yo necesitaba matar a alguien. Y ahora...

---

[49]**bodeguero** grocer (*Cuba*) [50]**Comité** reference to the **Comité de Defensa de la Revolución,** founded by Castro to guard against the enemies of the Revolution. Committee members were present in every neighborhood in Cuba.

Pero al otro día una nueva idea brincó en su cabeza afiebrada y demente, y se reanimó.

Hasta entonces no había preguntado a Romilio por su casa. La casa que, según Romilio, le habían confiscado al morir Claudia. No había querido acercarse a ella, tal vez por temor a que eso lo distrajera del otro propósito. Sólo cuando se convenció de que Rosalba, Sureda y Rendueles habían levantado el vuelo, se acordó de su casa y de las personas que pudieran habitarla.

Romilio se dio cuenta al instante. Lauro recogió el revólver, lo limpió, frotó las balas contra la guayabera. Los ojos se le habían vuelto a llenar de aquel fulgor asesino.

—Hermano —le dijo a Romilio—, el caso es hacer algo, matar a alguien. Porque lo que hay hacer es empezar a matar gente. Quienquiera que sea. Todos somos culpables.

Y luego preguntó como de paso:

—Por curiosidad, ¿sabes quién vive ahora en mi casa?

—Uno cualquiera —repuso Romilio—. ¿Qué importa quién sea? Todas las casas han sido repartidas. Y eso no tiene vuelta atrás.

—No, no... Entiéndeme bien. No pienso reclamar la mía. Ya sé que no me la van a devolver. Además, para lo que me resta de vida... Pero, por curiosidad, me gustaría verle la cara al *inquilino.*

—No te lo aconsejo —le dijo Romilio—. No sacarías nada y... bueno, mira, hazme caso: ¡deja eso!

Pero las palabras de Romilio carecían de fuerza. Sabía que ya nadie podría disuadir a Lauro de ir a ver la cara del *inquilino.* En vez de insistir, se puso a vigilarlo, y cuando empezó a caer la noche, lo siguió a distancia y con disimulo: Lauro en la guagua[51] y Romilio en su carro.

Lauro merodeó una hora por los alrededores, como si temiera aproximarse. Iba frenando el paso, tratando de parecer natural e indiferente, lo cual lo hacía todavía más sospechoso. Llevaba como siempre el revólver en el cartucho. Se fue acercando, en círculos, siguiendo una espiral invisible. Cuando, a una distancia de dos cuadras, llegó a una esquina desde la cual podía ver un trozo de la reja de su casa (formaba esquina y tenía jardín en derredor), se dio un frenazo. Se quedó como transfigurado.

---

[51]**guagua** bus (*Cuba*)

Mientras se acercaba, Lauro iba mirando, con disimulo, los portales de las casas. Todo, por allí, tenía que parecerle vuelto al revés. Las casas eran las mismas (si acaso, más sucias) y los mismos eran los jardines (aunque peor cuidados), pero la gente... ¡era tan distinta! No era *de allí.* 5

Primero se tambaleó, luego pareció clavado en tierra, al fin echó de nuevo a andar, más lentamente. Se dirigió por la acera de en frente, a la calle que pasa por detrás de la casa. Pasó (con la cara vuelta hacia ella, tieso el cuello) y no paró hasta que halló un refugio de sombra. Todavía desde allí podía ver la casa. 10

Lo que pudo ver al pasar era: el jardín o traspatio a oscuras, luces en el interior y, quizá, una mujer oscura poniendo la mesa. Los niños, no pudo verlos, porque estaban en la sala y en el portal del frente, del otro lado. Tampoco pudo ver al hombre que, sentado en el reborde[52] de la terraza posterior, le esperaba 15 en la oscuridad.

Lauro volvió sobre sus pasos y, una vez más, pasó, rápidamente por la acera de en frente. Pero la tercera vez vino pegado a la reja y al llegar a la entrada penetró rápidamente en el jardín por el camino empedrado. Venía, revólver en mano, dispuesto, 20 sin duda, a preguntar por el *inquilino.*

Pero no llegó muy lejos. No bien se hubo puesto bajo el reflejo de la luz que manaba del interior, el hombre que estaba sentado en el reborde de la terraza levantó su propia arma y disparó tres veces seguidas. 25

Las tres balas salieron vibrando como latigazos metálicos.[53] El hombre que estaba sentado en la terraza no se movió. Lauro se entiesó, giró sobre sí mismo, retorciendo una pierna en la otra, y empezó a caer lentamente. Antes de que acabara de caer, Romilio le disparó otras tres balas. 30

Lauro tuvo quizá tiempo de reconocer a Romilio. Quizá. De eso no se puede dar testimonio. Pero al menos quedó sentado, como mirándolo, de espaldas contra el bibijagüero.[54] Fue entonces cuando Raimunda encendió la luz del traspatio y empezó a llamar a gritos a los vecinos. 35

Así que ahí tienen: ése fue el fin del doctor Lauro Aranguren. Podría añadir cómo acudió el Comité, cómo se levantó acta

---

[52]**reborde** edge [53]**latigazos metálicos** metal whiplashes [54]**bibijagüero** ant hole

diciendo que Lauro había venido a matar al *inquilino* (y que éste se había defendido) y cómo luego lo llevaron a Colón[55] sin música ni salvas.

Ésa es la verdad. Que luego no sigan diciendo por ahí que
5 el doctor Lauro Aranguren anda todavía por las lomas mochando cabezas. ¡Dejen eso! Lo que acabo de decir es la verdad pura y limpia.

Yo tengo por qué saberlo. ¡Yo soy Romilio Candón!

POSTREADING ACTIVITIES

READING COMPREHENSION

Answer the following questions based on the reading.

1. ¿Qué rumores existen sobre Lauro Aranguren? ¿Son verdaderos?
2. ¿Cuánto tiempo estuvo Lauro en la cárcel? ¿Por qué lo dejaron libre?
3. ¿Quién es Romilio Candón? ¿Qué relación existe entre él y Lauro? ¿En qué se parecen? ¿En qué son diferentes?
4. ¿Quiénes son Felisa y Servando? ¿Qué parte toman en la Revolución? Explique con detalles.
5. Al principio, ¿cómo reacciona Lauro ante la Revolución? ¿Y Romilio?
6. ¿Qué les sucede al padre de Lauro, a Felisa y a Servando cuando la situación comienza a ponerse difícil en Cuba?
7. ¿Cuál fue el primer error de Lauro? ¿Qué pasó?
8. ¿Por qué empezó a envenenarse? ¿Qué hizo?
9. ¿Quiénes formaban parte de la conspiración? ¿Qué les pasó?
10. ¿Qué le sucedió a la familia de Lauro mientras él estaba en la prisión en Isla de Pino?
11. ¿Cómo ayudó Romilio a Lauro mientras estaba prisionero?
12. ¿Qué hizo Lauro tan pronto como lo soltaron en Cuatro Caminos?

---

[55]**Colón Cementerio de Colón,** Havana's best known cemetery

13. ¿Qué cambios observa en el taller de Romilio?
14. Haga una descripción de la fisionomía de Lauro después de que sale del presidio.
15. ¿Qué había guardado Lauro en el hueco de una ceiba dos años antes de que lo metieran en la cárcel? ¿Para qué necesita esto? Explique detalladamente sus planes de venganza.
16. ¿Qué filosofía tiene Romilio en cuanto a la situación política?
17. ¿De qué se va enterando Lauro a medida que pasa el tiempo y tiene oportunidad de hablar con el bodeguero, con los vecinos y con miembros del Comité de Defensa?
18. ¿Qué nueva idea se le ocurrió? ¿Por qué?
19. ¿Qué le aconseja Romilio a Lauro?
20. Haga una descripción del antiguo barrio de Lauro. ¿Qué cambios se han efectuado? ¿Por qué todo es lo mismo pero al mismo tiempo diferente? ¿Qué demuestra esto sobre la Revolución?
21. ¿Qué pudo ver Lauro en su casa?
22. ¿Qué pasó tan pronto como Lauro penetró en el jardín de su casa?
23. ¿Quién era el inquilino? ¿Por qué mató a Lauro?
24. ¿Qué datos importantes nos revela el narrador en la escena final? ¿Quién había denunciado a Lauro a la policía de Castro? ¿Por qué?
25. Lino Novás-Calvo es un escritor cubano que ha escrito mucho contra la revolución. ¿Cree Ud. que un cuento como éste es un arma efectiva para denunciar lo que sucede en Cuba? ¿Por qué?

STRUCTURES

A. *Prepositions*

Study the following sentences and provide a justification for the italicized prepositions.

EXAMPLE: Lo trajeron *para* acá y lo dejaron de patas en los Cuatro Caminos.
Destination

1. Quizá hubiese que hacer hueco *para* otro, porque en aquellos días estaban muy apretados en las circulares.
2. Hermano, *por* tí haré lo que pueda, pero no me pidas que vuelva a verte.

3. Era una casa grande, *para* señores.
4. Sentía un aversión incontenible *por* la revuelta.
5. Se habían metido en la política *para* criticarla.
6. Lauro estaba demasiado embebido en sus pensamientos *para* prestar mucha atención a lo demás.
7. Entró *por* el jardín porque quería conocer al inquilino.
8. *Por* periódicos que leyó y visitas que recibió fue haciéndose una imagen más o menos exacta de lo sucedido.
9. Quería el revólver *para* matar a sus enemigos.
10. Salió a caminar *por* las calles como un fantasma.
11. Vendió a su hermano *por* la casa.
12. Estuvo preso *por* dos años.
13. Fue al hueco de la ceiba *por* lo que había escondido.
14. *Para* Lauro, la revolución fue el mal que destruyó a su familia.
15. Romilio seguía a Lauro en su automóvil a treinta kilómetros *por* hora.

B. *Subjunctive versus Indicative*

Complete the following sentences with the appropriate tense of the subjunctive or the indicative.

1. El capitán te ordenó que (echar) _____ a Lauro para afuera.
2. Lauro temía los nuevos cambios; era como si (ver) _____ venir la revuelta.
3. Lo que les voy a contar es lo más exacto que (poder) _____ conocer una persona que no (ser) _____ él mismo.
4. Te digo que era como si ellos (prever) _____ que la Gran Revuelta vendría a quitarles la paz.
5. Habían coincidido en la manera de ver las cosas, no como querían que (ser) _____ , sino como (ser) _____ realmente.
6. Se habían juntado para un intento dinamitero y antes de que (empezar) _____ siquiera a platicar se vieron en un cerco de reflectores.
7. Hermano, por tí haré lo que (poder) _____, pero no me pidas que (volver) _____ a verte.
8. A veces, Romilio conversaba con Claudia en el jardín que la familia (tener) _____ al fondo de la casa.
9. Romilio se encargaba de los niños hasta que el abuelo (venir) _____ a buscarlos y se los llevó para España.

10. Tan pronto como lo (soltar) _____, Lauro fue directamente en busca de Romilio.
11. Lauro estaba persuadido de que eran esos tres los que lo (haber) _____ vendido.
12. Claudia le informó que los tres (tener) _____ puestos en los ministerios.
13. No podía haber duda de que Rosalba y Rendueles (ser) _____ los judas.
14. Se le veía tambalearse, mover los labios como si (hablar) _____ solo.
15. Lauro no había querido acercarse por temor a que tú lo (distraer) _____ del otro propósito.
16. Me entristece que los cubanos (perder) _____ todo lo que tenían antes de la Revolución.

Complete the following phrases about the story you just read with your own ideas. Use a different verb in each sentence.

1. No era evidente que Romilio...
2. Lauro dudó que...
3. Sentí tristeza cuando...
4. Ojalá que Cuba...
5. No había con quien Lauro...
6. Claudia quería que Lauro...
7. Lauro no veía en su vida nada que...
8. Iba a matar al inquilino tan pronto como...
9. Siempre merodeaba la casa cuando...
10. Después de que salió de la cárcel, Lauro...

WRITING PRACTICE

Write an essay of about 190 words describing the changes that took place in Dr. Aranguren's life after the Revolution of 1959 in Cuba. Your composition will be evaluated for grammatical accuracy and vocabulary usage.

Communicative Activity

Prepare a brief talk for class about one of the following topics. You may wish to include pertinent information from magazines, newspapers, or books.

1. **El terrorismo.** ¿Cree Ud. que el uso de la violencia (intentos dinamiteros, asesinatos, secuestros) se justifica cuando se quiere cambiar radicalmente un sistema de gobierno? ¿Por qué? Dé ejemplos específicos de casos de terrorismo que Ud. conoce.
2. **La Revolución Cubana.** ¿Qué sabe Ud. de la Revolución de 1959? ¿Qué tipo de gobierno existía en Cuba antes de la toma de poder por los fidelistas? ¿Cómo cambió la Revolución el sistema de vida en Cuba? ¿Cómo afectó la Revolución la vida familiar? ¿Qué hizo la mayoría de los cubanos que no estaba de acuerdo con el nuevo régimen? ¿Qué tuvieron que hacer muchos cubanos para abrirse nuevamente paso en la vida?
3. **La libertad.** En un sistema totalitario, la libertad del individuo sufre serios reveses, así como también se pierde la confianza en los otros miembros de la familia o de la sociedad. Mencione varios ejemplos en que los derechos humanos del Dr. Lauro Aranguren hayan sido violados. ¿Cómo cree Ud. que la Revolución afectó sus relaciones con sus hermanos? ¿Con sus amigos? ¿Cómo lo afectó a él personalmente? ¿Por qué cree Ud. que el gobierno sintió la necesidad de establecer un Comité de Defensa en cada manzana? ¿Qué nos dice esto de la Revolución?

Un señor muy viejo con unas alas enormes

GABRIEL GARCÍA MÁRQUEZ

Prereading Activities

Basic Vocabulary

Nouns

el **agua dulce** fresh water
el **ala** (*f.*) wing
la **alambrada** wire fence
el **alboroto** uproar; noise
el **aletazo** flap of a wing
la **alta mar (altamar)** high sea
la **araña** spider
la **balsa** raft
la **burla** jeer, taunt
el **caldo** stew
la **calentura** fever; temperature
el **cangrejo** crab
el **carnero** ram
el **cobertizo** shed
el **disparate** silly thing; blunder
  decir disparates to talk nonsense
el **estiércol** dung, manure
la **estirpe** race
el **estorbo** annoyance
la **feria ambulante** traveling circus
el **gallinazo** buzzard
el **gallinero** chicken coop
  gallinero alambrado wired chicken coop
el **garrote** club
  garrote de alguacil bailiff's club
la **intemperie** outdoors
el **lodazal** muddy area
el **lodo** mud
el **marisco** shellfish
el **náufrago** castaway
el **nido** nest
el **ombligo** navel
el **percance** misfortune
la **pesadilla** nightmare
la **pestilencia** stench
los **pormenores** details
el **relámpago** lightning
el **remolino** whirlwind
el **trabalenguas** tongue twister
el **trapo** rag
  trapero ragpicker
el **trueno** thunderclap
la **varicela** chicken pox

(continued)

Verbs

aniquilar to annihilate; to destroy
atiborrar to cram
bastar to be enough; to be sufficient
derrotar to defeat
navegar to sail
prevenir to warn
quejarse to complain; to groan
recaudar to collect
retozar to frolic
sobreponerse to overcome
tumbar to knock down or over
zumbar to buzz; to hum

Adjectives

áspero(-a) rough
codiciado(-a) desirable, coveted
desgarrador(-a) heartrending
encallado(-a) entangled; to be aground
ensopado(-a) drenched
escaso(-a) scarce
incauto(-a) unwary, gullible
manso(-a) mild
pelado(-a) bald; hairless (head); bare
podrido(-a) rotten
torpe clumsy
turbio(-a) murky

Useful Expressions

boca abajo face down
de carne y hueso flesh-and-blood; real
fuera de quicio infuriated, exasperated
hacer caso to pay attention
matar a palo to club to death
pasar por alto to overlook; to forget about
sacar a rastras to drag out

Vocabulary Usage

A. Circle the word that does not belong to each group.

1. marisco, cangrejo, mar, carnero, pescado
2. relámpago, garrote, trueno, remolino, huracán
3. calentura, fiebre, sudor, varicela, burla
4. cicatriz, ombligo, cordón umbilical, intemperie
5. pesadilla, sueño, insomnio, lodazal, sonámbulo
6. gallinero, pollo, gallina, gallinazo
7. altamar, alambrada, navegante, náufrago, balsa
8. estorbo, trapo, obstáculo, impedimento
9. aniquilar, destruir, exterminar, atiborrar, eliminar

B. Select the word in *Column B* closest in meaning or related logically to each item in *Column A*.

	A	B
1.	_____ alas	a. deseado
2.	_____ pestilencia	b. anegado
3.	_____ codiciado	c. navegante
4.	_____ ensopado	d. suave
5.	_____ náufrago	e. mal olor
6.	_____ áspero	f. detalles
7.	_____ fiero	g. confiado
8.	_____ pormenores	h. abundante
9.	_____ incauto	i. aletazo
10.	_____ escaso	j. manso

C. Select the appropriate words from the Basic Vocabulary list to complete each of the following sentences. Make any necessary changes.

1. La causa de la _____ eran el lodo y los mariscos podridos.
2. El viejo no podía moverse porque tenía las alas encalladas en el _____ que se había formado en el patio anegado por las lluvias.
3. Con sus alas de gallinazo dio un par de _____ que provocaron un remolino de estiércol de gallinero y polvo.
4. El viejo tenía sólo unos cuantos pelos en la cabeza _____ y muy pocos dientes en la boca.
5. Algunos visionarios querían que el viejo fuera el progenitor de una nueva _____ de hombres alados.

D. Provide the Spanish equivalent of the words in parentheses. Make any necessary changes.

1. Pelayo tuvo que acercarse mucho para descubrir que lo que se quejaba era un hombre viejo tumbado (*face down*) _____ en el lodazal.
2. El viejo con alas les contestó en un dialecto incomprensible pero con una buena voz de navegante. Fue así como Pelayo y su mujer (*overlooked*) _____ el inconveniente de las alas.
3. Los vecinos pensaban que en casa de Pelayo había (*a flesh-and-blood angel*) _____.
4. Elisenda gritaba (*exasperated*) _____ que era una desgracia vivir en aquel infierno lleno de ángeles.
5. Al pueblo vino una feria ambulante con un acróbata volador, que pasó zumbando varias veces por encima de la muchedumbre, pero nadie (*paid him attention*) _____ porque no tenía alas de ángel.
6. Una vecina sabia quería (*club the angel to death*) _____ porque pensaba que era parte de una conspiración celestial.
7. Pelayo estuvo vigilando al ángel y antes de acostarse (*dragged him out*) _____ del lodazal y lo encerró en el gallinero.

COGNATES AND WORD FORMATION

A. Read the following edited excerpts from *Un señor muy viejo con unas alas enormes* and circle all the Spanish cognates you recognize.

1. Elisenda le estaba poniendo compresas frías al niño enfermo.
2. Pelayo y su mujer observaron al viejo con alas con callado estupor.
3. El viejo les replicó con un dialecto incomprensible pero con una voz de navegante.
4. Se sintieron magnánimos y decidieron poner al ángel en una balsa con agua dulce y provisiones para tres días.
5. Lo trataban sin devoción, como si no fuera una criatura sobrenatural sino un animal de circo.
6. El padre Gonzaga repasó en un instante su catecismo y pidió que le abrieran la puerta para examinar de cerca a aquel viejo que parecía una gallina decrépita.
7. Luego observó que resultaba demasiado humano: tenía un insoportable olor de intemperie.

8. Si las alas no eran el elemento esencial para determinar las diferencias entre un gallinazo y un aeroplano, mucho menos podían serlo para reconocer a los ángeles.

B. Give the English cognates of the following words. Are there any false cognates?

1. pestilencia
2. auscultar
3. paralítico
4. parsimonia
5. imaginario
6. horizonte
7. exhalar
8. tentativo
9. inmóvil
10. mortal
11. delirante
12. alarma
13. anticuario
14. moribundo
15. organismo
16. atención
17. dormitorio
18. aniquilar
19. leproso
20. consolación

Associations

Which expressions do you associate with the following descriptions?

El fondo del patio estaba convertido en un caldo de lodo, mariscos podridos y estiércol de gallinero.

Repasó las doctrinas de la iglesia y les recordó a los oyentes que el demonio tenía la mala costumbre de recurrir a artificios para confundir a los incautos. Sus palabras cayeron en corazones estériles.

La noticia se divulgó tan rápidamente que a las pocas horas había en el patio un alboroto de mercado, y tuvieron que llevar la tropa con bayonetas para sacar a rastras a la gente que estaba a punto de tumbar la casa.

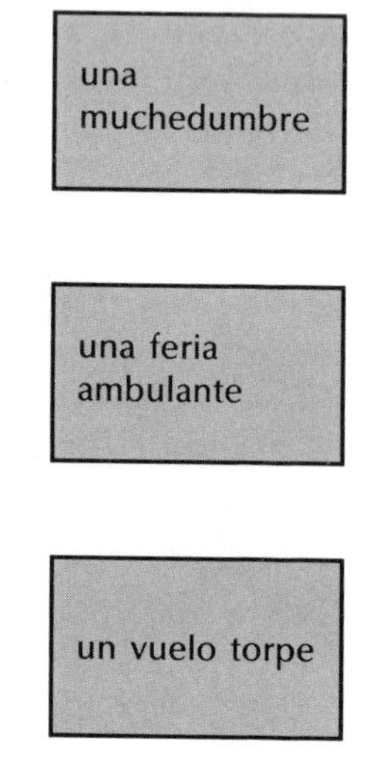

Entre muchas otras atracciones, trajeron al pueblo el espectáculo de una mujer araña y el de un acróbata volador.

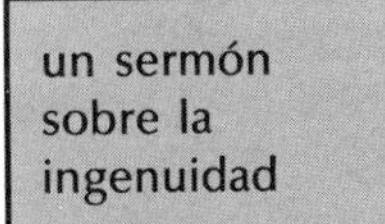

Estuvo a punto de destruir el cobertizo con aquellos aletazos indignos que no podían mantenerlo en el aire. Pero por fin, después de muchos intentos, logró ganar altura.

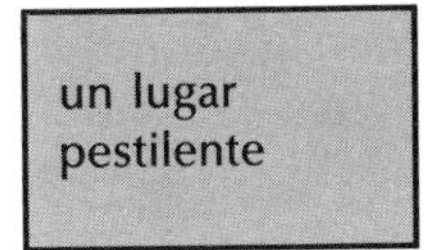

ANTICIPATING THE STORY

Answer the following questions, trying to anticipate aspects of the story you are about to read.

1. Escriba tres oraciones describiendo la ilustración que acompaña al cuento.
2. ¿Qué tipo de personajes espera encontrar en este cuento? ¿Por qué?
3. ¿Qué es para Ud. una historia increíble (*tall tale*)? Mencione algunas características y dé un ejemplo.
4. La historia toma lugar en un pueblo de la costa del Caribe. ¿Cómo se imagina Ud. este pueblo costeño?
5. ¿Qué asocia Ud. con la palabra «mar»? Escriba varios sustantivos y adjetivos relacionados con este término.
6. La parodia es una composición burlesca que tiene como fin ridiculizar o criticar. La parodia es a la literatura lo que la caricatura es al arte.
   a) ¿Cómo cree Ud. que se puede obtener un texto paródico?
   b) Si tuviera que escribir una composición paródica, ¿cómo lo haría?
7. El tono (*tone*) es un término que designa la actitud del autor hacia el tema que trata en su texto. El tono puede ser formal, informal, irónico, paródico, cómico o ejemplificar cualquier otra actitud posible que sienta el autor hacia la materia que narra.
   a) ¿Cuáles cree Ud. que deben ser las características de un texto formal?
   b) ¿Cuáles las de un texto informal?

Un señor muy viejo con unas alas enormes

GABRIEL GARCÍA MÁRQUEZ

Al tercer día de lluvia habían matado tantos cangrejos dentro de la casa, que Pelayo tuvo que atravesar su patio anegado para tirarlos en el mar, pues el niño recién nacido había pasado la noche con calenturas y se pensaba que era a causa de la pesti-
5 lencia. El mundo estaba triste desde el martes. El cielo y el mar eran una misma cosa de ceniza,[1] y las arenas de la playa, que en marzo fulguraban como polvo de lumbre,[2] se habían convertido en un caldo de lodo y mariscos podridos. La luz era tan mansa al mediodía, que cuando Pelayo regresaba a la casa después de
10 haber tirado los cangrejos, le costó trabajo ver qué era lo que se movía y se quejaba en el fondo del patio. Tuvo que acercarse mucho para descubrir que era un hombre viejo, que estaba tumbado boca abajo en el lodazal, y a pesar de sus grandes esfuerzos no podía levantarse, porque se lo impedían sus enormes alas.

15 Asustado por aquella pesadilla, Pelayo corrió en busca de Elisenda, su mujer, que estaba poniéndole compresas al niño enfermo, y la llevó hasta el fondo del patio. Ambos observaron el cuerpo caído con un callado estupor. Estaba vestido como un trapero. Le quedaban apenas unas hilachas descoloridas en el
20 cráneo pelado y muy pocos dientes en la boca, y su lastimosa condición de bisabuelo ensopado lo había desprovisto[3] de toda grandeza. Sus alas de gallinazo grande, sucias y medio desplumadas,[4] estaban encalladas para siempre en el lodazal. Tanto lo observaron, y con tanta atención, que Pelayo y Elisenda se so-
25 brepusieron muy pronto del asombro y acabaron por encontrarlo familiar. Entonces se atrevieron a hablarle, y él les contestó en un dialecto incomprensible pero con una buena voz de navegante. Fue así como pasaron por alto el inconveniente de las alas, y concluyeron con muy buen juicio que era un náufrago solitario
30 de alguna nave extranjera abatida por el temporal.[5] Sin embargo, llamaron para que lo viera a una vecina que sabía todas las cosas

---

[1]**el cielo... ceniza** sky and sea were a single ash-gray thing [2]**fulguraban... lumbre** glimmered like powdered light [3]**desproveer** to take away; to deprive [4]**medio desplumadas** half-plucked [5]**náufrago... temporal** lonely castaway from some foreign ship wrecked by the storm

de la vida y la muerte, y a ella le bastó con una mirada para sacarlos del error.

—Es un ángel —les dijo—. Seguro que venía por el niño, pero el pobre está tan viejo que lo ha tumbado la lluvia.

Al día siguiente todo el mundo sabía que en casa de Pelayo tenían cautivo un ángel de carne y hueso. Contra el criterio de la vecina sabia, para quien los ángeles de estos tiempos eran sobrevivientes fugitivos de una conspiración celestial, no habían tenido corazón para matarlo a palos. Pelayo estuvo vigilándolo toda la tarde desde la cocina, armado con su garrote de alguacil, y antes de acostarse lo sacó a rastras del lodazal y lo encerró con las gallinas en el gallinero alambrado. A media noche, cuando terminó la lluvia, Pelayo y Elisenda seguían matando cangrejos. Poco después el niño despertó sin fiebre y con deseos de comer. Entonces se sintieron magnánimos y decidieron poner al ángel en una balsa con agua dulce y provisiones para tres días, y abandonarlo a su suerte en altamar. Pero cuando salieron al patio con las primeras luces, encontraron a todo el vecindario frente al gallinero, retozando con el ángel sin la menor devoción y echándole cosas de comer por los huecos de las alambradas, como si no fuera una criatura sobrenatural sino un animal de circo.

El padre Gonzaga llegó antes de las siete alarmado por la desproporción de la noticia. A esa hora ya habían acudido curiosos menos frívolos que los del amanecer, y habían hecho toda clase de conjeturas sobre el porvenir del cautivo. Los más simples pensaban que sería nombrado alcalde[6] del mundo. Otros, de espíritu más áspero, suponían que sería ascendido a general de cinco estrellas para que ganara todas las guerras. Algunos visionarios esperaban que fuera conservado como semental[7] para implantar en la tierra una estirpe de hombres alados y sabios que se hicieran cargo del Universo. Pero el padre Gonzaga, antes de ser cura, había sido leñador macizo.[8] Asomado a las alambradas repasó en un instante su catecismo, y todavía pidió que le abrieran la puerta para examinar de cerca a aquel varón de lástima[9] que más bien parecía una enorme gallina decrépita entre las gallinas absortas. Estaba echado[10] en un rincón, secándose al sol las alas

---

[6]**alcalde** mayor [7]**semental** stud [8]**leñador macizo** strong wood cutter [9]**varón de lástima** pitiful man [10]**estaba echado** he was lying

extendidas, entre las cáscaras de frutas[11] y las sobras[12] de desayunos que le habían tirado los madrugadores.[13] Ajeno a las impertinencias del mundo, apenas si levantó sus ojos de anticuario y murmuró algo en su dialecto cuando el padre Gonzaga entró en el gallinero y le dio los buenos días en latín. El párroco[14] tuvo la primera sospecha de su impostura al comprobar que no entendía la lengua de Dios ni sabía saludar a sus ministros. Luego observó que visto de cerca resultaba demasiado humano: tenía un insoportable olor de intemperie, el revés[15] de las alas sembrado de algas parasitarias[16] y las plumas mayores maltratadas por vientos terrestres, y nada de su naturaleza miserable estaba de acuerdo con la egregia[17] dignidad de los ángeles. Entonces abandonó el gallinero, y con un breve sermón previno[18] a los curiosos contra los riesgos de la ingenuidad. Les recordó que el demonio tenía la mala costumbre de recurrir a artificios de carnaval para confundir a los incautos. Argumentó que si las alas no eran el elemento esencial para determinar las diferencias entre un gavilán[19] y un aeroplano, mucho menos podían serlo para reconocer a los ángeles. Sin embargo, prometió escribir una carta a su obispo, para que éste escribiera otra a su primado y para que éste escribiera otra al Sumo Pontífice, de modo que el veredicto final viniera de los tribunales más altos.[20]

Su prudencia cayó en corazones estériles. La noticia del ángel cautivo se divulgó[21] con tanta rapidez, que al cabo de pocas horas había en el patio un alboroto de mercado, y tuvieron que llevar la tropa con bayonetas para espantar el tumulto[22] que ya estaba a punto de tumbar la casa. Elisenda, con el espinazo torcido de tanto barrer basura de feria,[23] tuvo entonces la buena idea de tapiar el patio[24] y cobrar cinco centavos por la entrada para ver al ángel.

[11]**cáscaras de frutas** fruit peels [12]**sobras** leftovers [13]**madrugadores(-as)** early risers [14]**párroco** parish priest [15]**revés** the under-side [16]**sembrado... parasitarias** strewn with parasitical seaweed (*algae*) [17]**egregia** illustrious [18]**prevenir** to warn [19]**gavilán** sparrow hawk [20]**tribunales más altos** highest courts [21]**divulgarse** to spread; to divulge [22]**espantar el tumulto** to disperse the mob [23]**con el espinazo... feria** her spine strained from sweeping up so much marketplace trash [24]**tapiar el patio** to fence in the yard

Vinieron curiosos hasta de la Martinica. Vino una feria ambulante con un acróbata volador, que pasó zumbando varias veces por encima de la muchedumbre, pero nadie le hizo caso porque sus alas no eran de ángel sino de murciélago sideral.[25] Vinieron en busca de salud los enfermos más desdichados del Caribe: una pobre mujer que desde niña estaba contando los latidos de su corazón[26] y ya no le alcanzaban los números, un jamaicano que no podía dormir porque lo atormentaba el ruido de las estrellas, un sonámbulo que se levantaba de noche a deshacer dormido las cosas que había hecho despierto, y muchos otros de menor gravedad.[27] En medio de aquel desorden de naufragio que hacía temblar la tierra, Pelayo y Elisenda estaban felices de cansancio,[28] porque en menos de una semana atiborraron de plata los dormitorios, y todavía la fila de peregrinos[29] que esperaban turno para entrar llegaba hasta el otro lado del horizonte.

El ángel era el único que no participaba de su propio acontecimiento. El tiempo se le iba en buscar acomodo en su nido prestado, aturdido por el calor de infierno de las lámparas de aceite y las velas de sacrificio que le arrimaban[30] a las alambradas. Al principio trataron de que comiera cristales de alcanfor,[31] que, de acuerdo con la sabiduría de la vecina sabia, era el alimento específico de los ángeles. Pero él los despreciaba, como despreció sin probarlos los almuerzos papales que le llevaban los penitentes, y nunca se supo si fue por ángel o por viejo que terminó comiendo nada más que papillas de berenjena.[32] Su única virtud sobrenatural parecía ser la paciencia. Sobre todo en los primeros tiempos, cuando le picoteaban las gallinas[33] en busca de los parásitos estelares que proliferaban en sus alas, y los baldados[34] le arrancaban plumas para tocarse con ellas sus defectos, y hasta los más piadosos le tiraban piedras tratando de que se levantara para verlo de cuerpo entero. La única vez que consiguieron alterarlo fue cuando le abrasaron el costado con un hierro de marcar novillos,[35]

---

[25]**murciélago sideral** sidereal (stellar) bat [26]**latidos de su corazón** heartbeats [27]**de menor gravedad** less serious [28]**felices de cansancio** happy with fatigue [29]**peregrino** pilgrim [30]**arrimar** to bring closer [31]**cristales de alcanfor** mothballs [32]**papillas de berenjena** mashed eggplant [33]**cuando... gallinas** when the hens pecked him [34]**baldado** disabled person [35]**le abrasaron... novillos** they burned his side with a branding iron

porque llevaba tantas horas de estar inmóvil que lo creyeron muerto. Despertó sobresaltado, despotricando[36] en lengua hermética y con los ojos en lágrimas, y dio un par de aletazos que provocaron un remolino de estiércol de gallinero y polvo lunar, 5 y un ventarrón de pánico[37] que no parecía de este mundo. Aunque muchos creyeron que su reacción no había sido de rabia sino de dolor, desde entonces se cuidaron de no molestarlo, porque la mayoría entendió que su pasividad no era la de un héroe en uso de buen retiro sino la de un cataclismo en reposo.

10 El padre Gonzaga se enfrentó a la frivolidad de la muchedumbre con fórmulas de inspiración doméstica, mientras le llegaba un juicio terminante sobre la naturaleza del cautivo. Pero el correo de Roma había perdido la noción de la urgencia. El tiempo se les iba en averiguar si el convicto tenía ombligo, si su 15 dialecto tenía algo que ver con el arameo, si podía caber muchas veces en la punta de un alfiler, o si no sería simplemente un noruego con alas. Aquellas cartas de parsimonia[38] habrían ido y venido hasta el fin de los siglos, si un acontecimiento providencial no hubiera puesto término a las tribulaciones del párroco.

20 Sucedió que por esos días, entre muchas otras atracciones de las ferias errantes del Caribe, llevaron al pueblo el espectáculo triste de la mujer que se había convertido en araña por desobedecer a sus padres. La entrada para verla no sólo costaba menos que la entrada para ver al ángel, sino que permitían hacerle toda 25 clase de preguntas sobre su absurda condición, y examinarla al derecho y al revés, de modo que nadie pusiera en duda la verdad del horror. Era una tarántula espantosa del tamaño de un carnero y con la cabeza de una doncella triste. Pero lo más desgarrador no era su figura de disparate, sino la sincera aflicción con que 30 contaba los pormenores de su desgracia: siendo casi una niña se había escapado de la casa de sus padres para ir a un baile, y cuando regresaba por el bosque después de haber bailado toda la noche sin permiso, un trueno pavoroso abrió el cielo en dos mitades, y por aquella grieta salió el relámpago de azufre que la 35 convirtió en araña. Su único alimento eran las bolitas de carne

[36]**despotricar** to carry on; to rant [37]**ventarrón de pánico** a gale of panic
[38]**cartas de parsimonia** unhurried letters (*that take forever to arrive*)

molida que las almas caritativas quisieran echarle en la boca. Semejante espectáculo, cargado de tanta verdad humana y de tan temible escarmiento[39] tenía que derrotar sin proponérselo al de un ángel despectivo que apenas si se dignaba mirar a los mortales. Además los escasos milagros que se le atribuían al ángel revelaban un cierto desorden mental, como el del ciego que no recobró la visión pero le salieron tres dientes nuevos, y el del paralítico que no pudo andar pero estuvo a punto de ganarse la lotería, y el del leproso a quien le nacieron girasoles en las heridas.[40] Aquellos milagros de consolación que más bien parecían entretenimientos de burla, habían quebrantado ya la reputación del ángel cuando la mujer convertida en araña terminó de aniquilarla. Fue así como el padre Gonzaga se curó para siempre del insomnio, y el patio de Pelayo volvió a quedar tan solitario como en los tiempos en que llovió tres días y los cangrejos caminaban por los dormitorios.

Los dueños de la casa no tuvieron nada que lamentar. Con el dinero racaudado construyeron una mansión de dos plantas, con balcones y jardines, y con sardineles[41] muy altos para que no se metieran los cangrejos del invierno, y con barras de hierro en las ventanas para que no se metieran los ángeles. Pelayo estableció además un criadero de conejos[42] muy cerca del pueblo y renunció para siempre a su mal empleo de alguacil, y Elisenda se compró unas zapatillas satinadas[43] de tacones altos y muchos vestidos de seda tornasol,[44] de los que usaban las señoras más codiciadas en los domingos de aquellos tiempos. El gallinero fue lo único que no mereció atención. Si alguna vez lo lavaron con creolina y quemaron las lágrimas de mirra[45] en su interior, no fue por hacerle honor al ángel, sino por conjurar la pestilencia de muladar[46] que ya andaba como un fantasma por todas partes y estaba volviendo vieja la casa nueva. Al principio, cuando el niño aprendió a caminar, se cuidaron de que no estuviera muy

[39]**temible escarmiento** fearful lesson [40]**leproso... heridas** a leper whose sores sprouted sunflowers [41]**sardinel** brick wall [42]**criadero de conejos** rabbit warren [43]**zapatillas satinadas** satin pumps [44]**seda tornasol** shot silk [45]**mirra** myrrh [46]**muladar** rubbish dump, dungheap

cerca del gallinero. Pero luego se fueron olvidando del temor y acostumbrándose a la peste, y antes de que el niño mudara los dientes se había metido a jugar dentro del gallinero, cuyas alambradas podridas se caían a pedazos. El ángel no fue menos displicente[47] con él que con el resto de los mortales, pero soportaba las infamias más ingeniosas con una mansedumbre de perro sin ilusiones. Ambos contrajeron la varicela al mismo tiempo. El médico que atendió al niño no resistió a la tentación de auscultar al ángel, y le encontró tantos soplos en el corazón[48] y tantos ruidos en los riñones,[49] que no le pareció posible que estuviera vivo. Lo que más le asombró, sin embargo, fue la lógica de sus alas. Resultaban tan naturales en aquel organismo completamente humano, que no podía entender por qué no las tenían también los otros hombres.

Cuando el niño fue a la escuela, hacía mucho tiempo que el sol y la lluvia habían desbaratado el gallinero. El ángel andaba arrastrándose por acá y por allá como un moribundo sin dueño. Parecía estar en tantos lugares al mismo tiempo, que llegaron a pensar que se desdoblaba, que se repetía a sí mismo por toda la casa, y la exasperada Elisenda gritaba fuera de quicio que era una desgracia vivir en aquel infierno lleno de ángeles. Apenas si podía comer, sus ojos de anticuario se le habían vuelto tan turbios que andaba tropezando, y ya no le quedaban sino las últimas plumas. Pelayo le echó encima una manta y le hizo la caridad de dejarlo dormir en el cobertizo, y sólo entonces advirtieron que pasaba la noche con calenturas delirantes en trabalenguas de noruego viejo. Fue esa una de las pocas veces en que se alarmaron, porque pensaban que se iba a morir, y ni siquiera la vecina sabia había podido decirles qué se hacía con los ángeles muertos.

Sin embargo, no sólo sobrevivió a su peor invierno, sino que pareció mejor con los primeros soles.[50] Se quedó inmóvil muchos días en el rincón más apartado del patio, donde nadie lo viera, y a principios de diciembre empezaron a nacerle en las alas unas plumas grandes y duras, plumas de pajarraco viejo,[51] que más

---

[47]**displicente** standoffish [48]**soplos en el corazón** heart murmurs [49]**riñones** kidneys [50]**primeros soles** first suns (*meaning sunny days*) [51]**pajarraco viejo** big, old ugly bird

bien parecían un nuevo percance de la decrepitud. Pero él debía conocer la razón de esos cambios, porque se cuidaba muy bien de que nadie los notara, y de que nadie oyera las canciones de navegantes que a veces cantaba bajo las estrellas. Una mañana, Elisenda estaba cortando rebanadas de cebolla[52] para el almuerzo, 5 cuando un viento que parecía de alta mar se metió en la cocina. Entonces se asomó por la ventana, y sorprendió al ángel en las primeras tentativas[53] del vuelo. Eran tan torpes, que estuvo a punto de desbaratar el cobertizo con aquellos aletazos indignos que resbalaban en la luz y no encontraban asidero[54] en el aire. 10 Pero logró ganar altura. Elisenda exhaló un suspiro de descanso, por ella y por él, cuando lo vio pasar por encima de las últimas casas, sustentándose[55] de cualquier modo con un azaroso aleteo de buitre senil. Siguió viéndolo hasta cuando acabó de cortar la cebolla, y siguió viéndolo hasta cuando ya no era posible que lo 15 pudiera ver, porque entonces ya no era un estorbo en su vida, sino un punto imaginario en el horizonte del mar.

POSTREADING ACTIVITIES

READING COMPREHENSION

A. Answer the following questions based on the reading.

1. En el pueblo no había parado de llover en tres días. Describa el estado de la casa de Pelayo después de las lluvias.
2. ¿Quién se quejaba en el fondo del patio de su casa? Haga una descripción de este ser inesperado.
3. ¿Pudieron Pelayo y su mujer comunicarse con el viejo alado? Explique.

---

[52]**rebanadas de cebolla** onion slices [53]**tentativas** attempts [54]**asidero** grip
[55]**sustentándose** holding himself up

4. Según la vecina sabia, ¿quién era ese viejo extraño? Explique su teoría.
5. ¿Cómo reaccionaron Pelayo y Elisenda ante las teorías de la vecina? ¿Qué relación tenía todo esto con la salud de su hijo?
6. ¿Cómo reaccionaron los vecinos del pueblo al enterarse de la existencia de un ser con alas? Mencione varias de sus sugerencias.
7. ¿Por qué pensaba el párroco que el viejo era un impostor? Mencione varias de sus razones. ¿Pudo convencer a los vecinos?
8. ¿Qué idea tuvo la mujer de Pelayo para ganar dinero? ¿Cuál fue el resultado?
9. ¿Por qué no podía dormir el jamaiquino que vino en busca del ángel? ¿Cómo eran los otros enfermos que vinieron a verlo?
10. ¿Por qué querían que el viejo comiera cristales de alcanfor? ¿Qué era lo único que comía?
11. ¿Cómo reacciona el viejo alado? ¿Cuándo consiguieron alterarlo? ¿Cómo reaccionó?
12. ¿Qué otras atracciones había en el pueblo? Describa el caso de la mujer araña.
13. Compare el caso de la mujer araña con el del viejo alado. ¿Cuál le parece a Ud. más creíble? ¿Por qué? ¿Cuál es menos fantástico? Justifique su respuesta.
14. ¿Por qué le atribuían al ángel cierto desorden mental? Dé varios ejemplos y analice los aspectos inesperados, absurdos o humorísticos de los comentarios del narrador.
15. ¿Qué hicieron Pelayo y Elisenda con el dinero recaudado?
16. ¿Por qué quemaron mirra en el gallinero?
17. ¿De qué se enfermaron el niño y el viejo alado? ¿Cuál fue la opinión del médico después de auscultar al viejo?
18. ¿Dónde vivía el ángel después de que la lluvia y el viento destruyeron el gallinero?
19. ¿Cómo reaccionó Elisenda ante la presencia del ángel en su vida diaria?
20. ¿Cuánto tiempo ha transcurrido desde la aparición del ángel en el patio de la casa?
21. ¿Qué sucedió durante el mes de diciembre?
22. ¿Cómo termina el cuento?
23. En este cuento, ¿qué simboliza el viejo con unas alas enormes? ¿Ve Ud. alguna relación paródica con creencias religiosas? ¿Hay relación entre la salud del niño y la llegada y partida del ángel decrépito? Explique.

B. Explain the importance of the following expressions in *Un señor muy viejo con unas alas enormes.*

1. luz mansa
2. el mundo estaba triste desde el martes
3. lastimosa condición de bisabuelo ensopado
4. se sobrepusieron al asombro
5. corazones estériles
6. estaban felices de cansancio
7. temible escarmiento
8. fuera de quicio
9. un punto imaginario en el horizonte

STRUCTURES

A. Sino, sino que, *and* pero

Sino is used to contradict or correct a preceding negative statement. It means *but on the contrary, but rather*. Before a conjugated verb, **sino** is replaced by **sino que.**

El ángel no es joven **sino** viejo.
The angel isn't young but rather old.

El ángel no es joven **sino que es** viejo.
The angel isn't young but is old.

Pero is used when there is no contradiction. It means *but, yet, on the other hand.* The statement that precedes it can be either negative or affirmative.

El viejo no es un ángel, **pero** tiene alas.
The old man is not an angel, but he has wings.

El ángel contestó en un dialecto incomprensible **pero** con una buena voz de navegante.
The angel answered in an incomprehensible dialect but with a strong sailor's voice.

Complete the following sentences, modifying or contradicting the information given about some of the events that took place in the Caribbean village by using **sino, sino que,** or **pero.**

1. El ángel venía por el niño, _____ estaba tan viejo que lo había tumbado la lluvia.
2. Sus alas no eran de ángel _____ de murciélago sideral.
3. Su reacción no había sido de rabia _____ de dolor.
4. La entrada para ver a la mujer araña no sólo costaba menos, _____ permitían hacerle toda clase de preguntas.
5. Lo más desgarrador no era la triste figura de la mujer araña, _____ su manera de contar sus desgracias.
6. Ya el ángel no era un estorbo en su vida _____ un punto imaginario en el horizonte del mar.
7. El paralítico no pudo andar _____ estuvo a punto de ganarse la lotería.
8. El viejo con alas no sólo sobrevivió a su peor invierno, _____ parecía mejor con los primeros soles.
9. El ángel estuvo a punto de desbaratar el cobertizo con sus alas, _____ logró ganar altura.

B. The Imperfect Subjunctive Tense

Rewrite the following sentences, using the imperfect subjunctive tense. Give the reason for the use of the imperfect subjunctive. Use the **-ra** endings.

1. Actuaba como si no (ser) _____ criatura sobrenatural sino un animal de circo.
2. El ángel sería ascendido a general de cinco estrellas para que (ganar) _____ todas las guerras.
3. El padre pidió que le (abrir) _____ las puertas del gallinero.
4. El párroco prometió escribirle una carta a su obispo para que éste (escribir) _____ otra al Sumo Pontífice.
5. Los vecinos siempre le tiraban piedras tratando de que el ángel (levantarse) _____.
6. El matrimonio construyó una mansión con barras de hierro en las ventanas para que no (meterse) _____ los ángeles.
7. El paralítico se quedó inmóvil donde nadie lo (ver) _____.
8. Los visionarios esperaban que el ángel (ser) _____ conservado como semental para que éste (implantar) _____ una estirpe de hombres alados.
9. Lo hizo de modo que el veredicto final (venir) _____ de los tribunales más altos.

C. *The Reflexive Construction*

Rewrite the following sentences, using the past tense of the reflexive verbs in parentheses. Use the imperfect in sentences 1–6, and the preterite in sentences 7–11.

1. Le costó trabajo ver lo que (moverse) ____ en el fondo del patio.
2. Había un sonámbulo que (levantarse) ____ de noche a deshacer dormido lo que había hecho despierto.
3. Los baldados (tocarse) ____ sus defectos con las plumas del ángel.
4. Era un ángel despectivo que apenas (dignarse) ____ mirar a los mortales.
5. Poco a poco, los vecinos (acostumbrarse) ____ a la peste.
6. Pensaron que el ángel (desdoblarse) ____, que (repetirse) ____ a sí mismo por toda la casa.
7. Elisenda y Pelayo (sobreponerse) ____ muy pronto del asombro.
8. El matrimonio (atreverse) ____ a hablar con el ángel.
9. Pelayo y su mujer (sentirse) ____ magnánimos.
10. Fue así como el párroco (curarse) ____ para siempre del insomnio.
11. Elisenda (asomarse) ____ a la ventana y sorprendió al ángel en sus tentativas de vuelo.

D. *The Impersonal Reflexive Construction*

Remember that the reflexive pronoun **se** + a verb in the third-person singular is frequently used in Spanish to express a situation in which no one in particular performs the action. This construction is translated into English with *one, people, they, we, you,* or a passive construction.

> **Se pensaba** que era a causa de la pestilencia.
> *They thought* it was due to the stench.

Rewrite the following sentences, using the impersonal reflexive construction.

EXAMPLE: *Creemos* que el niño está mejor.
Se cree *que el niño está mejor.*

1. Uno no sabe qué hacer con los ángeles muertos.
2. La gente cree que todas las personas con alas son ángeles.
3. Ellos divulgan la noticia por toda la región.
4. Hicimos lo necesario para ayudar al ciego.
5. Entramos por el gallinero desbaratado y salimos por la cocina.

WRITING PRACTICE

Write a 200 word composition about one of the following topics. Use the vocabulary and grammar you have studied in this section.

1. El papel de la religión en la vida de los personajes
2. La historia narrada desde el punto de vista del navegante con alas enormes
3. Los elementos paródicos de la historia

COMMUNICATIVE ACTIVITY

Prepare a five-minute talk for class presentation about one of the following topics.

1. **La realidad y la fantasía.** ¿Cuáles son los elementos reales del cuento? ¿Cómo se presentan? ¿Cuáles son los elementos fantásticos? ¿Cómo se presentan? ¿Se sigue un sistema específico en su presentación? ¿Cuál es el tono prevalente del cuento?
2. **La sociedad hispanoamericana.** ¿Qué visión se presenta? ¿Por qué? ¿Qué clases sociales están representadas? ¿Por qué? Dé ejemplos específicos.
3. **Lo humorístico.** ¿Cuáles son los aspectos cómicos del cuento? Dé varios ejemplos específicos. ¿Qué función tienen en la narración? ¿Cómo consigue García Márquez un efecto cómico en sus observaciones y descripciones?

REVIEW EXERCISES

A. Review the vocabulary and grammar studied in this unit. Then rewrite each sentence with the Spanish equivalent of the word(s) in parentheses.

1. La vi (*by pure chance*) _____.
2. (*She kept the dog*) _____.
3. (*I pointed out to her*) _____ la verdad.
4. Una tarde llegué (*unexpectedly*) _____ a la casa.
5. (*She did not flinch*) _____ cuando le hice las preguntas que me intrigaban.
6. (*I have nothing to do*) _____ con tus problemas.
7. ¿Por qué no dejas la puerta (*ajar behind you*) _____?
8. (*She praised me*) _____ porque sabía que yo era susceptible a las lisonjas.
9. Las cosas nunca podrán ser (*like long ago*) _____.
10. Lo encontraron (*lying face down in the mud*) _____.
11. Eso no es una gallina sino un (*buzzard*) _____.
12. No quiero que tú (*overlook*) _____ lo que me has hecho.
13. No creo que sea un ángel de (*flesh and blood*) _____.
14. Encontraron a ese náufrago (*on the high sea*) _____.
15. Estas (*leftovers*) _____ son para los baldados.
16. Ella nunca (*pays attention to me*) _____.
17. El ángel y el niño contrajeron (*chicken pox*) _____ al mismo tiempo.
18. Elisenda gritaba (*exasperated*) _____ que era una desgracia vivir allí.
19. Sus tentativas de vuelo eran (*clumsy*) _____.
20. Todos consideraban al ángel un (*annoyance*) _____.
21. Para (*to keep one's head above water*) _____ es necesario seguirles la corriente a los que están en poder.
22. No, Romilio, uno no se puede (*to humiliate oneself*) _____ ante los que nos quieren mandar al (*wall for a firing squad*) _____.
23. Parecía un fantasma. Estaba (*stiff, feverish, and completely absorbed*) _____ en sus planes de venganza.
24. Como el hospital de la cárcel no tenía más camas, había que (*to make room*) _____ para otros pacientes.
25. Tenían que hacer todo (*secretly*) _____ porque el Comité de Defensa estaba en todas partes.

B. Rewrite the paragraph below, using the correct verb form or the Spanish equivalent of the words in parentheses.

Lo que se quejaba en el (*rear of the courtyard*) _____ no (ser) _____ un náufrago con calenturas, (*but rather*) _____ un hombre muy viejo tumbado boca abajo en el (*mud*) _____. Cuando Pelayo y su mujer (ver) _____ las grandes (*wings*) _____ que (tener) _____ y (escuchar) _____ su (*voice*) _____ de navegante solitario, (darse cuenta) _____ que estaban ante algo que (*they had never seen before*) _____. Pero de tanto mirarlo pronto (acostumbrarse) _____ a su apariencia y (*took him away*) _____ con mucho cuidado y (*locked him up*) _____ con las gallinas en el (*wire chicken coop*) _____ que (*they had just finished building*) _____. Pronto todos los (*neighbors*) _____ (venir) _____ a ver el extraño individuo con alas que (*would change forever*) _____ el futuro de su miserable pueblo a orillas del mar. Aunque la vecina más sabia dijo que (ser) _____ un ángel de carne y hueso, el (*priest*) _____ del pueblo (*assured them*) _____ que no lo era porque no (entender) _____ latín, que era (*as it is well known*) _____ la lengua de Dios. El pueblo (preferir) _____ creerle a la vecina y no al párroco, y pronto la casa del matrimonio (ser) _____ invadida por un (*crowd*) _____ de curiosos que (pagar) _____ cinco centavos para ver la criatura celestial. El ángel (aguantar) _____ con resignación y paciencia la gran acometida (*but took no part in his own act*) _____. El tiempo se le iba (*trying to get comfortable*) _____ en su (*borrowed nest*) _____ y en su constante intento de no dejarse aturdir por el calor infernal de las (*oil lamps*) _____ que (alumbrar) _____ su mísero gallinero alambrado. Apenas (dignarse) _____ mirar a los mortales que (venir) _____ a verlo y a pedirle que les (curar) _____ sus males. (Ser) _____ tanta su pena que todos (creer) _____ que (irse) _____ a morir. (*Nevertheless*) _____, no sólo sobrevivió a su (*worst winter*) _____, (*but*) _____ se mejoró poco a poco (*until*) _____ que un día (comenzar) _____ a dar aletazos indignos al principio pero que luego le (permitir) _____ comenzar a volar hasta perderse para siempre en el (*horizon of the sea*) _____ .

VOCABULARY

This vocabulary contains the basic words used in this text, irregular verb forms that might pose difficulty, all idioms used in the text, and all proper names. Cognates and most adverbs ending in **-mente** and derived from adjectives defined in the vocabulary are omitted. For those adjectives and nouns with different masculine and feminine written forms, both forms or endings are given.

Abbreviations: *adj.* adjective; *adv.* adverb; *Amer.* Americanism; *cond.* conditional; *conj.* conjunction; *f.* feminine; *fam.* familiar; *fig.* figurative; *fut.* future; *imp.* imperfect; *ind.* indicative; *inf.* infinitive; *int.* interrogative; *inter.* interjection; *m.* masculine; *n.* noun; *p.p.* past participle; *pl.* plural; *prep.* preposition; *pres. ind.* present indicative; *pres. part.* present participle; *pres. subj.* present subjunctive; *pret.* preterit; *pron.* pronoun; *subj.* subjunctive.

a at, into, on, by, with; to; from, for
abajo down, below; **¡abajo... !** down with . . . !
abandonar to forsake, to leave, to give up
abanicar to fan
la **abertura** opening
abierto(-a) open, opened; clear; broad
ablandar to soften; (*fig.*) to become soft
abotonar to button
el **abra** (*f.*) mountain gap, gorge
el **abrazo** embrace
el **abrigo** coat
abrir to open; **¡abra!** Open up!; **abrirse paso en la vida** to make one's way in life
la **abuela** grandmother
el **abuelo** grandfather
la **abundancia** abundance
abundante abundant
aburrir to annoy, to bore; **aburrirse** to grow tired, to be bored; **aburrirse en casa** to be bored at home
acabar to end, to finish; **acaba de (salir)** has just (gone out); **¡se acabó!** it is finished, this is the end
acalorar to warm, to heat

acaparar to monopolize, to command (*attention*)
acariciar to fondle, to caress
acaso perhaps
acatar to obey
la **acción** action
el **acecho** ambush; **en acecho** waiting in ambush
el **aceite** oil; **aceite bronceador** suntan oil
la **aceituna** olive
aceptar to accept
acerca de (*prep.*) about, concerning
acercarse to approach; **me acerqué** I approached, got near
el **acierto** success
acogedor(-a) hospitable
acompañado(-a) (de) accompanied (by)
acompañar to accompany
el (la) **acompañante** companion
acompasar to keep in time; to mark the rhythm
el **acontecimiento** event, happening
acordarse (ue) to remember
acostarse (ue) to go to bed, to lie down
la **actitud** attitude
el **acto** act; **en el acto** at once
actuar to act; to perform or discharge a duty
acudir to come, to go; **acudir a una cita** to keep an appointment
el **acuerdo** agreement; **ponerse de acuerdo** to come to an agreement
achatado(-a) flat
ad libitum freely
adelante forward, ahead; **¡adelante!** come in!; **en adelante** henceforth
el **ademán** gesture, movement; expression, look
además (*adv.*) besides, moreover, in addition; **además (de)** (*prep.*) beside
adentro inside; **lo de adentro** the inside, things inside
adivinar to guess
administrar to administer, to manage
admirar to admire
admirarse de to be surprised
adonde where, to which
adornar to adorn, to beautify, to embellish, to decorate
adosado(-a) placed back to back; embedded
adquirir (ie, i) to acquire
advertir (ie, i) to warn, to advise, to tell; to notice, to see
afeitarse to shave, to put makeup on
afiebrado(-a) feverish
afligir to afflict, to cause pain to; to worry
afuera outside; **el de afuera** the one outside; **lo de afuera** the outside; things outside
agacharse to stoop, to

squat; (*fig.*) to go along with what is going on
agazapado(-a) hidden
ágil agile
agitado(-a) excited
agradecer (zc) to be thankful (grateful) for
el **agradecimiento** gratitude
agregar to add
el **agua** (*f.*) water
aguantar to sustain, to hold; to suffer, to bear, to endure; **no pude aguantarme** I could resist no longer
agudo(-a) sharp
el **agujero** hole
aguzar to sharpen; **aguzar el oído** to prick up one's ear(s)
ahí there; **por ahí** over there
ahogado(-a) strangled, choked; drowned
ahogar(se) to drown; to choke
ahora now; **ahora bien** so now, well; **ahora mismo** right now; **hasta ahora** so far
aindiado(-a) Indian-like
el **aire** air
aislar to isolate, to place apart
el **ala** (*f.*) wing; brim; eave
alabar to praise
el **alambrado** wire netting, wire fence; **alambrado de púas** barbed wire
el **alambre** wire
la **alameda** tree-lined path or avenue
el **alba** (*f.*) dawn; **al alba** at dawn
el **albedrío** will; **libre albedrío** free will
el **alboroto** din; **alboroto de mercado** market place uproar, noise
el **alcance** reach; **al alcance** within reach, handy
alcanzar to reach; to overtake, to come to, to join; **no me alcanza** it is not sufficient
alegrarse to be glad
alegre gay, merry, cheerful
la **alegría** happiness
alejar to remove, to move away; **alejarse de** to move away from, to move out of sight
alentador(-a) encouraging
el **aletazo** flapping
el **alfiler** pin
algo something; somewhat; **algo de** (or **que**) **comer** something to eat
el **algodón** cotton
el **alguacil** bailiff
alguien someone, somebody
algún, alguno(-a) some; (*pl.*) some, a few; **alguna cosa** something
alimentar to feed
el **alimento** food
el **alivio** relief
el **alma** (*f.*) soul
el **almacén** store
almacenar to store, to put in a warehouse

Almendares *a river near Havana*
almorzar (ue) to eat lunch
el **almuerzo** lunch
el **alojamiento** lodging
las **alpargatas** sandals (*of canvas and hemp sole*)
alrededor (de) around
alterar to disturb
alto(-a) high; **(lo) más alto** the highest (*part*); loudly
Alto Perú Peru and Bolivia (*old Spanish colonial division*)
Alturas de Belén *a suburb near Havana, Cuba*
allá (*adv.*) there, over there (*less precise than* **allí**); **allá él** it's his business, that's up to him; **hasta allá** there; **más allá** farther; **por allá** over there, that way
allanar to abide by
allí (*adv.*) there (*more precise than* **allá**); **de allí** from there; **por allí** around there
amable (*adj.*) kind
amainar to let up
amamantar to nurse, to breast-feed
el (la) **amante** lover, sweetheart
amar to love
amargo(-a) bitter
amarillo(-a) yellow
ambos(-as) both
americano(-a) American, especially Spanish-American; New-World
el (la) **amigo(-a)** friend
la **amistad** friendship
el (la) **amo(-a)** boss, master, head of the family, landowner, lady of the house, owner, housewife
amontonar to pile up, to heap up; to crowd together
el **amor** love
el (la) **analfabeto(-a)** illiterate
ancho(-a) wide, broad
la **andanza** adventure
andar to walk, to go; to be; **andar (buscando)** to be (looking for); **andar de un lado a otro** to be everywhere, to be all over the place; **andar en los veintiuno** to be almost twenty-one
Andes (*m. pl.*) Andes Mountains (*along South America's western coast*)
el **andrajo** rag, tatter
anegar to drench, to flood
el **ángel** angel; **angelito** baby, little angel
el **ánima** (*f.*) soul
el **anillo** ring, band, coil
aniquilar to annihilate
anoche last night
anochecer to grow dark; **al anochecer** at nightfall
el **ansia** (*f.*) ardent desire
la **ansiedad** anxiety
ante in the presence of; before, in front of
el **ante** suede
antemano: de antemano beforehand

el **anteojo** glasses; **anteojos para el sol** sunglasses
anterior anterior, former, previous
antes (*adv.*) before; first, **antes de** (*prep.*) before
antojarse to fancy
anunciar to announce
el **anuncio** announcement, news
añadir to add
el **año** year; **hacía muchos años** many years ago
apacible pleasant
apagado(-a) extinguished; muffled (*sound*)
apagarse to go out (*a light*); to be extinguished
la **aparcería** partnership
aparecer (zc) to appear
la **apariencia** appearance
apartar to separate, to remove; **apartar los ojos** to look away; **apartarse** to withdraw, to move away, to depart
apearse to get off
apedrear to throw stones at
apelar to appeal
apenas hardly, scarcely
apestar to infect with the plague; **aquí apesta** it smells here; **apestado** infested; plague stricken
apilar(se) to pile up, to heap up
aplastar to crush, to flatten
el **apoderado** business agent with power of attorney
apoderarse de to take possession of
apostar (ue) to post, to station; to bet, to stake, to lay a wager
la **apostura** bearing; **de buena apostura** of good bearing
apoyar to support; to lean
el **apoyo** support
apreciar to appreciate; to appraise, to esteem; **apreciar mucho** to admire greatly
aprender to learn
apresurarse to hurry
apretar(se) (ie) to tighten
aprobar (ue) to approve
aprovechar to take advantage of
apuntalado(-a) propped
apurar(se) to hurry up
aquel, aquella that (*at a distance*); (*pl.*) those
aquél, aquélla, aquello (*pron.*) that one; he; the former; that; (*pl.*) those; they
aquí here; **aquí mismo** right here; **por aquí** this way, here
la **aquiescencia** acceptance
la **araña** spider
el **árbol** tree
el **arca** ark
arder to burn
ardiente (*adj.*) ardent
ardoroso(-a) blistering hot
la **arena** sand
argumentar to argue
el **arma** (*f.*) arm, weapon

la **armadura** armour, suit of armour
el **aro** earring; hoop; ring
arrancar to wrest, to force out, to tear out, to uproot, to yank out, to pull away
arrastrar to drag; **arrastrarse** to crawl, to creep; to debase oneself
arreglar to settle, to put in order, to fix, to arrange
arrellanarse to sit back, to lounge
arremeter to charge; to rush
arrendar (ie) to rent
arrepentirse (ie, i) to repent, to be sorry
arriba up, above, **hacia arriba** up, upward
arrimar to get close
arrodillarse to kneel down
arrojar to throw, to cast
el **arroyo** creek, small stream
el **arte** art; **bellas artes** fine arts
asaltar to assault
asegurar to secure, to fix, to make safe
asequible easy to get
así so, thus, like that, in that manner; **así es** it is so; **así que** as soon as
el **asidero** grip
el **asilo** asylum, refuge; shelter
asir to seize, to take hold of
el (la) **asistente** assistant
asistir a to be present (at), to attend
asomar to appear; to show, to put one's head out (*of a window*); **asomarse a (la puerta)** to peer out (the door)
asombrarse to be astonished
áspero(-a) rough
asunto matter, affair; business; **asuntos particulares** private conflicts
asustar to scare; **asustarse** to be frightened
atacar to attack
el **ataque** attack
atar to tie, to bind
el **atardecer** late afternoon, evening; **al atardecer** at dusk
la **atención** attention; **con atención** attentively, carefully
atender (ie) to attend (to); to pay attention (to); to answer; to look over carefully
atentamente attentively
aterrador(-a) terrifying, frightening
atiborrar to cram, to stuff, to pack
atinar to find; to discover, to hit upon
la **atmósfera** atmosphere, air
atormentar to torment; to bother; to tease
atrancar to bolt
atrapar to trap, to catch
atrás back; **¡atrás!** go

back!; **desde atrás** from behind; **hacia atrás** backward
atreverse to dare; **atreverse a (salir)** to dare (to go out)
atroz cruel; awful
aturdido(-a) reckless; dazed, bewildered
aullar to howl
el **aullido** howl
aumentar to increase
aun even
aún yet, still
aunque although, though, even though
auscultar to auscultate, to listen to (*with a stethoscope*)
la **ausencia** absence
ausentarse to be away; to leave for
austral southern
el (la) **autor(-a)** author
la **autoridad** authority; government
avanzar to advance, to move forward
la **aventura** adventure
averiguar to inquire, to investigate, to ascertain, to find out
¡ay! (*inter.*) Ouch! Oh! (*expressing pain or grief*)
ayer yesterday
la **ayuda** help, aid
ayudar to help
azar chance; **azares del juego** odds of winning (*in gambling*); **por azar** by pure chance
azotado(-a) whipped
el **azote** whip, lash
azul blue
el **bachillerato** secondary school
bailar to dance
bajar to come down; to go down; to lower; **bajarse** to get down; to go down; to lower
el **bajel** ship
bajo (*prep.*) under; **bajo(-a)** (*adj.*) low
el **balazo** shot
el **baldado** cripple
la **baldosa** tile
la **balsa** raft
la **banda** stripe; band; edge, border
la **bandera** flag
el **bandido** bandit
bañar to bathe; **bañarse** to take a bath
el (la) **bañista** swimmer; bather
barato(-a) cheap
la **barba** beard; chin
la **barbilla** chin
barbudo(-a) bearded (*also used as noun to identify Fidel Castro's soldiers*)
el **barco** ship
las **barras de hierro** iron bars
la **barrera** barrier; **barrera de zinc liso** barrier of smooth zinc
el **barrilete** small barrel; kite
el **barrio** district, area; residential district, neighborhood
el **barro** mud
el **barrote** bar
bastante enough; rather, fairly
bastar to be enough
la **basura** rubbish, trash, garbage

la **batalla** battle
batir to whip; to beat (*eggs*); to cream
bautizar to baptize
beber to drink
bello(-a) beautiful; **bellas artes** fine arts
bendito(-a) blessed
la **berenjena** eggplant; **papilla de berenjena** puréed or mashed eggplant
besar to kiss
bien well, all right; **bien que** although; **hacer un bien** to do a good deed; **no bien** no sooner, as soon as, just as
la **bienvenida** welcome
el (la) **biznieto(-a)** great-grandson, great-granddaughter
blanco(-a) white
el **blusón** large blouse; **blusón de toalla** terry cloth blouse
la **bobería** foolishness, nonsense
la **boca** mouth
la **bodega** warehouse; grocery store (*Cuba*)
el (la) **bodeguero(-a)** grocer (*Cuba*)
la **bola** ball
la **bolsa** bag; **bolsa de género** cloth bag; purse
el **bolsillo** pocket
la **bondad** kindness, goodness, kindliness
bondadoso(-a) kindhearted
bonito(-a) pretty
el **borde** border, edge
la **borrachera** drunkenness
borrar to erase, to rub out
el **bosque** forest, woods
la **bota** boot; shoe
botar to throw away
la **botella** bottle
bracear to wave or swing one's arms
bravamente angrily; bravely
bravo(-a) ill-tempered, quick-tempered; brave; wild
el **break** high four-wheeled carriage
brevemente briefly, shortly
brillante brilliant, shiny
brillar to shine, to gleam
el **brin** coarse linen fabric
brincar to jump
brindar to offer cheerfully; to toast
el **brocal** curbstone of well
el **brote** bud, shoot
el **brujo** sorcerer, wizard, warlock
la **bruma** fog
buen, bueno(-a) good; **buenos diás** good morning; **de buen grado** willingly
bullir to boil; to bubble
burdo(-a) coarse, ordinary, common
burla gibe, jeer, taunt; joke; **de burlas** in fun
burlar to mock; **burlarse de** to make fun of
el **burro** donkey
buscar to look for, to

seek; **en busca de** in search of
el **buzón** mailbox

el **caballero** gentleman; **Caballero de Gracia** *famous street in Madrid*
el **caballo** horse; **a caballo** on horseback; **montar a caballo** to go horseback riding
cabecear to nod one's head
el **cabecilla** leader
los **cabellos** hair
la **cabeza** head; **cabeza abajo** headfirst; **cabeza hueca** empty-headed; **de cabeza** headfirst
el **cabo** end; **al cabo** in the end; **al cabo de** at the end of, after
la **cabra** goat
cada each; **cada vez más** more and more
el **cadáver** dead body, corpse
la **cadena** chain; **cadena de plata** silver chain; **cadenilla** small chain
caer to fall; **caer de plano** to fall full length; **caer en casa** to drop in (*for a visit*); **caer en manos de** to fall into the hands of; **caer encima** to fall upon; **caerse** to fall over; **caerse de espaldas** to fall face up; **caerse de sueño** to be dead tired, sleepy; **se me cayó** it fell
la **caída** fall
la **caja** box, case
el **calabozo** jail, prison
la **calavera** skull
el **cálculo** calculation, estimate; **hacer cálculos** to estimate
la **calentura** fever, temperature
la **calma** calm; **con calma** calmly, deliberately
calmar to calm; **calmarse** to calm down, to become calm
el **calor** heat; **hacía calor** it (*weather*) was hot
caluroso(-a) hot
los **calzones** underwear, shorts
callado(-a) silent
callar(se) to be silent, to keep silent, to stop talking; **cállate** be quiet (*fam. imperative*); **cállense** be quiet (*formal imperative*)
la **calle** street; **por la calle** along the street
calloso(-a) callous, hard
la **cama** bed
Camagüey *city in Cuba*
cambiar to change; to exchange; **cambiar de (traje)** to change (clothes); **se cambió en** he/she/you changed into, became
el **cambio** exchange; change; **a cambio de** in exchange for; **en cambio** on the other hand; in exchange
Camborio *name of a gypsy tribe*

caminar to walk, to travel
el **camino** road; **camino real** highway; **en camino** on the way; **ir de camino** to be on one's way; to be traveling
el **camión** truck; **camión de carga** freight truck
la **campana** bell
el **campesino** farmer
la **campiña** flat tract of arable land
el **campo** country; field
la **canasta** basket
la **candela** fire
¡canejo! great guns!; **¡canejo con la muchacha!** Great guns, that girl!
el **cangrejo** crab
el **cansancio** weariness, fatigue
cansarse to get tired
cantar to sing
la **cantidad** quantity, sum
el **canto** song
la **caña** cane, reed
el **cañaveral** cane field; reed patch
la **capa** cape, cloak
la **capacidad** competence, skill, ability
el **capataz** foreman
capaz (*adj.*) capable, able
el **capullo** flower bud
la **cara** face
la **carcajada** loud laughter; **reír a carcajadas** to laugh heartily
la **cárcel** jail, prison
carcomido(-a) decayed
carecer (zc) to lack
la **carga** load, burden
cargar to load; to carry
el **carguero** beast of burden
Carlitos little Carlos (*proper name*)
la **carne** meat
la **carpa** tent
la **carreta** cart
el **carro** cart, wagon; automobile
la **carta** letter; playing card
el **cartucho** paper bag (*Cuba*)
la **casa** house, home; **a casa** home; **casa de beneficencia** orphanage; **casa y comida** room and board; **en casa** at home
casarse to get married
la **cáscara** fruit peel
el **casco** main building, headquarters
casi almost; **ya casi** almost
el **caso** case, affair; fact; **en todo caso** anyhow; **es el caso** the fact is; **en el mejor de los casos** at best
castigar to punish
el **castillo** castle
Castillo del Príncipe *an 18th century fortress in Havana, Cuba*
la **casuarina** ironwood tree
catequista catechist
catequizar to catechize, to preach
el **catre** cot, small bed
el **caudillo** leader; **caudillo político** political boss
la **causa** cause; **a causa de** because of

causar to cause, to produce
la **cautela** watchfulness, care
cauteloso(-a) cautious
la **caverna** cavern, cave
ceder to yield, to give in
el **cedro** cedar
la **ceja** eyebrow
la **ceiba** silk-cotton tree
la **celda** cell (*in a jail*)
celeste (*adj.*) sky-blue; **el celeste** sky-blue color
los **celos** jealousy; **en celo** in heat
celoso(-a) jealous
cenar to eat supper
el **centímetro** centimeter (*.39 inch*)
el **centro** center
la **cerca** fence
cerca (de) (*prep.*) near; (*adv.*) near, nearly
cercado(-a) fenced in
cercar to fence; to enclose
cercenar to cut, to trim; to cut off; to amputate
el **cerco** police cordon; siege
la **cerradura** lock
cerrar (ie) to close, to shut; to shut up, to enclose
el **cerro** hill
la **cicatriz** scar
el **cielo** sky
cien(-to) one hundred
la **ciénaga** swamp
cierto(-a) certain, true; sure; **es cierto** it is true; **por cierto** certainly
la **cigarra** cicada
el **cinturón** belt
la **circular** prison cell
el **círculo** circle
la **circunstancia** circumstance
el **ciruelo** plum tree
la **cita** appointment; date
la **ciudad** city
claro(-a) clear; **claro está** obviously; **claro que** of course; **la clara verdad** self-evident truth
la **clase** class, kind
clavar to drive in, to nail; to stick, to jab; to sink
el **clavo** nail
la **coartada** alibi
cobarde timid; cowardly
el **cobertizo** shed
cobrar to charge
la **cocina** kitchen
el **coche** coach, carriage; car, automobile
cochino(-a) (*adj. and n.*) dirty; pig
codiciado(-a) much desired, desirable, coveted
el **codo** elbow; **codo con codo** elbow to elbow
coger to seize, to catch, to capture; to pick, to gather
cogido(-a) caught
el **cohete** rocket
cojear to limp
la **cola** tail
el **colchón** mattress
colgar (ue) to hang (up)
el **colmillo** fang; eyetooth
el **colmo** height, summit; **para colmo** to top it all
colocar to place

colorado(-a) red; **el colorado** red color
el **comedor** dining room
comenzar (ie) to commence, to start, to begin; **comenzar a (llorar)** to begin (to cry)
comer to eat; **comerse** to eat up
cometer to commit; to make (*an error*)
la **comida** food, meal (*especially dinner*); **buena comida** a good meal
el **comienzo** the beginning; **al comienzo** in the beginning
el **comisario** police inspector
Comité de Defensa de la Revolución *a committee founded by Castro to guard against the enemies of the Revolution*
como as, like; since; as well as; about; **¿cómo?** how?; **como de** of, about; **como hombre** like a man; **¿cómo dices?** What did you say?; **¿cómo no?** Why not? Of course!; **¿cómo que no sabes?** What do you mean, you don't know?; **como si** as if
cómodo(-a) comfortable
el (la) **compañero(-a)** companion, colleague, comrade
comparar to compare
compartir to share
la **compasión** pity, compassion
completar to complete
completo(-a) complete
la **complexión** constitution, disposition, nature
componer (ng) to compose, to form; to repair, to mend; to reconcile
comprar to buy
comprender to understand; to realize
comprobar (ue) to check, to prove, to confirm
comprometerse (*Amer.*) to get engaged; to commit; to engage oneself to do something
compuesto *p.p. of* **componer**
con (*prep.*) with; by
conceder to give, to bestow, to grant, to concede
la **conciencia** consciousness; conscience
conducir (zc) to drive; to lead; to bring about
la **conducta** behavior, conduct
el **conejo** rabbit; **criadero de conejos** rabbit warren
la **confianza** confidence, trust, intimacy
confiar to trust
la **confidencia** secret
conforme according to
confundido(-a) mixed up
el **congreso** congress; gathering
conmigo with me

conmovido(-a) moved (*by emotion*)
conocer (zc) to be acquainted with, to know; to recognize; to meet (*pret.*)
conocido(-a) well-known, familiar
el **conocimiento** knowledge; acquaintance
el **consejo** counsel; (*pl.*) advice
considerar to consider, to think over; to judge; to treat with consideration or respect
consigo with himself, with herself; with it
consolar (ue) to console, to comfort
la **constelación** constellation
la **consulta** consultation; doctor's office
contar (ue) to tell, to narrate; to count; **contar con** to count on, to rely on
contener (ie) to contain, to restrain, to hold in
contento(-a) happy; **lo contento que estaba** how happy he was
contestar to answer
contigo with you; **contar contigo** to rely on you
contra against
contrario(-a) contrary; **al contrario** on the contrary
convencido (*p.p. of* **convencer(se)**) convinced
convenir (ie) to be fitting, to be good for
convertido(-a) (en) transformed (into)
el **convicto** prisoner
la **copa** glass, goblet; tree-top
copar to corner
el **coraje** courage
el **corazón** heart
corcovear to buck
el **cordero** lamb
la **corneta** trumpet, bugle
el **corredor** hallway; corridor, gallery
correr to run; to open (*a curtain*); to circulate (*a rumor*); **a todo correr** at full speed
la **corriente** current (*of water*); **irse con la corriente** to follow the crowd; **seguir la corriente** to go along with
la **cortada** cut
cortar to cut; **cortar la cabeza** to cut off someone's head
el **corte** piece of material
la **corte** court; **hacer la corte** to court
cortés (*adj.*) courteous
cortésmente courteously
corto(-a) short
la **cosa** thing; **cosa de todos los días** an everyday affair; **cosa igual** anything like it; **¡cosa más rara!** how strange!; **cosa rara** strange thing; **otra cosa** anything else, something else

la **cosecha** crop, harvest
cosechar to harvest
costar (ue) to cost
la **costumbre** habit, custom
la **creación** creation
crear to create
crecer (zc) to grow
crecido(-a) large, considerable; **una cantidad crecida** a large amount
la **creciente** flood
la **creencia** belief
creer to believe, to think; **se creía importante** he thought he was important; **¡ya lo creo!** sure! you bet! of course!
el **criado** servant; **la criada** maid, servant
la **crianza** upbringing; **dar crianza** to bring up
criar to raise, to bring up
el (la) **criollo(-a)** Creole, native
los **cristales de alcanfor** mothballs
crujiente (*adj.*) creaky
la **cruz** cross; **en cruz** crossed
cruzar to cross; to exchange
la **cuadra** stable; ward (*of a hospital*); (*Amer.*) block (*of houses*)
el **cuadro** picture, painting; square
cual which, who; **lo cual** (*an act*) which; **por el cual** for which; **por lo cual** for which (*reason*)
cualquier(a) (*pl.* **cualesquier(a)**) any, anyone; **una cualquiera** a loose woman, a woman of no account, a nobody
cuando when; **¿cuándo?** when?; **cuando menos lo esperaba** when he least expected it; **de cuando en cuando** from time to time; **de vez en cuando** from time to time
cuanto as much as; **¿cuánto?** how much? **en cuanto** as soon as; **todo cuanto** all that (which); **unos cuantos** a few
cuarenta forty; **a los cuarenta** at forty (*years of age*)
cuarentón(-ona) (*adj.* and *n.*) in his (her) forties
el **cuarto** room; quarter
cuatro four; **las cuatro** four o'clock
Cuatro Caminos *well-known four-way intersection in Havana, Cuba*
cuatrocientos four hundred
cubierto(-a) (*p.p. of* **cubrir**) covered
el **cubil** den
cubrir to cover
la **cuchara** spoon
la **cuchilla** blade; mountain
el **cuchillo** knife; **cuchillo de mesa** table knife
el **cuello** neck
la **cuenta** bill; **dar cuenta de** to report on; **darse cuenta de** to realize, to

notice; **tener en cuenta** to consider

el **cuento** short story, tale; (*fam.*) gossip, fib; **no me vengas con cuentos** don't come to me with fibs

cuerdo(-a) prudent, sensible, wise; **ser cuerdo** to have good sense

el **cuerno** horn

el **cuerpo** body; **de cuerpo entero** full-length

el **cuervo** crow; **"cría cuervos y te sacarán los ojos"** "A dog bites the hand that feeds it"

la **cuestión** problem; argument; matter

la **cueva** cave, hole

el **cuidado** care; **con cuidado** carefully; **¡cuidado!** Look out! Be careful!; **¡mucho cuidado!** Be careful!; **sin cuidado** without worry; **tener mucho cuidado** to be very careful

cuidar to take care, to be careful; to take care of

la **culpa** fault; sin, offense; **por su culpa** because of him (her); **tener la culpa (de)** to be responsible (for), to be to blame (for)

culto(-a) cultivated, well-educated, enlightened, civilized

la **cultura** culture

la **cuña** wedge

el **cura** priest

curar to cure

curiosear to look around; to browse around; to poke one's nose into or to pry into other people's affairs

la **curiosidad** curiosity

curioso(-a) curious, strange

la **curva** curve

cuyo(-a) whose, which, of whom, of which

Cuzco *city in southern Peru; ancient capital of the Inca Empire*

la **chabola** shack, shanty

el **charco** puddle, pool

el (la) **chico(-a)** boy, girl, youngster

el **chicotazo** lash

chillar to shout

el **chillido** shriek

chino(-a) Chinese

el **chiste** joke, funny story

el **chopo** black poplar

chorrear to drip

el **chorro** gush; stream

la **damajuana** demijohn

danzar to dance

el **daño** harm; **hacer daño** to harm, to hurt

dar to give; to emit; **dar a luz** to give birth to; **dar con** to hit, to come across; **dar de comer** to feed; **dar gusto (ver)** to be pleased (to see); **dar la mano** to shake hands; **dar las cuatro** to strike four (o'clock); **dar paso** to make way;

dar sepultura to bury; **dar vuelta** to turn over
los **datos** data
de (*prep.*) of, from; about; by; in; than; with
deambular to walk around
debajo (*adv.*) under; **debajo de** (*prep.*) under, beneath
deber ought, must; to owe; **debido a** owing to, due to; **debieron** must have; **deberse a** to be due to
débil (*adj.*) weak
la **debilidad** weakness; fondness
decente (*adj.*) nice; decent; honest
decidir to decide; **decidirse** to resolve, to make up one's mind; **se decidió** it was decided
decir (i) to say, to tell; **decirse** to say to oneself; **es decir** that is to say; I mean; **se dice** it is said; people (they) say
el **dedo** finger
defender(se) (ie) to defend (oneself)
definitivamente definitely, finally
dejar to leave; to let, to allow, to permit; **dejar caer** to drop; **dejar de** + *inf.* to cease, to stop; to fail to
el **delantal** apron, uniform
delante in front, before; **delante de su madre** with her mother present; **por delante** in front
deleitar to please, to delight, to content; to enjoy
el **deleite** delight, pleasure, joy
deleitoso(-a) delightful
el **delirio** hallucination
demacrado(-a) emaciated
demás (the) rest; **los (las) demás** the rest; **por lo demás** as for the rest
demasiado (*adv.*) too, too much
demorar to delay, to put off
dentro (*adv.*) within; **dentro de** (*prep.*) within, inside of; **dentro de un rato** in a little while; **por dentro** from the inside
denunciar to denounce, to accuse
el **departamento** apartment
la **dependencia** dependence; **dependencias del capataz** foreman's quarters
el **depósito** storeroom
la **depredación** pillaging, depredation
derecho(-a) straight; **la derecha** right-hand, right side
el **derecho** right; **tener derecho a (ser)** to have the right (to be)
derramar to spill; to shed; to pour out

la **derrota** defeat
derrotar to defeat
desagradable unpleasant, disagreeable
desagradar to displease
el **desaliento** discouragement; loss of heart
desamparar to abandon
desaparecer (zc) to disappear
desarrapado(-a) (*adj.* and *n.*) shabby (*person*)
desatender (ie) to disregard, to slight, to neglect, to take no notice of (*a person or thing*)
desbandarse to disband, to spread out (*to make an attack more difficult*)
desbordarse to overflow
desbaratar to mess up; to ruin; to break; to spoil
descalzo(-a) barefooted, shoeless
descansar to rest
el **descanso** rest
descarado(-a) impudent, shameless
desconcertar (ie) to baffle
desconfiar to distrust
desconocido(-a) unknown (to); strange
el (la) **desconocido(-a)** stranger
describir to describe
descubrir to discover
desde from; since; **desde años atrás** for many years; **desde aquel día en adelante** from that day on; **desde que** since
el **desdén** disdain, scorn
desdeñosamente disdainfully
desear to wish, to desire
desencajado(-a) distorted (*face*); contorted; disconnected
el **desenfado** openness, frankness; self-confidence
desengañar to disappoint
desenvolver (ue) to develop (*a theme*)
desenvuelto(-a) natural; assured
desequilibrado(-a) (*adj.* and *n.*) off balance; unbalanced person
la **desesperación** desperation, despair
desesperadamente desperately
desfallecer (zc) to faint
el **desfile** parade, procession
desgajar to tear off, to break off
desganar to spoil the appetite of; to turn off; to get bored
desgarrador(-a) heartrending, heartbreaking
la **desgarradura** rip, tear
desgarrar to rip, to tear
el **desgarrón** rip, tear
desgonzar to unhinge
la **desgracia** misfortune, blow, mishap; **para desgracia tuya** unfortunately for you

deshabitado(-a) uninhabited, deserted
deshabitar to leave, to move out of (a house)
el **desierto** desert
desistir to give up, to desist
deslizarse to glide, to slide
desmayado(-a) unconscious
desmayarse to pass out, to faint
desnudar to undress; to bare
desnudo(-a) naked
la **desocupación** idleness
desocupado(-a) idle, unoccupied
la **desolación** desolation; distress, grief; loneliness
despachar to settle, to finish; to deal with, to attend to
despacio slow, slowly; silently; **despacito** slowly, silently
despachar to finish quickly
despecho: a despecho de in defiance of
la **despedida** farewell
despedir (i) to dismiss, to fire
despedirse (i) to say goodbye; **despedirse (de)** to take leave of
despiadado(-a) pitiless, merciless
desplumar to pluck
despojar to deprive, to strip; to despoil, to divest
despotricar to carry on, to rant on
despreciar to despise; to ignore; to scorn
despreocupado(-a) unconcerned
desproveer to deprive, to take away
después (*adv.*) after, later; afterwards, then; **después de** (*prep.*) after
el **destacamento penal** penitentiary, prison
destacar to make (*something*) stand out, to stand out
el **destierro** banishment, exile
el **destino** destiny; destination; fate
destrozar to destroy, to break into pieces
destruir to destroy
el **desván** attic
desvanecido(-a) dizzy, faint, in a faint
el **detalle** detail
detenerse (ie) to stop, to halt
detrás de behind, in back of
la **devastación** devastation, destruction
devolver (ue) to return, to give back
el **día** day; daylight; **al día siguiente** the next day; **a los dos días** within two days; **cosa de todos los días** an everyday affair; **desde tres días atrás** for the last three days; **día a día** day by day; **hace días** for days; **pocos días** a few days; **todo el día** all

day; **todos los días** every day; **ya de día** already daylight
el **diablo** devil
dibujar to draw
la **dicha** happiness, good luck
dicho (*p.p. of* **decir**) **mejor dicho** rather, that is to say
el **diente** tooth; **murmurar entre dientes** to mumble, to mutter
la **dignidad** dignity
digno(-a) worthy
dilatar to dilate, to expand
el **diluvio** flood
Dios God; **¡por Dios!** for heaven's sake!
la **dirección** direction; **en dirección de** toward
directamente directly
dirigir to direct; **dirigirse a** to go toward
el (la) **discípulo(-a)** disciple; follower; pupil
discutible questionable
el **disgusto** displeasure
disiparse to vanish
el **disparo** shot
la **displicencia** indifference, coolness, coldness
disponer (ng) to order, to command
dispuesto(-a) ready; willing
la **disputa** dispute, controversy
la **distancia** distance
distinguir to distinguish, to make out
distinto(-a) different
disuadir to dissuade
la **disyuntiva** dilemma
divertido(-a) amusing, entertaining
divertir (ie, i) to amuse, to entertain; to divert; **divertirse** to amuse oneself; to have a good time
dividir to divide
divulgar to spread, to circulate, to divulge
diz it is said (*contraction of* **dícese**)
doblegarse to submit oneself to
doce twelve
la **docena** dozen
doler (ue) to hurt
el **dolor** pain; sorrow
dolorido(-a) sore, painful
dominar to dominate, to master, to rule, to control, to conquer
el **domingo** Sunday; **misa de los domingos** Sunday mass
don (*m.*), **doña** (*f.*) *titles used before Christian names*
Don Segundo Sombra *novel about gaucho life, written by Ricardo Güiraldes (1886–1927)*
donde where; **¿dónde?** where?
dondequiera wherever
dormir (ue, u) to sleep; **dormirse** to fall asleep
dos two; **a las dos** at two o'clock
doscientos two hundred

la **duda** doubt; **no hay duda** there is no doubt; **por las dudas** just in case; **sin duda** doubtless
dudar to doubt
el (la) **dueño(-a)** owner; **dueña de casa** housekeeper, mistress of the house
dulce sweet; pleasant
durante during; through; for
durar to last
duro(-a) hard; stern

e and (*replaces* **y** *before* **i** *and* **hi**)
económico(-a) economic, economical
echar to throw, to cast; **echado el sombrero sobre los ojos** with his (their) hat(s) pulled over his (their) eyes; **echarse a reír** to burst out laughing; **echarse encima** to throw oneself at; **echar gasolina** to gas up
la **edad** age; **en el vigor de la edad** in the prime of life; **edad madura** elderly
el **edificio** building
la **educación** training, education
educado(-a) educated
el **efecto** effect; **en efecto** in fact, as a matter of fact; indeed
la **efigie** effigy
egregio(-a) illustrious, eminent
¿eh? Understand?; **¡eh!** Hey!, Eh!
el **ejemplo** example; **poner un ejemplo** to set an example
el **ejército** army
el the; **el de** the one with; the one that, the one who
él he; him; it; **el de él** his
el **elogio** praise; compliment
ella she; her; it; **ellas** they; them
ellos they; them
embebido(-a) absorbed
embriagar to intoxicate; (*fig.*) to enrapture
emocionarse to be touched, stirred, moved
la **empalizada** palisade, fence
empapar to drench, to soak
el **empaque** packing (*materials*); bearing, presence (*of a person*)
empavonado(-a) shiny; blue-black
empeñado en bent on, determined to
empezar (ie) to begin
emplazar to summon; to locate
el (la) **empleado(-a)** employee, clerk
emplear to employ
el **empleo** job, employment
empujar to push
el **empujón** push, shove
en in, into, on, upon
enamorarse to fall in love

encallar to run aground; to founder
encantado(-a) delighted; enchanted
el (la) **encapuchado(-a)** person wearing a hood fastened to a cloak
encaramarse to climb
encargar to request, to entrust; **encargarse de** to take charge of
encariñar to endear, to arouse affection in, to become fond of
encender (ie) to light, to kindle, to start (*a fire*)
encerrar (ie) to fence in; to lock up, to shut up
encima above; **por encima de** over
encontrar (ue) to find, to come upon, to meet
el **encuentro** meeting, encounter
enemigo(-a) unfriendly
el (la) **enemigo(-a)** enemy
la **energía** energy, force
enfadarse to become angry
enfermo(-a) ill, sick
el (la) **enfermo(-a)** patient, sick person
enfurecerse (zc) to rage, to get furious
engañar to deceive; **engañarse** to be deceived
engendrar to father
enloquecer (zc) to drive mad, to madden; to go mad or insane; **enloquecido de celos** madly jealous
enlutado(-a) in mourning, wearing black clothes
enmudecer (zc) to silence; (*fig.*) to be speechless
enorme huge, enormous
la **enredadera** climbing plant
enredar to entangle
enriquecer (zc) to make rich
en seguida at once, immediately; next
enseñar to teach; to show
ensillar to saddle
ensopado(-a) drenched
ensuciar to soil
el **ensueño** dream; daydream
entablar to begin, to start; **entablar relación** to establish relations, to begin a friendship
entender (ie) to understand; **¿entendido?** do you understand?
enternecido(-a) touched, moved (*by emotion*)
entero(-a) whole, entire
entonces then; at that time; **desde entonces** since then; **por entonces** at the time
entornado(-a) ajar, slightly open
entornar los ojos to half-close the eyes
la **entrada** entrance; entry, admittance; ticket
entrar (en) to enter, to go in, to come in
entre between; among;

de entre from between; **por entre** among
entreabrir to open halfway, to leave ajar (*door*)
entrecortado(-a) broken, faltering
entregar to deliver, to hand over
entretenerse (ng) to pass the time, to amuse oneself
envenenado(-a) poisoned
el **envenenamiento** poisoning
envenenarse to poison oneself; (*fig.*) to grow bitter
enviciar to corrupt
la **envidia** envy
envolver (ue) to coil around, to wrap up, to wrap around
la **epidemia** epidemic
equiparar to equate
equivocarse to be wrong
erguirse to straighten up
errante (*adj.*) wandering, roaming, nomadic
errar to err, to make a mistake; **errar el camino** to take the wrong road
esbelto(-a) slender
la **escala** scale
la **escalera** stairs; ladder; **escalera de mano** portable ladder
escaparse to escape, to run away
el **escarmiento** lesson, punishment
escoger to select, to choose
esconderse to hide
escondido(-a) hidden, in hiding; concealed
el **escondite** hiding place; **jugar al escondite** to play hide-and-seek
el **escondrijo** hiding place
escotado low-necked, low-cut (*dress*)
escuchar to listen
escudriñar to scrutinize, to scan
escupir to spit
escurrirse to slip
ese, esa that; (*pl.*) **esos, esas** those
ése, ésa that one, that; (*pl.*) **ésos, ésas** those
el **esfuerzo** effort
eso that; **en eso** at that moment
las **espaldas** back; **de espaldas** on one's back; **caerse de espaldas** *see* **caer**
espantado(-a) frightened
espantoso(-a) frightful
la **especie** kind, sort, species
la **esperanza** hope
esperar to wait (for); to expect, to hope
espeso(-a) thick
la **espina** thorn; splinter
el **espinazo** spine
el **espíritu** spirit
el **esposo** husband; **la esposa** wife
el **establecimiento de campo** farm
la **estaca** stake
la **estación** station
el **estado** state; condition

estallar to explode, to burst
la **estancia** farm; estate; ranch
estar to be; **está bien** very well; **estar emparejado** to be even; **estar harto** to be fed up; **estar para (caer)** to be about to (fall); **¡ya está!** Now it is ready! There you are!
este, esta this; **éste, ésta, esto** this one; this; the latter; **para** or **por esto** for this reason
el **este** east
estéril (*adj.*) barren
estilo style; **por el estilo** of the kind, of that sort
estimar to esteem, to respect, to appreciate
estipular to stipulate
estirar to stretch out
la **estirpe** stock; lineage, ancestry
esto this
el **estorbo** annoyance
estrecho(-a) narrow
la **estrella** star
estremecerse (zc) to shiver, to shudder
estrujar to squeeze, to crumple up
el (la) **estudiante** student
el **estudio** study; studio
estúpido(-a) stupid
eterno(-a) eternal
el **evangelio** gospel; **el Evangelio según Marcos** The Gospel according to St. Mark
evangelizador(-a) evangelizing
evangelizar to evangelize
evitar to avoid
el **examen** examination
examinar to examine
exasperado(-a) exasperated
excepto except, with the exception of
el **exceso** excess
exclamar to exclaim, to clamor, to cry out
exento de free from
la **exhibición** exhibition, show
exigir to demand; **exigir cuentas** to demand an explanation
el **éxito** success
la **explicación** explanation
explicar to explain
la **exploración** exploration
el (la) **explorador(-a)** explorer
explotar to exploit
extender(se) (ie) to extend, to spread out
extranjero(-a) foreign; **el extranjero** foreigner
extrañar to surprise; to miss
extraño(-a) strange
el **extravío** misconduct
el **extremo** extreme, end

las **facciones** features
fácil easy
la **facilidad** facility, ease
la **falda** skirt
falso false; **falso movimiento** accidental movement
la **falta** lack; absence; **falta de** lacking in, for want of

faltar to lack; to be lacking
la **familia** family
famoso(-a) famous
fanfarrón(-a) braggart
el **fango** mud
fangoso(-a) muddy
la **fantasía** whim
el **fantasma** phantom; ghost
la **fatiga** fatigue, weariness
el **favor** favor; **hacer el favor de** please (*in a request*)
fecundo(-a) fertile, fecund
la **felicidad** happiness
feliz (*pl.* **felices**) (*adj.*) happy
felizmente fortunately
el **fenómeno** phenomenon
la **feria** fair, circus; holiday
feroz (*pl.* **feroces**) (*adj.*) ferocious, fierce
la **ferretería** hardware store
la **ficha** file; police record
fiel (*adj.*) faithful
fiero(-a) fierce
el **fierro** iron
la **fiesta** festival, festivity, party, celebration
la **figura** figure, form, shape; **hacer mala figura** to make a bad impression
fijamente fixedly, firmly, assuredly
fijar to fix, to fasten; **fijarse en** to notice, to observe
el **filo** cutting edge
filtrarse to filter, to filter through
el **fin** purpose; end; **al fin** finally; **en fin de cuentas** after all; **por fin** finally
la **finca** country estate; farm
fingir to feign, to simulate, to pretend
fino(-a) fine, delicate
la **finura** fineness; delicacy; politeness; refinement
el (la) **fiñe** kid (*Amer.*)
la **firma** signature
el **firmamento** sky
firmar to sign
firmísimo(-a) very firm
físico(-a) physical
la **flor** flower
flote: a flote afloat
el **fogón** hearth, fireplace
el **fondo** back, rear; bottom; **en el fondo** at heart; **al fondo** at the back
el (la) **forastero(-a)** stranger
forjar to forge; **hierro forjado** wrought iron
la **forma** form
formar to form
la **fortuna** fortune; good luck; **por fortuna** fortunately
forzosamente forcibly, necessarily
el **fracaso** failure
el **fragor** sound
fragoso(-a) noisy
el **fraile** friar, monk
el **frasco** bottle, jar, flask
la **frase** phrase; sentence
frecuentar to frequent; to visit frequently
frecuente frequent
la **frenopatía** phrenopathy, alienation
la **frente** forehead; face;

frente a frente face to face
el **frente** front; **frente a** opposite
fresquísimo(-a) very cool
frío(-a) cold
frotar to rub
la **fruición** delight, pleasure
el **fuego** fire
la **fuente** fountain
fuera outside; **fuera de** outside of, in addition to; **¡fuera de aquí!** get out! go away!; **fuera de sí** beside oneself, crazy
fuerte (*adj.*) strong
la **fuerza** force; strength
las **fuerzas** strength
la **fuga** escape
el (la) **fugitivo(-a)** fugitive
el **fulgor** gleam
fundar to found
fundo piece of real estate, country estate; property
furioso(-a) furious
fusilar to shoot, to execute
futuro(-a) future

el **gajo** branch (*of a tree*)
la **galera** prison
el **galpón** shed (*Amer.*)
la **gallina** chicken, hen
el **gallinazo** buzzard
el **gallinero** chicken coop
el **gallo** rooster
la **gana** desire; **sin ganas** unwillingly; **tener ganas de** to feel like, to want to
ganar to earn
ganarse la vida to earn a living
el **garaje** garage
garboso(-a) graceful, elegant
la **gárgara** gargling
el **garrote** club
gatas: a gatas crawling
el (la) **gaucho(-a)** Argentinian cowboy/cowgirl
el **gavilán** hawk
la **gavilla** sheaf; **gavilla de rayos** beam of light
el **gazapo** young rabbit
el **genio** genius; temper; **mal genio** bad temper
la **gente** people, folks
la **gentuza** riffraff, mob
germinar to germinate, to grow
el **gesto** expression (*facial*)
girar to rotate, to revolve; **hacer girar la llave en la cerradura** to turn the key in the lock
el **girasol** sunflower
el (la) **gitano(-a)** gypsy
el **goce** enjoyment
Gólgota Golgotha, the place where Jesus was crucified, Calvary
el **golpe** blow; shaft; **dar golpes** to beat up
la **goma** gum; glue; **goma de borrar** eraser
la **gota** drop
la **gotera** leak
gozar (con) to enjoy
grabar to engrave
las **gracias** thanks; **dar las gracias** to thank; **gracias a Dios** thank God

gracioso(-a) attractive; funny
el **grado** degree; **de buen grado** willingly
el **gramo** gram (*.035 of an ounce*)
la **granada** pomegranate
grande (gran) large; big; great; grand
grandioso(-a) magnificent
grave (*adj.*) grave, serious
gritar to shout, to cry out, to scream
el **grito** shout; howl; cry
la **grosería** coarseness, rudeness, crudeness
grueso(-a) thick, heavy; big; **el grueso** thickness
la **grupa** rump of a colt
el **grupo** group
guardar to keep; to put away; **guardar silencio** to keep silent; **para sí sola se guardaba** she kept to herself
el **guardia** guard; **en guardia** on guard; **la guardia civil** National Police (*Spain*)
guarecerse (zc) to take cover
la **guayabera** *traditional Cuban shirt*
la **guerra** war
el **guía** guide
guiar to guide, to lead
la **guiñada** wink; **guiñada inteligente** knowing wink
la **guitarra** guitar
gustar to please, to be pleasing; to enjoy; **le gusta(n)** he/she/you like(s); **les gusta(n)** they like; **no me gusta(n)** I do not like; **no le gustaba(n)** they didn't like
el **gusto** pleasure; taste; liking; **con (mucho) gusto** gladly

haber to have (*used to form the perfect tenses*); **haber tomado** having taken; **había, hubo** there was, there were, there existed; **ha de (decir)** he is/you are supposed (to say); **hay** there is, there are; **hay que + *inf.*** one must, it is necessary to; **no había nada más que hacer** there was nothing else to do; **¿qué hay?** what's the matter?
hábil (*adj.*) clever, able
habilitar to set up, to fit out
el (la) **habitante** inhabitant
habitar to inhabit, to live in
el **hábito** habit (*attire of military or religious order*)
hablar to speak, to talk; **hablar bajito** to speak softly; **hablarse de usted** to speak to each other in the polite form, to address each other formally
hacer to do; to make; to have (*someone do something*); **desde hace**

tiempo for a long time; **hace algunos años** a few years ago; **hace un rato** a while ago; **hacer (caer)** to make (fall); **hacer calor** to be warm (*weather*); **hacer hueco** to make room; **hacer la guerra** to wage war; **hacer mala figura, mal papel** to make a bad impression; **hacer números** to figure; **hacía diez años** ten years before; **se (me) hace** it seems (to me); **hacerse** to become; **hacerse (amar)** to make oneself (loved); **hacerse temer** to make oneself feared

hacia toward, in the direction of; **hacia atrás** backwards

la **hacienda** farm; cattle (*Amer.*)

halagar to coax; to flatter

hallar to find; **hallarse** to find oneself, to be (*in a place or condition*)

el **hallazgo** find, discovery

el **hambre** hunger; **tener hambre** to be hungry

hambriento(-a) hungry

el (la) **hambriento(-a)** starving person

harapiento(-a) in rags

harto(-a) sufficient; **harto de** tired of, fed up with

hasta to, until, as far as, as much as, up to, till; even; **hasta ahora** so far; **hasta que** until

hay there is, there are

el **hechicero** sorcerer, wizard

hecho (*p.p. of* **hacer**) (*n.*) event; **hecha al destierro** accustomed to exile

la **hembra** female of animals or plants; woman

heredar to inherit

la **herencia** heritage

la **herida** wound

herido(-a) wounded; **mal herido** seriously wounded

herir (ie, i) to wound

la **hermana** sister

el **hermano** brother

hermoso(-a) beautiful; **¡qué hermoso!** how beautiful!

la **herradura** horseshoe

la **herramienta** tool

herrar (ie) to shoe (*a horse, mule, etc.*); **sin herrar** unshod

el **hervidero** swarm

hervir (ie, i) to boil

el **hielo** ice; **ser un hielo de fría** to be cold as ice

el **hierro** iron

el **higo** fig

la **higuera** fig tree

la **hija** daughter; **hijita** my darling; little daughter

el **hijo** son; **los hijos** children

la **hilera** row, line

el **hilo** thread

hincado(-a) kneeling

hinchar(se) to swell

la **historia** history; story

la **historieta** comic strip; brief account

el **hogar** fireplace, hearth; home
la **hoja** blade; panel (*of door*); leaf
hojear to leaf through, to glance through
el **hombre** man; **¡hombre!** man!; **hombre a caballo** rider; **hombre de carácter fuerte** man of strong character, strong-willed
el **hombro** shoulder; **al hombro** on the shoulders
hondo(-a) deep
la **hora** hour; **a la hora de la siesta** at siesta time
la **horma** shoemaker's mold; **la horma de su zapato** his match
hostil (*adj.*) hostile, unfriendly
hoy today; **hoy mismo** this very day
la **hoya** pit; **hoyas abisales** ocean depths
hueco(-a) empty
la **huelga** strike
la **huella** footprint; trace
el (la) **huérfano(-a)** orphan
el **huerto** vegetable garden
el **hueso** bone
el **huésped** guest
huesudo(-a) bony
el **huevo** egg
huir to flee, to run away
¡hum! Well!
humilde (*adj.*) humble
humildemente humbly, meekly
el **humo** smoke
hundir(se) to sink; to cave in
hurtadillas: a hurtadillas stealthily

el **idioma** language
la **iglesia** church
igual equal; even; the same; **cosa igual** such a thing; **en igual forma** likewise
ilusionar to cause illusion, to fascinate
impedir (i) to prevent
el **imperio** empire
el **ímpetu** impulse
la **importancia** importance
importante (*adj.*) important; **importantísimo** very important
importar to matter; to care; **ni me importa** nor do I care; **¡no me importa!** it doesn't matter to me!; **¿no te importará (beber sin vaso)?** you won't mind (drinking without a glass)?
impresionar to impress
impreso(-a) imprinted, stamped
el **inca** *ruler of Indians living in the Peruvian Andes when the Spaniards arrived*
incautar to confiscate
incauto(-a) gullible
inclinado(-a) leaning
incluir to include
incomodar to annoy, to vex
inconveniente (*adj.*) inconvenient

incorporarse to get up; to incorporate, to join
incunable incunabula, early printed books (*before 1500*)
incurrir to make (*an error*)
indicar to show, to indicate
el **indicio** indication, sign; trace
indigno(-a) unworthy, undeserving
indispensable (*adj.*) essential
el **individuo** person, fellow
la **infancia** childhood, infancy
infantil (*adj.*) childlike
infeliz (*adj.*) unhappy, unlucky; gullible
el (la) **infeliz** poor devil; simpleton
el **infierno** hell
informar to inform; to advise; to instruct; to communicate, to supply with news
injusto(-a) unjust
inmediatamente immediately
inmemorial (*adj.*) immemorial, long ago
inmensamente greatly
inmóvil (*adj.*) motionless
inmutarse to alter, to change; **no inmutarse** to be unperturbed; not to flinch
inocente (*adj.*) innocent; innocent-looking
inquietante (*adj.*) disturbing
inquietar to disturb
inquieto(-a) restless, anxious, uneasy
la **inquietud** anxiety, worry, uneasiness
el (la) **inquilino(-a)** tenant
insolentarse to become insolent
insolente (*adj.*) insolent, impudent; shameless (*person*)
inspectivamente inspectively
inspirar to inspire
instalar to install, to place, to set up
instalarse to place oneself; to move into
el **instinto** instinct
el **instituto** institute; laboratory
la **inteligencia** intelligence; intellect, mind; understanding
inteligente (*adj.*) intelligent
la **intemperie** out of doors, in the open
la **intención** intention; **con intención de llegar** intending to arrive
intentar to attempt
el **intento** attempt; **intento dinamitero** sabotage
el **interés** interest; self-interest; concern
interesado(-a) interested, concerned, selfish
interesar to interest; **interesarse** to be interested
internarse to go into
interrogar to ask a question; **el interrogado** one who is asked a question

interrumpir to interrupt
intervenir (ie) to intervene, to mediate
íntimo(-a) intimate, familiar; internal, innermost
introducir (zc) to put in, to introduce
el (la) **intruso(-a)** intruder
la **inundación** flood
inútil (*adj.*) useless
Inverness *port city in Scotland*
invertido(-a) upside down
el **invierno** winter
inviolable (*adj.*) sacred
la **inyección** injection
ir to go; **iba (cruzando)** was (crossing); **¿cómo te va?** How are you?; **me fui (acercando)** I gradually (approached); **¡vamos!** Come on!; **vamos a casa** let's go home; **irse** to go away
la **ira** anger, wrath
irónico(-a) ironic
izquierdo(-a) left; **la izquierda** left-hand

el **jadeo** panting, gasping
jamás (*adj.*) never, not . . . ever
el **jamo** net (*Cuba*)
el **jardín** garden
el (la) **jardinero(-a)** gardener
la **jaula** cage
el (la) **jefe(-a)** chief; boss
¡Jesús nos ampare! Heaven help us!
el **jilguero** goldfinch
el **jornal** day's wage
joven (*adj.*) young
el (la) **joven** young man (lady)
la **joya** jewel
el **juego** game; gambling
el (la) **juez** judge
jugar (ue) to play; to gamble; **jugar al tenis** to play tennis
el **juicio** judgment; **a mi juicio** to my way of thinking
el **junco** rush
Junín *city in Argentina*
juntarse to get together; **juntarse a (con)** to join
junto a close by, beside; **junto con** together with; **juntos** together
jurar to swear; **juro a Dios** I swear to God
justamente precisely, exactly
la **justicia** justice; the police, the law; the authorities
justo(-a) just; right; **eso era lo justo** that was (the) right (thing to do); **lo justo** what is right
la **juventud** youth
juzgar to judge

la the; her; you; it
el **labio** lip
el **lado** side; **al lado de** beside; **a un lado** to one side; **de un lado a otro** from side to side
ladrar to bark
el (la) **ladrón(-ona)** thief
la **lagartija** small lizard

el **lago** lake
la **lágrima** tear
Laguito *a small lake in Marianao, Cuba*
lamentar(se) to complain; to moan, to wail; to grieve
la **lámpara** lamp
lanzar to throw, to hurl, to launch; to let loose; **lanzarse** to rush; to start out
largar to push off; **¡lárgate, puerco!** Get lost, you pig!
largo(-a) long; **a la larga** in the long run; **de largo** in length; **el largo** length
larguísimo(-a) very long
las the; them; you; **las de** those of; **las que** those which
la **lástima** pity, shame; **¡qué lástima!** what a pity!
los **latidos** heartbeats
el **latigazo** lash (*with a whip*)
el **látigo** whip
latir to beat, to throb
lavar to wash
le him, to him; you, to you; her, to her
la **lección** lesson
el (la) **lector(-a)** reader
la **lectura** reading
el **lecho** bed
la **lechuza** screech owl
leer to read
la **legua** league (*three miles*)
lejos far; far away
la **lengua** tongue
lentamente slowly
los **lentes** glasses, spectacles; **lentes negros** sunglasses
la **lentitud** slowness, sluggishness
la **leña** firewood
el **león** lion
el (la) **leproso(-a)** leper
les them, to them; you, to you
levantar to lift, to raise; **levantar el acta** to draw up an affidavit; to officially declare; **levantar el vuelo** to take flight; to clear out; **levantarse** to get up, to rise
leve (*adj.*) light, slight
la **ley** law
la **leyenda** legend
la **libertad** freedom
librar to free, to set free
libre (*adj.*) free
la **libreta** notebook, memorandum book
ligero(-a) fast, rapid, swift; light
el **límite** limit; boundary
la **limosna** alms
limpiar to clean
limpio(-a) clean; blank
el **lindero** boundary, landmark
lindo(-a) pretty
la **línea** line
el (la) **lisiado(-a)** disabled, maimed, crippled (*person or animal*)
liso(-a) smooth
la **lisonja** flattery
la **liviandad** lightness; frivolity, triviality
lo him; it; **lo que** what, that, which

loco(-a) crazy, mad
la **locomotora** locomotive, engine
la **locura** madness
el **lodazal** muddy place
lograr to succeed in
la **loma** hill
el **lomo** back (*of an animal*)
el **loro** parrot
los the; them; you
la **lucha** struggle; strife; battle; argument
luchar to struggle; to fight
luego (*adj.*) then; soon; next; afterwards
el **lugar** place, spot; town; **en primer lugar** in the first place; **lugar donde dormir** a place to sleep; **tener lugar** to take place
lúgubre (*adj.*) lugubrious, dismal; mournful
el **lujo** luxury
lujoso(-a) luxurious, showy
luminoso(-a) luminous, shining
la **luna** moon; **el rayo de luna** moonlight
lustroso(-a) bright, glossy
la **luz** light; **la luz de la luna** moonlight; **la luz del sol** sunlight
llamar to call, to name; to knock (*at a door*); to attract (*attention*); **llamarse** to be called (named)
el **llano** plain
el **llanto** crying, weeping
la **llegada** arrival
llegar to arrive; to get to; to get somewhere; **llegar a** to become; to end up doing something; to arrive in; **llegar hasta** to reach
llenar to fill; **llenarse** to be filled up; **llenarse de** to get filled with
lleno(-a) full, replete, complete; **de lleno** entirely, totally; **queda todo lleno de sangre** ends up stained with blood
llevar to take; to carry; to wear; to bring; to lead; **llevarse** to carry (take) away
llorar to cry, to weep
llover (ue) to rain
la **lluvia** rain

macizo(-a) solid
el (la) **machi** medicine man (woman)
la **madera** wood
el (la) **maderero(-a)** timber, lumber dealer
la **madre** mother
Madrid *capital of Spain*
maduro(-a) ripe
el (la) **maestro(-a)** teacher; master
la **magia** magic; **magia blanca (negra)** white (black) magic
magnífico(-a) magnificent, splendid, grand
magno(-a) great, grand
el (la) **mago(-a)** magician

magro(-a) meager, lean
el **mal** evil (*deed*); **no hay mal que por bien no venga** every cloud has a silver lining
maldecir to curse
maldito(-a) cursed
malo(-a) bad, wicked; wrong
el **malón** Indian raid (*Amer.*)
maltratar to mistreat
el **malva** mauve
la **mamita** mommy
la **mampostería** stone masonry
la **mancha** spot
el **mandado** errand
mandar to send; to order, to command; to rule; **las mandó (tirar)** he/she/you had them (thrown away)
las **mandarinas** mandarin, mandarine (*fruit*)
manejar to manage; to take care of
la **manía** mania; fad; habit
la **mano** (*f.*) hand
la **manta** blanket
mantener (ie) to keep
mañana tomorrow
la **mañana** morning; **a la mañana (siguiente)** (on) the (next) morning; **de la mañana** in the morning; A.M.; **por la mañana** in the morning
el **mapa** (*m.*) map
la **máquina** machine; **la máquina fotográfica** camera
el **mar** sea
maravillarse (de) to marvel (at), to wonder (at), to be surprised (at)
maravilloso(-a) marvelous
la **marca** mark, stamp
marcar to mark
el **marco** frame
la **marcha** march; **¡en marcha!** Let's go!
marchar to march; to walk; **marcharse** to go away, to leave
Marianao *city near Havana, Cuba*
el **martillazo** blow with a hammer
el **martillo** hammer
martirizado(-a) tortured
mas but
más more, most; rather; **los más (de ellos)** most (of them); **más bien** rather; **más o menos** about, more or less; **más que** more than; anything but; **más y más** more and more; **nada más** nothing else; **no... más que** only; **¿qué más?** what else?
masticar to chew
la **mata** tree; **mata de mamoncillo** honey-berry tree
matar to kill; **matar a palos** to club to death
el **mate** herbal tea
el **matrimonio** marriage
mayor (*adj.*) older; greater; greatest
el **mayordomo** foreman
los **mayores** adults, grown-ups
la **mayoría** majority

la **maza** mace
me me, to me, for me, myself
la **mecedora** rocking chair
la **medalla** medal, pendant
las **medias** stockings; socks
la **medicina** medicine
la **medida** measure; **a medida que** as, at the same time as, in accordance with
medio(-a) half; **a la media noche** at midnight
el **medio** means; middle; **en medio de** in the middle of; in the midst of; **los medios de transporte** means of transportation
el **mediodía** noon
medir (i) to measure
medrar to thrive
la **mejilla** cheek
mejor better; **el/la mejor** the best, the greatest; **¡mejor!** all the better!
la **melancolía** melancholy, gloom, "blues"
melancólico(-a) melancholy, sad, gloomy
el (la) **mellizo(-a)** twin
memoria memory; **hacer memoria** to remember
mencionado(-a) mentioned
el (la) **mendigo(-a)** beggar
menor younger; less
menos less; **en menos de** in less than; **menos que** less than; **por lo menos** at least
menospreciar to look down on
mentir (ie, i) to lie, to tell a falsehood
la **mentira** lie; **parece mentira** it's hard to believe
mentiroso(-a) liar
menudo(-a) small; **a menudo** often
el **mercado** market
merodear to prowl
el **mes** month; **al mes** monthly; per month
la **mesa** table; **mesita** small table; **poner la mesa** to set the table
meter to put (in), to get (in); **estar metido en** to be inside of; **meterse en la cama** to get into bed, to go to bed
el **metro** meter *(39.37 inches)*; meter *(in poetry)*
mi my
mí me, myself; **para mí** to myself
el **miedo** fear; **tener miedo** to be afraid
mientras while; **mientras tanto** meanwhile
la **miga** crumb
mil one thousand; **Mil y una noches** *Arabian Nights*
mimar to baby, to spoil
el **mimbre** wicker
el **ministerio** ministry; government office
el **minuto** minute
mío my, mine, of mine
la **mirada** glance, look; **mirada de experto** expert eye

mirar to look, to look at; **mirar de frente** to look straight in the face; **mirarse** to look at each other; to look at yourself
la **misa** mass; **misa del gallo** midnight mass
la **miseria** misery; poverty
mismo(-a) self; very; same; **allí mismo** right there; **a mí mismo** to myself; **él mismo** he himself; **el mismo (día)** the same (day); **el mismo diablo** the devil himself; **(esa) misma (noche)** (that) same (night); **lo mismo** the same (thing); **yo mismo** I myself
el **misterio** mystery
misterioso(-a) mysterious
la **mitad** half; middle
mochar to chop
el (la) **modelo(-a)** model, pattern, standard
el **modo** manner, way; **de modo que** so that; and so
mojar to wet, to soak
el **mojón** landmark
molestar to disturb, to bother
el **momento** moment; **al momento** immediately, instantly
la **moneda** coin; **monedas de oro** gold coins
el (la) **mono(-a)** monkey
el **monstruo** monster
monstruoso(-a) enormous
la **montaña** mountain
montar to mount, to ride
el **monte** woods, wooded uplands, hill
Montevideo *capital of Uruguay*
la **montura** saddle and trappings
morar to dwell
la **mordedura** bite
morder (ue) to bite
moreno(-a) dark-skinned
morir(se) (ue, u) to die
la **mosca** fly
mostrar (ue) to show
el **motivo** motive, cause, reason
moverse (ue) to move
el **movimiento** movement, move; disturbance
la **moza** young woman, young lady
el **mozo** young man, lad; **ser buen mozo** to be a handsome lad
la **muchacha** girl
el **muchacho** boy
la **muchedumbre** crowd, flock
mucho(-a) much, (*pl.*) many, a lot, a great deal; **lo conocí mucho** I knew him well; **muchísimo** very much; **mucho que comer** much to eat
la **mudanza** move (*to a new home*); change
mudo(-a) speechless; mute; silent
la **mueca** grimace; wry face
la **muela** molar; tooth
la **muerte** death
muerto(-a) dead

el (la) **muerto(-a)** corpse; dead man (woman)
la **mujer** woman; wife
la **mula** mule
el **muladar** rubbish, dump; dungheap
el **mundo** world; **todo el mundo** everybody
la **muralla** wall, rampart
el **murciélago** bat
murmurar to mutter
el **muro** wall
el **museo** museum
la **música** music
el (la) **músico(-a)** musician
el **mutis** exit (*theatrical*)
mutuamente mutually
muy (*adv.*) very; greatly; most; **muy señora mía** my dear lady

nacer (zc) to be born
nada nothing; not at all; **nada de eso** none of that
nadie no one, nobody, not anyone; **nadie más** no one else
el **naranjo** orange tree
la **narración** narration, story
natal (*adj.*) native, home
la **naturaleza** nature
la **Navidad** Christmas
la **neblina** fog, mist
necesario(-a) necessary
la **necesidad** need
necesitar to need, to be in need (of); **necesitarse** to be needed
negar (ie) to deny; **negarse a** to refuse
el **negocio** business; **los negocios** business
negro(-a) black, dark; **negrísimo(-a)** very black, pitch black
nganga *Afro-Cuban term for a dead person*
ni nor, not even; **ni... ni** neither . . . nor
el **nido** nest
niega *pres. ind. of* **negar**
la **nieta** granddaughter
el **nieto** grandson
ningún, ninguno(-a) no, none, no one; not . . . any
la **niña** little girl, child; lady (*as a title of respect given to adults*)
el **niño** little boy; **los niños** children
nítidamente clearly
no not, no; non
la **noche** night; **buenas noches** good evening, good night; **de noche** by night, at night; **esta noche** tonight; **(las ocho) de la noche** (eight o'clock) in the evening; **por la noche** in the evening, at night
nombrar to name, to mention the name of a person; to appoint
el **nombre** name; **en nombre de** in the name of
el **norte** north
nos us, to us, for us, ourselves
nosotros(-as) we; us; ourselves
la **nota** note

notable (*adj.*) remarkable, notable
notar to notice
la **noticia** notice; piece of news; **dar noticia** to notify
la **novedad** novelty; **sin novedad** without incident, as usual
la **nube** cloud
la **nuera** daughter-in-law
nuestro(-s) our, ours, of ours
nuevamente again
nuevo(-a) new; **de nuevo** again
el **número** number; **hacer números** to figure
nunca never

o or
obedecer (zc) to obey
el **objeto** object, purpose
obligar to force
obrar to work, to perform, to execute
obrero(-a) working-class
el **obsequio** gift; **en obsequio de** as a tribute to
observar to observe
obtener to obtain, to get
ocultar to hide
ocupar to occupy; to take up; **ocuparse (de** or **en)** to busy oneself (with); devote oneself (to)
ocurrir to happen; to take place; **lo ocurrido** what took place; **¡qué ideas se le ocurren, tío!** what ideas you think of, uncle!; **se me ha ocurrido** it has occurred to me
ochenta eighty
ocho eight
ochocientos eight hundred
odiar to hate
el **odio** hatred
el **oeste** west
ofender to offend
el **oficial** officer; journeyman, skilled workman
el **oficio** trade
ofrecer (zc) to offer; **¿qué se le ofrece?** what do you wish?
el **oído** ear; **al oído** confidentially; **al oído del hombre** into the man's ear
oír to hear; to listen to; **al oír** upon hearing
la **ojeada** glance; **dar (echar) una ojeada** to cast a glance
ojeroso(-a) with dark circles under the eyes
el **ojo** eye; **en un abrir y cerrar de ojos** in the twinkling of an eye
la **ola** wave
oler to smell; **huelo** *pres. ind. of* **oler**
olfato smell, sense of smell; **olfato largo** keen sense of smell
el **olivar** olive grove
el **olmo** elm tree
el **olor** smell, fragrance, odor
olvidar to forget
el **ombligo** navel

once eleven
ondular to wriggle; to ripple, to move
la **operación** business deal
oponer to oppose
oprimir to oppress, to overpower; to press, to squeeze, to crush
optar to choose; to decide
opuesto(-a) opposite, contrary
la **orden** order; command; **a (sus) órdenes** at (his/her/your) command
el **órgano** organ, pipe organ
el **orgullo** pride
Oriente *easternmost province of Cuba*
la **orilla** edge; shore, bank; **a la orilla de** on the shore of
oriundo(-a) native
el **oro** gold
la **oscuridad** darkness
oscuro(-a) dark, obscure
otro(-a) other, another, another one, any other; **las otras** the others
la **oveja** sheep

¡paciencia! have patience! make the best of it!
Paco-ladrón cops and robbers
el **padre** father; **padre de familia** family man
el **Padrenuestro** the Lord's prayer
los **padres** parents
pagar to pay
el **país** country, nation
el **paisaje** landscape
el (la) **paisano(-a)** countryman peasant
la **paja** straw
el (la) **pajarraco(-a) viejo(-a)** old ugly bird
la **palabra** word; **¡palabra!** on my word of honor!; **sin decir palabra** without saying (a single) word
el **paladar** palate
la **paleta** artist's palette
pálido(-a) pale
el **palo** stick
palpitar to beat, to palpitate
la **pampa** pampa (*grassy plains of Argentina*)
el **pan** bread
la **panadería** bakery
el **pantalón** (*usually used in pl.* **pantalones**) pants
el **pantano** swamp
la **pantorrilla** calf of the leg
el **pañuelo** handkerchief
la **papa** potato
el **papel** paper
par equal; **el par** pair
para for, to, in order to, toward; **¿para qué?** why?; for what purpose?
parapetarse to shelter behind a parapet
el **parapeto** parapet, railing
parar to stop
parecer (zc) to seem, appear; look like; seem best; **al parecer** apparently; **(me) parece**

que it seems (to me) that; (I) think that; **¿no le parece?** don't you think so?; **parece mentira** it's hard to believe; **¿te parece que (nos sentemos)?** do you think that (we should sit down)?; **parecerse a** to look like, to resemble

la **pared** wall

el **paredón** firing wall

el (la) **pariente** relative

la **parrilla** broiler, grill; (*also proper name*)

parroquial (*adj.*) parish; **casa parroquial** parish house

la **parte** part; **la mayor parte** most; **por mi parte** as far as I am concerned; **por ninguna parte** (*in negation*) anywhere; **por todas partes** everywhere

particular (*adj.*) private; peculiar; particular; special; **en particular** especially

la **partida** (police) squad

el **partido** political party; game; district

partir to depart, to leave, to set out; to divide; **partir en dos** to cut in two

la **pasadera** stepping stone

pasado(-a) passed; past

pasar to pass, to pass by; to spend (*time*); to happen; to take place; **ha pasado** it has happened; **pasar de** to exceed; **¿qué le pasa?** what's the matter with him/her/you?; **¿qué le pasa a Ud.?** what's happened to you?; **¿qué te pasó?** what happened to you?

pasear(se) to take a walk, to stroll; **nos paseamos a pie** we walked

el **paso** step, pace; passage; **dar pasos** to walk

la **pastilla** pill

el **pasto** pasture, grassland; grazing

la **pata** foot, leg (*of a table, chair, animal, etc.*); **patas arriba** upside down

la **patada** kick; **a patadas** by kicking

el **patio** courtyard, patio

la **patraña** hoax, fabrication

el (la) **patrón(-a)** landlord; landlady, mistress

el **pavor** fear, terror, dread

la **paz** peace

el **pecho** chest

el **pedazo** piece; **hacer pedazos** to break or tear into pieces

pedir (i) to ask, to ask for, to demand

pegar to beat; **pegar gritos** to shout

el **peldaño** step (*of a staircase*)

pelear to argue, to fight

el **peligro** danger

el **pelo** hair; coat (*of an animal*)

la **pelota** ball

la **pena** trouble, unhappiness, suffering, penalty; **a duras penas**

with great difficuty; **valer la pena** to be worth the trouble
pender to hang (from)
penetrante penetrating; sharp, keen, acute
pensar (ie) to think; **pensar en** to think about; **pensar (ir)** to intend (to go)
pensativo(-a) thoughtful
el (la) **pensionista** boarder
el (la) **peón(-ona)** peon, farm hand; day laborer
peor worse; worst
pequeño(-a) little, small
perder (ie) to lose; **perder pie** to slip; **perderse** to be lost, to get lost
la **pérdida** loss
perdido(-a) lost; hidden
el **perdón** pardon
perdonar to pardon; to forgive
perdurar to persist
el (la) **peregrino(-a)** pilgrim
perezoso(-a) lazy
el **permiso** permission
permitir to allow, to permit, to grant
pero (*conj.*) but, yet, nevertheless
el (la) **perro(-a)** dog
perseguir (i) to pursue, to chase
la **persona** person; **en persona** personally
el **personaje** character (*in literature*)
la **perspectiva** prospect
pertenecer to belong
peruano(-a) Peruvian
la **pesadilla** nightmare
pesar to weigh (upon); to be heavy; **a pesar de** in spite of
el **pesar** grief, trouble
el **pescado** fish
pescar to fish; to catch (*a fish*)
pese a despite; in spite of
el **peso** peso (*Argentinian, Mexican, etc., monetary unit*); **llevar en peso** to carry off
la **pestilencia** stench
piadoso(-a) compassionate
el (la) **pícaro(-a)** rogue, rascal
el **pie** foot; **a pie** on foot; **al pie de** at the foot of
la **piedad** pity; piety
la **piedra** stone
la **piel** skin
la **pierna** leg
la **pieza** room; part, piece; play
el **pincel** artist's brush
pinchar to prick
pintar to paint
pisar to step on, to tread upon
el **piso** floor; **piso de tierra** earthen floor
la **placa** X-ray picture
el **placer** pleasure
plagar to cover; to fill; **estar plagado de** to be overburdened or plagued with
plantado(-a) placed
la **plata** silver
platicar to talk
el **plato** dish (*of food*)
la **playa** beach
la **plaza** square (*in a city*)

el **plazo** period; time limit; term; **fijar un plazo** to set a time limit
el **plomo** lead
la **pluma** feather; plume
el **plumaje** feathers, plumage
poblar (ue) to populate
pobre (*adj.*) poor, unfortunate
la **pocilga** pigsty, piggery
poco(-a) (*adj.*) little, scanty, small, few; (*adv.*) little, briefly, shortly, in short time; **al poco rato** in a little while; **no pocos** many; **poco a poco** gradually, bit by bit; **poco después** shortly after; **por poco (se muere)** almost (died); **un poco** a little (while); **un poco de** a little
poder (ue) to be able; to have power; to be possible; **no pudo menos de** he/she/you could not help but; **se puede** one can; **¿se puede?** may I (come in)?
el **poder** power
la **policía** police; **el policía** policeman
el **político** politician
el **pololo** boyfriend
el **polvo** dust
poner to put, to place, to set; **poner al fuego** to put on the fire; **ponerla cómoda** to make it comfortable; **poner el cuño** to rest assured; **poner la mesa** to set the table; **poner nombre** to name, to nickname; **ponerse** to put on, to wear; to become; to turn; to place oneself; **cuando el sol se pone** when the sun sets; **ponerse a** or **en** to start; **ponerse contento** to be happy; **ponerse de acuerdo** to come to an agreement; **ponerse en camino** to get started; **ponerse en marcha** to get underway; **ponerse pálido** to turn pale; **ponerse rojo** to blush; **se puso** he became
por by; through; because of; for; along; as; instead of; **por entre** between, among; **por eso** that is why; for that reason; **¿por qué?** why?; **por no haber (ido)** because he hadn't (gone)
los **pormenores** details
porque because, for
el **portal** porch; entrance; vestibule
porteño(-a) *native of Buenos Aires*
el **portillo** hole, opening, gate
pos: (en) pos de in pursuit of
posar (una mirada) en to cast (a glance) upon
poseer to possess, to own

la **posibilidad** possibility
la **posta** post, relay station; first-aid station
el **postre** dessert
la **potencia** power
el **potro** colt
el **pozo** well
el **prado** meadow
la **precaución** precaution, guard, vigilance
predicar to preach
predominar to predominate, to prevail
preferido(-a) preferred; **preferido de** preferred by
la **pregunta** question; **hacer preguntas** to ask questions
preguntar to ask (*a question*)
la **prenda** jewelry
prender to arrest; to seize; **prender fuego** to set on fire
el **prendimiento** capture, arrest
preparar(se) to prepare; to get ready; **prepararse para** to get ready to
la **presa** hold; **soltar presa** to let go (*release pressure*)
la **presencia** presence; appearance
presentar(se) to present; to introduce (oneself)
el **presentimiento** misgiving; premonition
el **presidiario** convict
el **presidio** penitentiary, prison
presidir to preside over, to direct
preso(-a) imprisoned; **el preso** prisoner
prestar to lend
el **pretendiente** suitor
prevenir (ie) to prepare for; to forestall, to prevent; to warn
prever to foresee
previsto(-a) (*p.p. of* **prever**) foreseen
el **primado** primate, important priest
primero(-a) first; former
el (la) **primo(-a)** cousin
el **príncipe** prince; **el príncipe azul** Prince Charming
principiar to begin
el **principio** beginning; **al principio** at first
la **prisa** haste; **de prisa** fast; in a hurry
la **prisión** prison
privado(-a) private
probar (ue) to taste; to prove; to test, to try out
proceder to behave, to act
produjo *pret. of* **producir**
la **profesión** profession, occupation
profundo(-a) deep, profound
profuso(-a) lavish
la **progenie** progeny, offspring
prometer to promise
pronto soon; **de pronto** suddenly; **lo más pronto posible** as soon as possible; **tan pronto como** as soon as
la **propiedad** property
propio(-a) own, one's own

proponer to propose, to suggest

el **propósito** purpose, intention, aim; **a propósito** on purpose; by the way

proseguir (i) to continue with; to pursue; to proceed, to carry on

prosperar to prosper; to make happy, to favor; to be prosperous

el (la) **protector(-a)** protector

protestar to protest

provocar to provoke, to incite; to rouse

prudentemente prudently

la **prueba** proof; trick; trial; **hacer prueba de** to try, to test

publicar to publish

pueblero(-a) city or town dweller

el **pueblo** town; country; people; **todo el pueblo** the whole town

Puentes Grandes *a suburb of Havana, Cuba*

la **puerta** door, doorway, gate; **la Puerta del Sol** *square in the center of Madrid*

pues then; for; since; well

puesto *p.p. of* **poner; puesto que** since

el **puesto** position; job

el **puntal** prop; support

la **puntería** aim; **tener buena puntería** to be a good shot

las **puntillas: de puntillas** on tiptoe

el **punto** point, moment; **a punto de** on the point of; **a punto de morirse de hambre** on the point or verge of dying from hunger; **en punto** exactly; sharp (*of the hour*), on the dot

el **puñado** handful

el **puñal** dagger

la **puñalada** stab (*with a dagger*)

el **puñetazo** punch; blow with the fist

el **puño** fist

puro(-a) pure, clear

la **púrpura** crimson

que as; than; (*rel. pron.*) who, which, whom, that; when; (*conj.*) that, for, because; **al que** to whomever; **la que** who; the one which; **¿para qué?** What for?; **¿por qué?** why?; **¿qué?** (*int. pron. and adj.*) What?; (*adv.*) how; **¡qué...!** What a . . . !; **¡qué higos!** What (wonderful) figs!; **¡qué me ha de pagar!** Of course he is not going to pay me!

la **quebrada** ravine

quebrantar to break; to violate, to transgress, to weaken

quebrar (ie) to break

quedar to remain, to be left; (*with participle*) to be; **quedar mal** to

make a bad impression; **no le queda más (otro) remedio** he has no other choice; **quedarse** to stay, to remain
quejarse to complain; to moan
el **quejido** moan; groan
quemadura sunburn
quemar(se) to burn; to tan; **el sol nos quemó** the sun burned us
querer (ie) to want, to wish; to love, to care for (*a person*); to be willing; to try; **querer decir** to mean; **quererse** to love each other; **quererse con locura** to be madly in love
querido(-a) beloved
el **queso** cheese; **queso de higos** fig paste
quien who, he who, the one who, someone who; **¿quién?** Who?; **¿quién más?** Who else?
quietecito(-a) very quiet, still
quieto(-a) quiet
la **quijada** jaw
quince fifteen
quinientos(-as) five hundred
quinta country-house
Quinta Avenida *fashionable avenue in a suburb of Havana, Cuba*
quitar to remove, to take away or off; **quitar de en medio (a uno)** to get rid of (*someone*), to get (*someone*) out of the way; **quitarse** to take away; to take off (*clothing*)

la **rabia** rage, fury
la **rama** branch
el **ramalazo** lash; weal, mark; **ramalazo de viento** gust of wind; **ramalazo de lluvia** lash of rain
la **rana** frog
el **rancho** farmhouse
rápido(-a) rapid, swift
raro(-a) rare; weird, odd; strange; **¡cosa más rara!** What a strange thing!
el **rascacielos** skyscraper
el **rasgo** characteristic, feature
el (la) **rastreador(-a)** track finder, tracker
rastrear to track, to follow
el **rastro** track, trace
la **rata** rat
el **rato** short time, while, little while; **al poco rato** in a little while; **hace un rato** a while ago; **largo rato** for a long time
el **ratón** mouse
la **raya** line; **rayita** small line
el **rayo** ray
la **raza** race, clan
la **razón** reason; **tener razón** to be right
reanimar to cheer up
la **rebanada** slice
rebelde (*adj.*) stubborn;

unmanageable; rebellious
la **rebelión** insurrection, revolt, rebellion
el **reborde** edge
recapacitar to think over, to consider something
recaudar to take, to collect
receloso(-a) distrustful
recibir to receive; to accept, to take; to go out to meet
recién recently, newly; **recién nacido** newborn
reciente recent
recio(-a) strong, vigorous, robust, sturdy
reclamar to reclaim
recoger to pick, to gather, to collect
reconocer (zc) to recognize
recordar (ue) to remember
recorrer to run over; to travel through
recostado(-a) leaning against, reclining
recrudecer (zc) to grow worse
los **recursos** resources; means, money
rechazar to reject, to refuse, to turn down
la **redada** police roundup
la **reducción** *village of Indians converted to Christianity*
la **referencia** reference
referir (ie, i) to narrate, to relate
refrescar to cool
regañar to scold
regresar to return
regresarse to come along homeward
rehusar to refuse
la **reina** queen
reír (i) to laugh; **reírse de** to laugh at
reja grill; **reja de hierro forjado** wrought iron grill
el **relámpago** lightning, flash
relatar to narrate
relevar to reveal, to disclose, to lay bare, to divulge, to make known
el **relieve** relief; social standing; prominence
el **reloj** watch, clock
relucir (zc) to shine
el **remedio** remedy; **no hay más remedio que** there's nothing left to do but; **no tener más remedio que** to have no other choice
remover (ue) to stir
rendir (i) to yield; **rendirse** to surrender, to give up
renunciar to resign
repartir to share
repetir (i) to repeat; **repetirse** to be repeated, to recur
replicar to answer, to retort; to contradict
la **representación** reproduction, copy
el (la) **representante** representative
reprobar (ue) to disapprove

reprobatorio(-a) admonishing
resbalarse to slip, to slide
resentido(-a) hurt, resentful
resistir to resist; to hold out, to withstand
resolver (ue) to decide; to solve (*a problem*)
resonar (ue) to resound
el **respaldo** back (*of a chair*)
respetable respected, esteemed
respetar to respect
el **respeto** respect
la **respiración** breathing
respirar to breathe
responder to answer, to reply
restablecer (zc) to reestablish, to reinstate
restañar to stop blood flow
el **resto** rest, remainder, remnant
el **resultado** result(s)
retener (ie) to hold back
retirar(se) to withdraw, to retire, to retreat
retorcer (ue) to twist
el **retrete** toilet
retroceder to withdraw, to fall back
reunir(se) to gather, to assemble; to join, to meet
revelar to reveal
reventar (ie) to blow up, to burst
el **revés** wrong side; back side
la **revista** magazine
revolver (ue) to turn over; **revolverse** to toss and turn; to turn roughly
revuelto(-a) jumbled, in a mess, in disorder; disarranged
la **revuelta** revolt
el **rey** king; **para un rey** fit for a king
rezar to pray
el **rezo** prayer
rico(-a) rich; delicious
el **riesgo** risk
el **rincón** corner
la **riña** fight, quarrel
el **río** river
la **risa** laughter
robar to steal, to rob
el **roble** oak
rodar (ue) to roll
rodear to surround
la **rodilla** knee; **de rodillas** on one's knees
rogar (ue) to beg
rojo(-a) red
rojizo(-a) reddish
romper(se) to break
rondar to prowl around
la **ropa** clothing; clothes
el **rosal** rosebush
roto(-a) broken
el (la) **roto(-a)** common man (woman), poor man (woman) (*Amer.*)
rubio(-a) blond, blonde
ruborizarse to blush
rudo(-a) rough
la **rueda** wheel; circle; **en rueda** in a circle
el **rugido** roar
el **ruido** noise, sound
el **rumor** rumor; sound (*of voices*)

el **sábado** Saturday
saber to know (how); to learn; **¿quién sabe?** Perhaps; **se sabe** it is known
el **saber** knowledge, learning
la **sabiduría** wisdom
sabio(-a) wise, learned, sophisticated
el (la) **sabio(-a)** wise man (woman), sage
el **sable** saber
sacar to take out, to get; **sacar fuerzas de flaqueza** to turn a weakness into a strength; **sacarse el sombrero** to take one's hat off
el **saco** coat; **saco de brin** thick linen coat
la **sacudida** quiver, quick movement, start; fright
sacudir to shake, to quiver; **sacudir la cabeza** to shake one's head
la **sala** living room
la **salida** way out, exit, outlet
salir to go (come) out, to leave; **salir a flote** to keep one's head above water; **salir de pobre** to escape from poverty
la **salpicadura** spattering
saltar to jump, to leap, to hop
saludar to greet
saludos greetings
salvaje savage; wild
el (la) **salvaje** savage (person)
salvar to save; **salvarse** to be saved, to escape from danger
salvo (*adv./prep.*) except
el **sanatorio** sanatorium; el **sanatorio frenopático** insane asylum
la **sandalia** sandal
la **sangre** blood
sangriento(-a) bloody
santo(-a) holy
el (la) **santo(-a)** saint
el **sarcasmo** sarcasm, irony
el **sardinel** brick walk
la **sastrería** tailoring; tailor's shop
se to him, to her, to you; himself, herself, yourself; each other, one another, themselves
secarse to dry, to wipe
seco(-a) dry
el **secreto: en secreto** secretly
secuestrar to seize; to sequester; to kidnap, to abduct
la **sed** thirst; **tener sed** to be thirsty
seguida: en seguida at once
seguir (i) to remain; to follow; to go (keep) on; **seguir diciendo** to keep on saying; **seguir la corriente** to go along with
según according to (what); as
segundo(-a) second
seguramente surely
seguro(-a) sure, certain; safe
seis six; **seis de la mañana** six o'clock in the morning

seiscientos six hundred
la **selva** forest, jungle
la **semana** week
sembrar (ie) to sow; to seed
el **semejante** fellow man; fellow creature
el **semental** stud
la **senda** path
el **sendero** path
sentado(-a) sitting
sentar (ie) to seat; **sentarse** to sit down
el **sentido** sense; consciousness
el **sentimiento** feeling, sentiment
sentir (ie, i) to feel; to be sorry, to regret; to be conscious of (*smell, etc.*); **sentirse** to feel (well, ill, etc.); **¿cómo se siente?** How do you feel?; **sentirse con fuerzas** to feel strong
la **señal** signal; sign
señalar to point out, to point to; to name; to mark
separado(-a) separated
el **sepulcro** grave, sepulcher
ser to be
sereno(-a) calm
serio(-a) serious, in earnest; reliable
la **serpiente** serpent, snake
servir (i) (de) to serve as, to be of service as; **¿para qué sirve... ?** of what use is . . . ?
la **sesión** session
setecientos seven hundred
el **seto** hedge
Sevilla *Seville, city and river port in SW Spain*
si if, whether; why!; **¡si es inútil!** Why, it's useless!
sí yes, indeed; self; himself, herself, themselves; each other; **para sí** to (for) himself/herself/yourself/themselves; **por sí mismo** for himself/herself/yourself
sideral (*adj.*) sidereal, astral
sido *p.p. of* **ser**
siempre always, ever; **para siempre** forever
la **sierra** sierra, mountain range
Sierra Maestra *mountain range in Oriente province, Cuba*
el **sigilio** stealth; **con sigilio** stealthily
el **siglo** century
significar to mean, to signify
siguiente following, next; **al día siguiente** the next day
silbar to hiss; to whistle
el **silbido** hissing; whistling
el **silencio** silence
silencioso(-a) silent, quiet
la **silla** chair
el **sillón** easy chair; armchair
el **símbolo** symbol
sin (*prep.*) without; **sin embargo** nevertheless,

still; **sin que** (*conj.*) without

sino except, but, instead; **no es capaz sino de enamorarse** he/she is capable of nothing but falling in love; **no... sino** only, just; **sino que** but, except

el **sinónimo** synonym

el **síntoma** symptom; **síntomas de envenenamiento** symptoms of poisoning

siquiera even; at least; **ni siquiera** not even

el **sitio** place, spot

sobrar to have left over, to be in excess

las **sobras** leftovers

sobre on, upon, over; about; above; **sobre todo** especially

la **sobremesa** after-dinner conversation

sobrevivir to survive

la **sobrina** niece; **sobrina nieta** grandniece

el **sobrino** nephew

sobrio(-a) sober; dark-colored

social social; **nivel social** social standing; **posición social** social position

el **socorro** help, aid, assistance

sofocar to choke, to suffocate; to suppress

el **sol** sun

solamente only

la **soledad** lonely place; solitude, loneliness

soler (ue) to be accustomed to, to be in the habit of

sola(-a) alone, only, single; lonely, lonesome; **a solas** all alone

soltar (ue) to let loose; to loosen; to set free

el **solterón** old bachelor

la **sombra** shadow, shade; **a la sombra** under the shade

el **sombrero** hat

sombrío(-a) somber, shady, dark

el (la) **sonámbulo(-a)** somnambulant, sleepwalker

el **soneto** sonnet

sonreír to smile

sonriente smiling

la **sonrisa** smile

soñar (ue) to dream

la **sopa** soup

el **soplo** breath; blowing

sordo(-a) deaf; **hacerse sordo** to turn a deaf ear, to pretend not to hear

sorprendente surprising

sorprender to surprise; **sorprenderse** to be surprised

sorprendido(-a) surprised

la **sorpresa** surprise; **de sorpresa** by surprise

la **sospecha** suspicion

sospechar to suspect

sospechoso(-a) suspicious

sostener (ie) to hold up, to support

Spencer, Herbert *English philosopher (1820–1903) who considered God unknowable*

su his, her, its, your, their
subir to go up, to climb; **subirse (a)** to climb (onto, up)
el **suburbio** surrounding residential districts
suceder to happen
el **suceso** incident, event
el **sudor** sweat, perspiration
la **suegra** mother-in-law
el **suegro** father-in-law
el **sueldo** salary
el **suelo** floor; ground
el **sueño** sleep; dream; **tener sueño** to be sleepy
la **suerte** fate, fortune
sufrir to suffer; to endure, to bear
sujetar to secure, to hold
la **suma** sum, amount
sumo supreme; **a lo sumo** at the most
la **superchería** fraud, trick
suponer to suppose; to weigh on (upon)
supremo(-a) supreme
el **sur** south
suspender to stop
sustentarse to support, to hold up; to maintain
suyo(-a) (*pron.*) his, of his, her, of hers, its, theirs, of theirs, yours, of yours; **el suyo** his/hers/yours; **lo suyo** one's share

Tabaré *epic poem about the battles between Spaniards and Indians, written by Zorilla de San Martín (1855–1931)*
la **tableta** cube; cake (*of paint*)
taconear to tap one's heels
el **taconeo** heel tapping
taimado(-a) sly, shrewd, astute
tal such, such a; that; **¿qué tal?** How are you? **¿qué tal... ?** What sort of . . . ?; **tal como** just like; **tal vez** perhaps
el **taller** repair shop
el **tallo** stem, stalk
el **tamaño** size; bulk
tambalearse to stagger
también (*adv.*) also, too, likewise
tampoco neither
tan so; as; **de tan (mala manera)** in such a (terrible manner); **tan (fuerte) como (la muerte)** as (strong) as (death)
tanto (*adv.*) so much; **en tanto** meanwhile
tanto(-a) so much; (*pl.*) so many
la **tapa** cover
tapar to cover, to cover up; to obstruct, to dam up
tapiar to wall in, to enclose, to fence in
la **tarántula** tarantula, spider
tardar to delay, be late; **tardar en** to take a long time (*doing something*)

tarde (*adv.*) late, too late; **más tarde** later
la **tarde** afternoon, evening
la **tarea** task, chore, job
la **tarjeta** card; **tarjeta postal** postcard
te you, to you
el **teatro** theater
el **techo** roof
tejer to knit
el **tejido** web; **el tejido de alambre** wire netting
la **tela** cloth
la **telaraña** spider web
el **tema** subject, theme
temblar (ie) to tremble, to shake, to be afraid
temer to fear
el **temor** fear, dread, apprehension
templar to tune
el **temporal** storm
temprano early
tender (ie) to spread out, to extend; to stretch oneself out
tener (ie) to have; **tener buena puntería** to be a good shot; **(no) tener (nada) que (hacer)** to have (nothing) to do; **¿qué tiene usted?** what's the matter with you?; **tener con quién hablar** to have someone to talk with; **tener en poco** to think little of; **tener hambre** to be hungry; **tener lugar** to take place; **tener por** to consider, to take for; **tener que** to have to, must; **tener que ver con** to have to do with; **tener sueño** to be sleepy; **tener (veinte) años** to be (twenty) years old; **tener vergüenza** to be ashamed
la **tenida** outfit
la **tentativa** attempt
tercer(-o)(-a) third
el **terciopelo** velvet
terminar to finish, to end
la **ternura** tenderness
el **terraplén** embankment
el **terreno** land, ground; territory
el **tesoro** treasure
el **testigo** witness
ti you
la **tía** aunt
el **tiempo** time; weather; **a tiempo** on time; **a tiempo que** while; **¿cuánto tiempo?** how long?; **hace mucho tiempo** for a long time; **poco tiempo** a little while; **tiempo después** some time later
la **tienda** store; shop
la **tierra** earth, land; region; ground; Earth
tieso(-a) stiff
el **tigre** tiger
las **tijeras** scissors
el **timbre** bell, electric bell
el **tío** uncle
típico(-a) typical, characteristic
el **tipo** type; fellow, chap
la **tira** stripe, strip, band
tirar to throw (away); to shoot; to draw, to pull
tiritar to shiver, to shake

la **toalla** towel
tocar to touch; **tocar en lo vivo** to hurt to the quick
todavía still, yet; **todavía no** not yet
todo(-a) all, every; everything; **ante todo** first of all; **sobre todo** especially, above everything; **toda la noche** all night; **todo cuanto** all that; **todo el día** all day; **todo el pueblo** the whole town; **todos** everyone; **todos los días** every day
tomar to take; to drink
el **tono** tone
la **tontería** foolishness, stupidity
tonto(-a) foolish, dull, stupid
el (la) **tonto(-a)** fool
torcido(-a) twisted, crooked
el **tordo** thrush
tornar to return, to give back; **tornarse** to become; **tornarse en** to turn into
tornasolado(-a) iridescent (*color*); **seda tornasolada** shot silk
el **tornillo** vise, clamp
el **torno** turn, revolution; **en torno** around
el **toro** bull
torpe (*adj.*) clumsy
la **torta** cake; tart; **torta de cumpleaños** birthday cake
tosco(-a) coarse, uncouth
toser to cough
totalmente entirely
trabajar to work
el **trabajo** work
traer to bring
el **tragante** mouth, throat (*of an oven*); **tragante de aguas negras** sewerage
la **traición** betrayal
traicionar to betray
traicionero(-a) treacherous; (*n.*) traitor
el (la) **traidor(-a)** traitor
el **traje** suit, suit of clothes; clothes; **traje de gaucho** gaucho outfit; **traje de baño** swimsuit
la **trama** plot
la **trampa** trap; **trampa que servía de puerta** trapdoor
la **tranquilidad** peace of mind
tranquilizarse to tranquilize; to calm down; to reassure; to put one's mind at ease
tranquilo(-a) tranquil, quiet, calm; **dejar tranquilo(-a)** to leave alone
el **transeúnte** passer-by; temporary resident; transient; pedestrian
el (la) **trapero(-a)** ragpicker
el **trapo** rag
tras after; **una tras otra** one after the other
traspasar to pierce; to cross, to go beyond, to pass over; to trespass, to transgress
el **traste** (*fam.*) rump, buttocks
tratar to try, **tratar de**

(quitar) to try (to take off, remove); **tratar de usted** to address someone formally (using **usted**); **tratarse de** to be a question of, to concern

el **travesaño** crossbar

el **trayecto** distance; stretch; way; itinerary, route

el **tren** train

la **trenza** plait, braid of hair

trepar to climb, to creep

tres three; **a las tres** at three o'clock; **las tres** three o'clock

el **tribunal** court, tribunal

el **tricornio** three-cornered hat

triste sad; sorry

la **tristeza** sadness

triturado(-a) crushed

triunfar to triumph

el **tronco** log, treetrunk

el **tropel** mob; **en tropel** in a mad rush

el **tropero** trail boss on a cattle drive

tropezar (ie) to stumble; **tropezar con** to run into

el **truco** trick

el **trueno** thunderclap

el **tubo** tube; earpiece, telephone receiver

tumbar to knock down

el **tumulto** tumult, turmoil, commotion; uproar

turbar to disturb, to trouble

turbio foggy

tutear *to address someone using* **tú**

tuyo (*adj.*) your; (*pron.*) yours

ubicar to locate

último(-a) last; latest; latter; **por última vez** for the last time; **por último** finally

el **umbral** threshold

ubrío(-a) shady

un, una a, an; one

único(-a) only, sole; **lo único** the only thing

el (la) **único(-a)** the only one

unir(se) to unite, to join

uno, una one; someone; **la una** one o'clock; **(lo) uno y (lo) otro** both; **los unos de los otros** one another; **una a una** one by one; **uno por uno** one after another; **unos(-as)** some; **unos cuantos** a few

la **uña** nail, fingernail

urgente urgent

urgido(-a) motivated, impelled

usar to use; to wear (out)

el **uso** use; custom, usage; wearing; **deteriorado por el uso** worn out by use

usted (*pers. pron.*) (*abreviated as* **Ud., Vd., V.**) you; **de Ud.** your

el **utensilio** utensil; tool

la **vaca** cow

vaciar to empty

vacilar to hesitate
vacío(-a) empty
el **vagabundo** vagrant
la **vainilla** vanilla; vanilla wafer
valer to be worthy; **no vale nada** (s)he/it isn't/you aren't worth anything; **valer por cinco** to be as good as five
valiente (*adj.*) brave
el **valor** value; courage, valor
el **valle** valley
vano(-a) vain; **en vano** in vain, vainly
la **vara** staff, pole
variar to change
la **varicela** chickenpox
varios(-as) several
el **varón** man; boy; **hijo varón** male child, son, boy
Vasconia *northern region of Spain, home of the Basque people*
el **vaso** drinking glass
vasto(-a) vast, huge, immense
el (la) **vecino(-a)** neighbor
veinte twenty; **veinte y cinco** twenty-five
la **vela** candle; sail
el **velo** veil
la **velocidad** velocity, speed; **a toda velocidad** full speed
la **vena** vein
vencer to conquer
el (la) **vencido(-a)** conquered (subdued) person
vender to sell
el **veneno** poison
venenoso(-a) poisonous
la **venganza** vengeance
vengar to avenge; **vengarse de** to take revenge on
venir (ie) to come; **venir carretera adelante** to advance along the road; **venir de golpe** to come up suddenly
la **ventana** window
el **ventanal** large window
ver to see; **a ver** let's see, **al ver** upon seeing
veranear to take a summer vacation
el **veraneo** summer holidays; summer vacation
el **verano** summer
la **verdad** truth; **en verdad** really; **es verdad** it is true; **¿verdad?** really?
verdadero(-a) real, true
verde green
la **vergüenza** shame
verse to see oneself; to be; **se ve** it is evident
el **vestido** dress; clothes
vestir (i) to dress; to wear; **vestirse** to put on one's clothes
la **veta** vein, streak
la **vez** (*pl.* **veces)** time; turn; **a la vez** at the same time; **alguna vez** sometimes; ever; **algunas veces** sometimes; **a su vez** in one's turn; **cada vez más** more and more; **de vez en cuando** from time to time; **en vez de** instead of; **la primera**

vez the first time; **muchas veces** often; **otra vez** again; **por última vez** for the last time; **raras veces** rarely; **tal vez** perhaps; **una vez** once; **una vez allí** once there; **una vez más** once more; **una vez por todas** once and for all

la **vía** road, way; railway line, rail, track

el **viaje** trip

el (la) **viajero(-a)** traveler

la **vida** life; **en mi vida** (never) in my life

el **vidrio** glass

viejo(-a) old; **el viejo** old man; father; **la vieja** old lady; mother

el **viento** wind

la **viga** beam

vigilar to watch; to keep guard; **vigilar de cerca** to keep a close watch on

el **vigor** vigor, strength, force, energy

la **villa** village, town

el **vino** wine

la **violencia** violence

violento(-a) violent

el (la) **visitante** visitor

visitar to visit

la **víspera** eve; **la víspera de Navidad** Christmas Eve

la **vista** sight; view

visto(-a) *p.p. of* **ver; nunca visto(-a)** never before seen; **por lo visto** apparently

la **viuda** widow

el **viudo** widower

vivamente quickly; vigorously, energetically

los **víveres** provisions, food supplies

vivir to live; to dwell

vivo(-a) alive, lively; quick

el (la) **vivo(-a)** living person

volar (ue) to fly (away)

la **voluntad** will; willpower

volver (ue) to turn; to return; **volver a (mirar)** (to look) again; **volver atrás** to go back, to retreat; **volverse** to return, to go back

la **voz** (*pl.* **voces**) voice; **en voz alta** aloud; loudly; **en voz baja** softly; in a low voice

la **vuelta** return; turn; **dar vuelta** to turn (around, over); **dar media vuelta** to do an about-face; to turn half way about; **dar vueltas** to turn around

vuelto (*p.p. of* **volver**) **vuelto al revés** inside-out

y and

ya already; now since; **nadie (recuerda) ya** no one (remembers) any more; **ya casi** almost, nearly; **¡ya está!** That's it! It's finished! **ya más** any longer; **ya no** no longer

yacer to lie

yo I

la **zapatería** shoemaker's trade; shoe store
el **zapatero** shoemaker
la **zapatilla** pump; dancing shoe; slipper
el **zapato** shoe; **la horma de su zapato** his match
la **zarabanda** commotion
el **zorzal** thrush
zumbar to buzz, to hum

ACKNOWLEDGMENTS

"La horma de su zapato," adapted from original of Vicente Riva Palacio (1832–1896). Published by D. C. Heath in *Graded Spanish Readers,* Alternate Books I–V (1961).

"No hay mal que por bien no venga," adapted from original of Ricardo Palma (1833–1919).

"Los chicos," by Ana María Matute. Reprinted by permission of Carmen Balcells Literary Agency.

"Rima," by Gustavo Adolfo Bécquer, found in *The Oxford Book of Spanish Verse,* second edition (London: Oxford University Press, 1965), p. 336.

"La higuera," by Juana de Ibarbourou. Reprinted by permission of Aguilar S. A. de Ediciones, Madrid.

"Prendimiento de Antoñito el Camborio en el camino de Sevilla," by Federico García Lorca, found in *The Oxford Book of Spanish Verse,* second edition (London: Oxford University Press, 1965), pp. 426–427.

"El animal más raro de la tierra," by Álvaro Menen Desleal, from *La ilustre familia Androide* (Buenos Aires: Ediciones Orion, 1972), pp. 137–140.

"Continuidad de los parques," by Julio Cortázar, from *Relatos* (Buenos Aires: Editorial Sudamericana, 1972), p. 312.

"La joya del inca," adapted from *Cuentos del Alto Perú,* edited by Willis Knapp Jones. Published by D. C. Heath in *Graded Spanish Readers,* Alternate Books I–V (1961).

"Las montañas, los barcos y los ríos del cielo," adapted from original of Germán Pinilla (1935). Originally published in Cuba in *Cuentos cubanos de lo fantástico y extraordinario.* Excerpt taken from edition published in 1968 by Casa de las Américas, Cuba.

"El delantal blanco," by Sergio Vodanovic from *Teatro chileno contemporáneo.* Published by Aguilar, Madrid.

"Sangre en el umbral," by Gustavo Martínez Zuviría (pseudonym Hugo Wast). Originally published in 1926 by Talleres Gráficos Argentinos. Published by D. C. Heath in *Graded Spanish Readers,* Intermediate Alternate Book VIII (1957, 1962).

"El Evangelio según Marcos," by Jorge Luis Borges, from *Obras completas de Jorge Luis Borges,* 1974, pp. 1068–1072. Reprinted by permission of Emece Editores.

"El hombre de la rosa," by Manuel Rojas, from *Cuentos.* © Manuel Rojas and heirs of Manuel Rojas. Reprinted by permission of Carmen Balcells Literary Agency.

"La casa de azúcar," by Silvina Ocampo, from Silvina Ocampo, *La furia y otros cuentos.* Prologue by Enrique Pezzoni. Published by Alianza Editorial, S. A., 1982.

"Nadie a quien matar," by Lino Novás-Calvo, from *Maneras de contar* (New York: Las Americas Publishing Co., 1970).

"Un señor muy viejo con unas alas enormes," by Gabriel García Márquez, from *La increíble y triste historia de la cándida Eréndida y de su abuela desalmada.* Published by Editorial La Oveja Negra, Bogotá, 1972.